城市弱者特殊群体支持研究

总主编 刘电芝

苏州大学“211工程”三期重点学科建设项目“和谐社会视域中弱者权益保护”成果
苏州大学重大课题“苏南地区农民工的城市融入与社会支持研究”成果

幸福开源：

低收入女性单亲家庭的生活应对研究

陈羿君 等著

苏州大学出版社
SOOCHOW UNIVERSITY PRESS

图书在版编目(CIP)数据

幸福开源:低收入女性单亲家庭的生活应对研究/陈羿君等著. —苏州:苏州大学出版社,2012.2
(城市弱者特殊群体支持研究/刘电芝主编)
苏州大学“211 工程”三期重点学科建设项目.“和谐社会视域中弱者权益保护”成果
ISBN 978-7-81137-884-9

Ⅰ.①幸… Ⅱ.①陈… Ⅲ.①家庭生活-研究-中国
Ⅳ.①C913.11

中国版本图书馆 CIP 数据核字(2012)第 005687 号

幸福开源:低收入女性单亲家庭的生活应对研究
陈羿君 等著
责任编辑 周建国

苏州大学出版社出版发行
(地址:苏州市十梓街 1 号 邮编:215006)
扬中市印刷有限公司印装
(地址:江苏省扬中市科技园区东进大道 6 号 邮编:212212)

开本 700 mm×1 000 mm 1/16 印张 17 字数 319 千
2012 年 2 月第 1 版 2012 年 2 月第 1 次印刷
ISBN 978-7-81137-884-9 定价:42.00 元

苏州大学版图书若有印装错误,本社负责调换
苏州大学出版社营销部 电话:0512-65225020
苏州大学出版社网址 http://www.sudapress.com

总序

本系列丛书系“211 工程”三期重点学科建设项目“和谐社会视域中弱者权益保护的社会支持研究”最终研究成果。

本系列丛书成果是经济领域中“包容性增长”在心理学领域的发展与具体体现。“包容性增长”概念最早由亚洲开发银行在 2007 年提出，是指社会所有成员，包括男性和女性，老年人、成年人和未成年人，健康人、残疾人，富裕阶层、中间阶层、劳动阶层和社会底层成员……能够共享社会经济增长的成果。所有社会成员能够“参与”和“共享”，经济增长才有积极意义。其实，“包容性增长”不应仅限于经济领域，同样也适用于社会学科的其他领域。社会的每一个成员，特别是弱者群体的每一个成员都应该且需要享受社会发展的所有成果，他们不仅需要得到物质帮助，也需要心理、教育、文化等支持与援助，实现“包容性增长”，从根源上解决弱者群体处于“社会边缘”的问题；也特别需要对他们的下一代——弱者特殊群体家庭的子女给予关注与帮助，这样才能阻断弱势的代际传递，社会和谐发展才能成为现实。

弱者群体，一般是指在社会性资源分配上具有经济上的贫困性、生活质量的低层次性和承受力的脆弱性的特殊社会群体。2008 年年底，我有机会主持了苏州大学“211 工程”三期重点学科建设项目“和谐社会视域中弱者权益保护”中的“和谐社会视域中弱者权益保护的社会支持研究”课题，以城市弱者特殊群体中的四部分人为研究对象。第一是进城农民工，作为城市社会中数量最大的弱者群体，他们户籍在农村或小城镇，暂住在城市从事社会经济活动，他们虽然在城市生活工作，却没有享受到城里劳动者的同等待遇，在城市生存和发展中面临种种壁垒。第二是随农民工进城的子女，他们虽然随父母在城市生活，但不论是在身份认同还是群体融入上，都未能摆脱“流动”“农村”的影子，存在这样或者那样的城市融入困难。第三是女性单亲家庭，女性单亲家庭是指仅有母亲一方与其未婚且不具有独立生活能力的 18 周岁以下的子女共同生活的家庭。

女性单亲家庭作为多重弱者群体，她们经济负担重，独自承担对子女的抚养与教育，生活、心理压力都很大。第四是未成年人，特别是有身心障碍的儿童，他们小小年纪却背负着沉重的精神负担。开展有关弱者群体的研究不仅有利于整个社会的和谐与稳定，而且也有利于弱者群体及其子女生活条件的改善和自身的成长与发展。

本系列丛书是3年来，由本研究5个子课题负责人及其团队共同合作完成的研究成果。由于本系列丛书研究对象相对特殊，在对象选取和研究过程中都颇费周折。第一，研究对象分散，取样困难。为了获取第一手资料，研究人员不辞劳苦深入社区、学校、家庭、工地、工棚，完成了研究取样，特别是研究涉及单身母亲与残疾儿童时，更是深入到家庭，逐个取样。第二，研究工作量巨大。本课题调查农民工6 000多人，在田野研究的现场录像整理以及单身母亲访谈录音整理与转录文本达50多万字。第三，一些对象难以有效配合研究，如自闭症儿童需要先与他们交朋友，取得他们的信任后才能获得研究需要的数据。5个子课题负责人根据自己的特长，选择自己熟悉或者长期研究的领域开展了持续的研究。各负责人竭尽所能，本着高度的责任心，完成了下面各具特色的5本著作。

《走进幸福：农民工城市融入与主观幸福感研究》一书，围绕农民工的城市融入和主观幸福感展开探讨，以实证性研究为主。该书包括自编的6份有良好信、效度的问卷，修订的多份问卷，自编的两份访谈提纲和十几篇研究报告，揭示了农民工城市社会认知与城市适应的心理健康状况，以及农民工感知社会支持、感恩现状和创业意向对其城市融入的影响，分析了当前农民工主观幸福感的现状与特点，揭示了人格、自尊、感恩、感知社会支持等心理因素对农民工主观幸福感的影响，在此基础上从不同层面提出了有针对性的研究启示与对策。

《教育支持：农民工城市融入的培训研究》一书，系统研究了农民工培训的基本现状、存在的主要问题及其改进措施。该书全面考察了农民工的培训情况，包括农民工学员的状况与特点、农民工参加培训的动机和目的、负责对农民工进行培训的教师情况、农民工培训的课程内容与课程体系、农民工培训的教学过程、农民工培训结果的评价、农民工在培训中的学习环境等7个维度。运用田野研究法选择有代表性的个案，进行了约一年半时间的田野调研，在现场观摩农民工培训的教学过程，观察教学过程中发生的各种事件，撰写能够保持研究现场原貌的田野日志，并辅之以深度访谈和问卷调查。课题组成员深入到农民工学员中间，与他们建立了密切的关系。这确保了研究人员收集到的是真实的、深刻的第一手信息。可以说,翔实的、细致入微的田野研究是该书的一大特色。

《文化支持:农民工子女融入城市文化的研究》一书将定性与定量研究方法相结合,综合了比较法、行为事件访谈法、文献研究法、个案分析法、问卷调查法、专家讨论法等研究方法,从城乡文化的内涵入手,探究城乡文化的差异及其在学校教育过程中出现的冲突,并通过问卷调查的方式,测查了农民工子女的文化适应现状,探讨了农民工子女融入城市文化的影响因素,探究了不同的影响因素对农民工子女的适应、融入有怎样的影响,以及为什么会产生这样的影响,也为农民工子女的文化支持建设提供理论依据及策略支持。最后,构建了农民工子女融入城市文化的心理支持模式,阐述了艺术教育对农民工子女融入城市文化的重要作用和意义,为农民工子女的城市融入研究提供了新的视角。

《心理支持:未成年人的心理健康研究》一书,系统地展现了未成年人心理健康问题和实践指导的成果,其研究内容重点聚焦在结合未成年人心理支持体系的基本理论和实践操作问题上,宏观上介绍了国内外未成年人心理支持理念和实践的发展历史及现状,微观上围绕未成年人心理研究的诸多维度进行了量化和质性研究。本书在国内首次将全国最有特色的三个未成年人的心理支持机构进行比较研究,并提出富有建设性的指导意见;书中对未成年人心理研究的视角全面,包括残疾障碍儿童,这也是以往的同类书籍中比较少见的;书中有些对策和方法是已经实践了的,并通过科学的分析已经证明是有效的,所以该书的实践指导意义也非常显著。

《幸福开源:低收入女性单亲家庭的生活应对研究》一书聚焦于单亲女性这一多重弱者群体生活的困境及其改善策略。本书主要介绍了国内外低收入单亲女性家庭生活现状,采用文献探讨、问卷调查以及深入访谈等方法,以苏州地区的低收入女性单亲家庭为研究群体,分析低收入女性单亲家庭的生活问题与困境,并深入了解调查对象在成为单亲与陷入贫穷时,自身对身边事物的看法、感受与经验,以及对家庭资源的管理方式,在此基础上提出了改善其现状的种种应对策略。

概括地讲,本系列丛书具有以下特点:

(1) 学术性。运用心理学、教育学和社会学等多学科理论,并通过问卷调查、深度访谈、现场观察、田野考察、团体干预等多种实证性研究手段获得第一手数据与资料,以此为依据来揭示现状、分析原因,然后总结提炼出观点和对策。书中不少数据与资料是第一次披露。

(2) 系统性。从多方面对城市弱者特殊群体的主要对象——进城农民工、农民工的进城子女、单身家庭母亲、未成年人(特别是有身心障碍的儿童)展开研究,系统地揭示了弱者特殊群体的主观幸福感、城市融入、创业意向与行动、职业培训、子女学校教育、心理健康、生活应对等方面的现状及其影响因素,系统地分析了研究对象面临的困境及成长中的问题,为弱者特殊群体成员提高主观幸福感、感恩水平、感知社会支持水平、教育培训水平以及心理健康与应对困境提供教育支持、心理支持、文化支持、社会支持等多方面的系列帮助。

(3) 实用性。注重在发现问题的基础上解决问题。从多个学科的视角,寻求为当前城市弱者特殊群体提供社会支持的合理解决方案;针对揭示的问题,从不同层面提出了有针对性的启示与对策。有关的各级政府,农民工培训机构,可从中找到有利于工作的建议;妇联、社区、社会工作机构,可找到帮助城市弱者特殊群体成长的途径与对策;本研究的研究对象——农民工、农民工进城子女、未成年人、单身母亲亦可以找到帮助自己摆脱困境、自我成长的策略。

最后,感谢本课题的各负责人团结合作及其全体团队成员的三年来的艰辛努力与付出。感谢苏州大学出版社社长张建初、总编耿曙生、编辑部主任薛华强对弱者特殊群体研究的高度关注,以及为本系列丛书的出版所做的众多精心的筹划和安排。感谢各位编辑字斟句酌地修改,使本系列丛书的质量得以进一步提高。

尽管我们做了很大努力,但仍然有这样或者那样的错误。请各位专家与读者批评指正。

虽然本课题的研究结束了,但关注城市弱者群体仍是未竟的事业,需要全社会共同努力,也希望有更多的人能参与这项工作。

刘电芝

2012 年 1 月

于苏州凤苑

前 言

随着工业化与都市化的发展，社会文化逐渐改变，家庭结构受到冲击，家庭的稳定性与凝聚力大不如前。在家庭形态趋向多元化的社会变革中，单亲家庭是发展势头最快的类型之一，无论欧美或中国皆是如此。因各地社会文化及福利措施的差异，单亲家庭的形成原因也不一样。在美国，单亲家庭的形成因素以离婚与分居所占的比例最高，而未婚生育所造成的单亲家庭比例，则在近十年来增加最为快速。在国内，因为思想观念的变化，离婚率逐渐攀升，单亲家庭亦成为家庭形式之一。

受传统“男主外，女主内”性别角色扮演的影响，女性在职场上处于弱势地位，她们一旦成为单亲家长之后，其经济问题就成为生活中最现实的考验，相对而言她们也较容易陷入贫穷。国内外的研究均指出，单亲家庭比双亲家庭更容易陷入贫穷，且女性单亲家庭陷入贫穷的机率远大于双亲家庭或男性单亲家庭，显示“女性贫穷化”在全世界发展的趋势。根据欧盟公布的调查结果显示，单亲家庭中，单身母亲带子女的占离婚家庭总数的85%；且45%的单亲家庭收入处于家庭收入分布图的最低线，多数单亲家庭生活显示处在贫困线以下。

从“单亲贫穷化”相关研究发现，单亲家庭之所以会贫穷，其原因包含：主要家庭生计负担者死亡或残障、家庭生计负担者工作能力太低或年纪太大无法工作、家庭成员重病或失业、子女数多且年纪小、教育程度低等因素。研究中以女性单亲家庭，尤其是低收入女性单亲因为经济弱势作为关注焦点。贫穷给单亲女性带来的问题包含：自尊低落；经济匮乏；子女教养欠缺；身心适应不良；社会参与不够；信息不足和谋生技能缺乏；等等。而这些问题也是使低收入女性单亲家庭的贫穷现象持续发生，甚至延续到下一代的原因。单亲家庭为特质性高的团体，其所呈现的问题与需求较为多样化，因此社会福利政策要有完整的规划才能使贫穷女性单亲家庭摆脱贫穷。

女性单亲家庭落入贫穷的风险高于其他类型的家庭，亦不易从贫穷中脱离。Garfinkel 和 Mclanahan(2000)研究指出,美国女性单亲家庭中约有一半家庭处于贫困线以下,完整家庭在贫穷线以下的却只有十分之一。Duncan(2001)研究发现,完整家庭中只有 3% 的家庭贫穷时间会持续 8 年以上,22% 的家庭贫穷时间会持续 1 ~ 7 年,其余 3/4 的家庭贫穷时间不超过 1 年;却有高达 61% 女性单亲家庭持续贫穷时间超过 10 年以上。为何单亲女性无法轻易摆脱贫穷?除了经济资源不足之外,资源运用不当亦是个重要原因。不少研究发现,贫穷者因本身能力不足,无法获得资源,从而家庭陷入贫困,这是初级贫穷;资源使用方式不当导致贫穷则为次级贫穷。因此,女性单亲家庭的贫穷现象是资源不足所造成,还是资源使用不当所造成的?这个问题值得作进一步探讨。

单亲母亲,特别是低收入单亲女性,在中国已逐渐形成最易被社会忽视的群体之一。国内目前尚未有关于低收入女性单亲家庭的全国性报告,对女性单亲家庭的研究大多着重在经济安全、子女教养、就业、社会支持等问题,很少深入探讨在经济困境中的单亲女性如何去管理资源、如何去适应生活以及身处贫穷当中的她们对贫穷的认知与脱贫的想法又如何。因此,本书将针对这些问题作深入探讨。

本书主要介绍了国内外低收入女性单亲家庭的生活状况,采用文献探讨、问卷调查以及深入访谈等方法,以苏州地区的低收入女性单亲家庭为研究群体,分析低收入女性单亲家庭的生活问题与困境,并深入了解调查对象在成为单亲与陷入贫穷时,其本身对周遭事物的看法、体验与感受,以及其家庭资源管理的方式和生活适应现状。同时,通过对比其他国家低收入单亲女性家庭资源管理和生活适应的调查研究,来了解各国对低收入单亲女性福利政策的差异,以引导女性单亲家庭养成良好的家庭资源管理习惯,且试图多角度地引导读者学习相关知识,重视低收入单亲女性这一双重弱者群体。期待本研究成果能提高社会大众对贫穷女性单亲家庭的了解与支持,并期待为国家制定福利政策兼顾低收入单亲女性这一双重弱者群体的规划提供参考。

陈羿君

2012 年 1 月

于苏州大学

目录

第一章 单亲家庭现状

自20世纪70年代末改革开放以来，我国由传统社会向现代社会转型，经济快速发展，人民的生活与社会结构已悄然发生变化；加上西方文化冲击，社会舆论松绑，资讯获取更为容易、人口流动增大、教育水平提高等因素的影响，中国人的宗教信仰、家庭及婚姻观念有明显的改变，婚前性行为、婚外恋、离婚、独身、同性恋等非传统家庭形式显现端倪，中国的婚姻家庭形式已打破传统单一的标准模式，从单一向多元发展，家庭类型逐渐多元化（Ducanto，2010）。其中，家庭小型化趋势的代表——核心家庭出现裂变，直接导致了单亲家庭的增多。目前全国单亲家庭已达800多万家，且预计今后每年都将以50万至60万的数量递增（马学阳，杨文庄，段成荣，2008），其中由母亲与孩子组成的单亲家庭，构成了我国单亲家庭的主体（陈一筠，2008）。

一、低收入单亲家庭的界定

单亲家庭形式古已有之，然而单亲家庭这一名词的提出却缘自欧美国家对当代婚姻现实的考察。20世纪六七十年代，由于女权主义思想和"性解放"思想开始蔓延，欧美国家进入一个剧烈变动的时代，传统的婚姻家庭形态和婚姻家庭模式遇到了前所未有的冲击，发生了急剧的变化（王丰，2010）。未婚先孕，非婚同居，离婚，同性恋等现象增多，随之而来的便是单亲家庭数量的剧增。单亲家庭这一家庭形式日益普遍，并引发一系列社会问题，受到了政府、社会团体以及学者的广泛关注。在此背景下，单亲家庭概念被提出并逐渐为社会所接受。因此，单亲家庭概念的提出，是当代欧美等国社会变迁和发展及婚姻家庭变化的产物（王世军，2002a）。

（一）单亲家庭的概念

从字面上看，单亲家庭的概念十分明确，是指在一个家庭中只有单一的父亲或母亲，同时家庭成员还应至少包含有一位子女。而对子女的年龄、婚姻状态等的界定国内外学者并未达成统一意见。在《婚姻家庭大辞典》中，将单亲家庭定义为：由父亲或母亲一方与未婚子女共同构成的家庭，核心家庭因夫妻一方去世或夫妻离异而成（彭立荣，1989）。这一定义中关于单亲家庭成因的概括过于片面,因为显而易见,单亲家庭的成因不只有离婚和丧偶,也有其他成因。而在《中国大百科全书》(2009)中则是这样界定的,单亲家庭"是指由父亲或母亲一方与未婚子女共同构成的家庭"。

Schlesinger(1978)对英语国家进行了18年的研究,他将单亲家庭的概念界定为"以男性或女性为家长,同被抚养子女生活在一起的家庭,这样的家庭多由死亡、离婚、分居、抛弃或者未婚所形成"。埃利斯·凯施莫(1990)在《单亲家庭》一书中这样定义单亲家庭:"一个家庭单位,其中只有生亲或养亲一人,带着需要抚养的在学或学龄前子女的家庭。"但由父亲或母亲一方与子女共同构成的家庭是否就可称为单亲家庭了呢?在英国单亲家庭委员会的报告中,单亲家庭被定义为:"一个没有配偶与之生活(或同居),并与其未婚的、没有独立的、年龄在16岁以下或年龄在16—19岁,但正在接受全日制教育的子女一块生活的父亲或母亲所组成的家庭。"(Elliott, 1996)而在美国,通常将孩子的年龄划定在18岁以下。

我国学者刘鸿雁(1998)对当代中国单亲家庭进行研究后指出,我国与西方国家关于单亲家庭概念界定的主要差别表现在对单亲家庭子女年龄的划定以及单亲子女的自立能力方面。中国关于单亲家庭概念的界定中子女年龄没有划定,只是笼统的提出未婚状态,因而其年龄可能低于我国的法定成人标准18岁,也可能高于18岁,甚至20岁或30岁,已具有独立生活能力;西方的年龄划定则在未成年(不同的国家标准不同,或16岁,或18岁)或未独立(正在学习阶段)。

综合国内外关于单亲家庭的定义,同时为便于国际比较,单亲家庭的概念应包括以下三个方面的含义:(1)家庭结构仅由父亲或母亲一方与子女构成,不存在夫妻关系;(2)子女年龄以成年为标准,我国法律规定年满18周岁者被赋予成年人的权利和义务,因此单亲家庭子女的年龄界定为18周岁以下;(3)子女的婚姻状况应是未婚,且不具备独立生活的能力。综合以上三点,单亲家庭可被定义为:家庭关系中仅有父亲或母亲一方与其未婚的且不具独立生活能力的18周岁以下的子女共同生活的家庭。

单亲家庭作为一种家庭形态,是伴随着一夫一妻制的出现而产生的。然而,20世纪90年代以来,世界各地家庭结构发生了急剧变化,婚姻关系减少、单亲家庭增加的情况在许多国家已成为普遍的社会现象。据统计,90年代初,丹麦、爱尔兰、瑞典、英国的单亲家庭数量占其家庭总数的18%~19%;法国、卢森堡、奥地利占15%~16%;芬兰、法国、荷兰占12%~14%;比利时、西班牙占9%~10%(张建,陈一筠,2000)。中国在2008年,有226.9万对夫妻办理离婚手续,比上一年增加17.1万对,增长8.1%(卫敏丽,2008)。虽然中国离婚率总体不高，但横向比较各地差距较大，上海、北京、重庆等经济发达城市离婚率高达2%，与发达国家接近（陈雯，2009），所以单亲家庭的数量也在不断地上升，而这些单亲家庭中，又以离婚式单亲家庭为主。

（二）低收入单亲家庭的界定

家庭结构与家庭的经济状况有着直接的联系（许艳丽、董维龄，2008），单亲家庭不仅要面对家庭结构的重大变化，而且面临经济状况的变化。上海市对单亲家庭的调查显示：单亲家庭的年均收入为10534元，是双亲家庭收入的70%，而离异单亲家庭即使加上所获得的年均子女抚养费，其家庭年均收入也仅为双亲家庭的62%，整体的收入水平较低（徐安琪，2003）。国内研究还指出单亲家庭中74.4%的单亲母亲面临着经济等困难（王爱丽，初智巍，2009），且其在成为单亲后的最初5年里至少有一部分时间处于贫困中（许艳丽，董维龄，2008）。

我国根据城镇居民的收入，划分了三条标准线，将城镇居民划分为最低收入者、低收入者、中等收入者以及高收入者。这三条标准线分别是：(1) 城镇最低收入保障标准线，是当地最低居民生活标准线（即维持生存所需要的基本保证）。一般而言，人均收入低于当地最低保障标准线的最低收入人群有以下三类：无生活来源、无劳动能力、无法定赡养人或抚养人的；领取失业救济金或失业救济期满仍未能重新就业的；在职人员和下岗人员在领取工资或最低工资、基本生活费后以及退休人员领取退休金后，仍低于保障标准线的。(2) 城镇最低工资标准线，是城市供职人员低收入家庭的收入标准线，收入水平低于最低工资标准线的划分为低收入人群。(3) 城镇人均收入标准线，是划分中等收入人群的标准。生活保障标准的制定与调整，应遵循保障最基本生活、与当地经济发展水平和物价水平及财政承受能力相适应、与最低工资标准和失业保险标准相衔接的原则（徐蔷，2010）。

现在，不少城市都在逐步扩大低收入人群的范围，使其由最低收入家庭发展到低收入家庭，本书所指的苏州地区低收入单亲母亲，包含狭义上的最低生活保障制度所保障的对象和广义上家庭开支无法满足日常生活需求的低收入单亲家庭，既包括具有城镇户口的人群，也包括城镇中大量的流动人口。

二、单亲家庭的类型

纵观中外家庭的历史，我们发现，单亲家庭形态存在于人类生活的每一历史时期，只是每一历史时期单亲家庭的具体形态和模式有着各自的特征（周晓虹，2000）。中西方由于社会经济发展水平不一，文化背景与传统价值观念等存在较大差异，形成单亲家庭的原因也不尽相同。

目前，部分西方发达国家，对婚前性行为较为宽容，社会禁止人工流产，且社会福利对单亲家庭给予较多的援助（王国平,2008）,因此未婚式单亲家庭较为普遍。其中欧美一些离婚不受禁止的国家中,单亲家庭构成均以未婚式、离婚式为主,丧偶式已居于次要地位;对于离婚尚未解禁的国家,如爱尔兰,其单亲家庭中仍以丧偶式单亲家庭为主（Kamerman & Kahn, 1988）。未婚式单亲家庭的比例在瑞典最高,它已达到所有单亲家庭的61%,瑞典单亲家庭中丧偶式与分居式的单亲家庭合计仅为8%。奥地利与瑞典相近似,单亲家庭主要由未婚式与离婚式所构成（王世军,2002b）。

随着社会的发展和西方思想的影响,我国也逐渐接受离婚家庭,但非婚生家庭仍是个别现象。1982 年我国的单亲家庭率为 12.59%,其中以分居式单亲家庭为主(9.26%),丧偶式单亲家庭次之(2.95%),离婚式单亲家庭最低(0.38%);1990 年单亲家庭为 7.58%,其中仍以分居式单亲家庭为主(5.28%),其次为丧偶式单亲家庭(1.78%),离婚式单亲家庭仍然最低(0.53%)。在单亲家庭中以母亲为户主的家庭占绝大多数,1982 年占所有单亲家庭的 79.75%（但以分居式单亲母亲家庭为主,占分居式单亲家庭的91.36%,丧偶式单亲母亲家庭接近丧偶式单亲家庭的一半,为 49.83%,离婚式单亲母亲家庭仅占所有离婚式单亲家庭的 26.32%）;1990 年占所有单亲家庭的 75.20%（同样以分居式单亲母亲家庭为主,占分居式单亲家庭的88.07%,丧偶式单亲母亲家庭为丧偶式单亲家庭的一半,为 50.00%,离婚式单亲家庭仅占所有单亲家庭的 32.08%）（刘鸿雁,1996;王世军,2002b）。单亲家庭总体水平的下降主要原因是:一方面分居式单亲家庭大幅度降低,丧偶式单亲家庭的比重也在下降,而另一方面离婚式单亲家庭却在上升,且上升的幅度很大。

本研究对苏州地区单亲母亲家庭情况所进行的调查,使我们对中国单亲母亲家庭的产生原因有了进一步的了解,见表 1-1 所示。

表 1-1 单亲原因分布

		人数	百分比(%)	有效百分比(%)	累计百分比(%)
有效值	离婚	152	56.1	56.5	56.5
	丧偶	99	36.5	36.8	93.3
	分居	12	4.4	4.5	97.8
	未婚	6	2.2	2.2	100.0
	小计	269	99.3	100.0	
遗漏值		2	0.7		
合计		271	100.0		

从对苏州地区单亲家庭的调查来看,我国单亲家庭中,离婚式最多,已达

到56.5%，而丧偶仍是单亲家庭产生的主要原因之一，居第二位，所占比例为36.8%，超过总数的1/4。显然，随着离婚率的不断上升，离婚式单亲家庭所占比例仍会不断提高，而随着人们的生活水平的提高，医疗保健技术的进步，丧偶式单亲家庭的比例会继续下降。此外，还存在小部分的分居或未婚单亲家庭，但所占比例较小。总的来说，单亲家庭主要有丧偶式、离婚式、未婚式及分居式四种形式。

（一）丧偶式单亲家庭

丧偶式单亲家庭是贯穿中外家庭历史的单亲家庭形式。丧偶式单亲家庭是因家庭内部配偶一方去世，另一方与未成年子女共同生活所形成，是典型的单亲家庭形式（郭慧，2007）。20世纪六七十年代以前，它是中外单亲家庭的主要形式，丧偶也成为单亲家庭传统的形成原因之一。

传统社会单亲家庭中丧偶比例大的原因是多方面的。首先，当时的物质生活较落后，医疗卫生条件差，人类寿命普遍较短。很多疾病不像现代社会可以得到及时治疗，人类的死亡率较高，因而由配偶一方死亡而导致的单亲家庭数目庞大。其二，离婚、未婚同居等现象较少，由此产生的单亲家庭亦不多。而如今，由于经济发展，社会进步，医疗卫生技术得以普及，人类的健康状况得到极大改善，丧偶式单亲家庭所占比重越来越小。在中国历史上，丧偶式单亲家庭一直是单亲家庭的最主要形式。近年来，由于离婚率上升，离婚式单亲家庭的数量有所增加，丧偶式单亲家庭的所占比重逐步降低，但丧偶式单亲家庭形式仍是中国目前单亲家庭的主要形式之一（王世军，2002a）。

在最近的苏州地区单亲母亲家庭的调查中，丧偶式单亲家庭目前占36.8%。丧偶式单亲家庭越来越少的原因主要为生活水平以及医疗卫生水平的大幅度提高，中青年人的死亡率大幅度降低，人们的平均寿命也随之提高。具体而言，一方面，人们的生活水平提高，身体健康水平也相应提高，增强了对疾病的免疫力；另一方面，在传统社会无法治愈的疾病如伤寒、肺结核、肝炎等，一旦感染就意味着死亡，而现代医学技术的进步，这些疾病都可以轻松治愈，因此，由于健康或疾病而导致的单亲家庭比例会越来越小（李兰英，郭彦卿，2008）。

我国目前的丧偶式单亲家庭所占比例较西方发达国家要高，这是因为我国目前的物质生活水平及医疗卫生技术同西方发达国家相比还有较大差距。这些落后条件直接影响了中、青年人的死亡率，使得我国丧偶式单亲家庭产生的机会比西方发达国家要多一些（王世军，2002a）。同时，受中国传统文化的束缚，夫妻一方丧偶后另一方再婚的比例也较低，亦是丧偶式单亲家庭比例较西方国家高的原因之一（赵孟营，2000）。

由于配偶死亡而形成的单亲家庭与其他形式的单亲家庭相比，其独特之处在于：

1. 被动接受

死亡从某种意义上讲是不可抗拒的，是被动的。它不像离婚那样如果双方让步或妥协就可以避免。也就是说，离婚式单亲家庭具有较大的人为因素而丧偶式单亲家庭则是不得已而为之。前者可以避免，后者却只能被动接受。

2. 子女较难适应

生活在这种家庭中的家长、孩子较难摆脱失去亲人的痛苦。夫妻之间的离别，不是长期冲突与对抗的结果，而是由于意外事故或者疾病造成，其留给生者的痛苦是强烈而持久的。孩子突然之间失去父母中的一位，感情上的创伤在短时间内难以愈合，他们会因时常回忆起以往的快乐时光而对新的生活难以适应。

3. 亲子关系较好

这种家庭结构的不完整是在父母双方都不情愿的情况下发生的，孩子没有理由去怨恨与其相依为命的家长。相反，他们更能理解家长的痛苦，更加珍惜与在世一方家长的感情（徐安琪，叶文振，2001a）。

（二）离婚式单亲家庭

离婚式单亲家庭，是夫妻双方经法定程序解除婚约，父母一方与未成年子女共同生活的家庭。在离婚受到限制的国家，其离婚式单亲家庭所占的比例很低，而在离婚未受限制的国家，离婚式的单亲家庭成为目前单亲家庭的主要形式。在中国，改革开放以来，随着经济的发展及西方思想和价值观的影响，离婚逐渐成为单亲家庭的主要成因。新中国成立以后有三次离婚高峰期。

（1）1950 年颁布《婚姻法》后，发生了第一次离婚高峰（陆静，2011）。新中国第一部《婚姻法》主张婚姻自由，一夫一妻制，充满了反封建的民主精神，消灭包办、买卖婚姻；男女一方坚决要求离婚的，经人民政府和司法机关调解无效后准予离婚。《婚姻法》的颁布，为封建包办婚姻牢笼中的人们，尤其是妇女摆脱不幸婚姻创造了条件。与此同时，土地改革使妇女获得了土地，有了经济独立与生活保障，她们的社会与家庭地位都得到空前提高，导致她们对自己婚姻进行反思并产生了追求自由幸福的念头。那时，许多人开始利用他们新获得的权利，纷纷申请解除旧式婚姻。包括北京在内的 21 个城市，1950 年 1—4 月递交的离婚申请共计 9300 例，而同年 5—8 月数字几乎增长一倍，达 17763 例，中国的离婚率出现了建国后的第一次高峰。在这次高峰中，全国离婚案件以每年几十万件的幅度逐年上升。从全国的情况来看，1950 年的离婚案件为 186167 件，1951 年为 409500 件，到 1953 年为 117 万件（徐安琪，叶文振,2001b;王世军,2002a)。

(2)1960年前后,中国离婚率再次达到高峰,此次离婚高峰缘于国家经济形势严峻,影响了许多家庭内部关系及婚姻的稳定。1962年,经济形势好转后,全国各省市的离婚率随之下降,跌落到1961年前的水平(袁亚遇,1991)。“文革”十年动乱期间,中国离婚的难度非常大,得到批准的离婚仅限那些遭受政治牵连的人与其家庭脱离关系,因此离婚率降至建国以来各时期的最低水平。这一期间的离婚案件最少,1979年由各级人民法院审理的案件只有20.7万件(王世军,2002b)。

(3)1980年,中国颁布修订后的《婚姻法》,将感情破裂原则规定为离婚的基本依据,规定已婚夫妇如果感情确已破裂,经调解无效应准予离婚。改革开放、经济发展和人民生活稳步提高的社会背景,对离婚率的上升产生了一定刺激,从而使中国离婚出现第三次高峰。这一高峰持续不下,尤其是2003年颁布修改后的婚姻法,离婚变得更为简单而快捷,人们对离婚的理解、认同度也有所上升。这都导致目前离婚率的居高不下,离婚式单亲家庭数量剧增(陆静,2011)。

2003年民政事业发展统计报告显示,全国办理结婚登记811.4万对,比上年增加25.4万对,结婚率比上年上升0.4个千分点。而全国离婚133.1万对,比上年增加15.4万对,其中民政部门登记离婚69.1万对,比上年增加11.8万对,法院调解和判决离婚64万对,比上年增加3.6万对;离婚率比上年上升了0.3个千分点(民政部,2004)。据《新京报》刊载的民政部公布的信息显示,2004年在民政部门办理协议离婚的共99.5万对,约占离婚总数的62%,比上年增长44%。目前,民政部公布一组统计数据,2004年全国办理结婚登记834.1万对,比上年增加22.7万对;办理离婚登记161.3万对,比上年增加28.2万对,增长21.2%。

巫昌桢(1990)分析,离婚率之所以居高不下,存在以下几方面因素:一是新《婚姻登记条例》颁布实施,简化离婚登记手续;二是社会认识转变,离婚不再获得较低的评价;三是社会开放,人们充分享有婚姻自主权。早就有社会学家预测,进入2000年之后,中国的离婚率将以每年200万对的速度递增。有关专家还表示,虽然离婚率不断攀升,但人们对离婚的心理反应已从悲戚发展到平和。中国首家女子维权中心揭示,离婚原因中婚外情占到80%,婚外情导致的离婚率比10年前增加30倍。尽管数据证明了婚外恋对婚姻的杀伤力,但也有学者指出,婚外情只是一种具体形式,而真正困扰婚姻的是心理上的落差,自改革开放以来,我国居民生活水平提高,婚姻的最高境界不仅仅是追求白头偕老,更是享受优质生活。且由于社会的变化,许多人内心存在不安全感和不稳定感，害怕失去也永远得不到满足，人与人之间心存间隙，无法互信，婚姻的震荡就此产生。

（三）未婚式单亲家庭

未婚男女未办理法律手续同居后，所生的子女与父母一方共同生活，这种形式的单亲家庭以未婚家长同非婚生子女共同生活较为常见。美国未婚式单亲家庭的比重仅次于离婚式单亲家庭，1985 年占所有单亲家庭的 29%（Kamerman & Kahn, 1988）。来自英国的调查发现，25 岁以前生儿育女的未婚母亲也越来越多。英国的结婚率降到 1895 年以来的最低点，年结婚人数从二战之后的 47.1 万人的顶峰减少到 2006 年的 23.7 万人。未婚父母抚养的孩子从 10 年前的 100 万增加到如今的大约 166 万。12 个孩子中就有 1 个在 5 岁前经历了父母的离异。如今的英格兰，每年每 1000 个未成年少女中就有 42 人怀孕（Ducanto, 2010）。

未婚式单亲家庭又可分为自愿未婚单亲家庭及被迫未婚单亲家庭两类。自愿未婚单亲家庭又称为不婚的单亲家庭，这是由于如今的新新人类性观念的开放所致。近年来有些走在时代前端者，在找不到一个可托付终身的伴侣或中意的异性都已结婚时，失望之余，会觉得若自己可以拥有小孩而没有婚姻的束缚，也许为一种不错的选择。被迫未婚单亲家庭，主要是由社会的性侵犯事件增多所致。由于性知识的缺乏，性教育的不足，导致部分女性被强暴后，不知自己已受孕，待发现时已来不及堕胎，只能把孩子生下来；而有些是因男方不愿负起责任或否认与女方及小孩的关系，女方不忍杀害小生命而形成未婚式单亲家庭（王钟和，2000；王逸崴，2002）。

近年来，我国青少年间兴起一股“只要我喜欢，有什么不可以”的风潮，青少年的性态度与性行为越来越开放，未婚怀孕的比例也逐年增加。知识的丰富可以改变一个人的态度，青少年的性知识，包括其对生理知识、性交知识以及性安全知识的掌握情况会直接影响他们的性态度与性行为（Synovitz, Hebert , Kelley & Carlson, 2002）。青少年对婚前性行为的态度是影响婚前性行为的首要因素，且对待性态度比较开放的青少年与异性发生性行为的可能性是较为保守青少年的 3 ~4 倍（张原震，2007；庞淑兰，关维俊，王文军，黄健伟，王殿坤，2000）。

同时，社会上又充斥了各种色欲的诱惑，如新兴网络的一夜情、传统色情行业，乃至电子传播媒体的推波助澜等因素，自然使得青少年们视追求性享受为乐事。而在父母方面，他们虽知有必要施予自己子女正确的性教育，却仍是难以和子女“坦然”面对性方面的话题。所以青少年，不仅是性知识缺乏和性观念的不尽正确，更重要的是，性心理的不成熟，由此而衍生的种种后遗症，例如堕胎、未婚生子等问题，导致未婚式单亲家庭慢慢地增加。

由于我国的文化惯例对未婚生子现象一向是歧视的，因而在人口普查时，即使有未婚父（母）同子女共同生活的状况，也很难取得调查资料。因此，未婚式单亲家庭状况在我国尚不清楚。

（四）分居式单亲家庭

分居式单亲家庭，是指保留夫妻名份且夫妻的权利和义务在一定程度上得以保留、但夫妻不共同居住在一起的家庭（马春华，石金群，李银河，王震宇，唐灿，2011）。中国的分居式单亲家庭与西方的分居式单亲家庭有本质的差别。西方的分居式单亲家庭是禁止离婚时期因采取夫妻分居制度而形成的离婚变通形态，延续至今，已经成为某些欧洲国家离婚的前提，目前西方的分居式单亲家庭多为夫妻采取离婚措施之前的分居。现代中国分居式单亲家庭主要分为两类：一类是夫妻处于准离婚状态。此类型和西方的分居状态相似，在离婚前夕，夫妻双方共建的一条缓冲带，以调试婚姻关系，待一定时间后可解除婚姻关系。在分居期间，夫妻各自独立生活，子女与其中一方共同生活。另一类是夫妻长期分居两地。夫妻其中一方因出国、服刑或异地工作而分居两地，子女与其中一方共同生活。此类分居家庭在我国较为常见，且已经对社会产生了一定的影响（刘鸿雁，1998）。

三、低收入单亲家庭成员的心理

从一个完整家庭转变为单亲家庭，不仅意味着家庭结构、经济来源和生活状况的变化，而且其家庭成员的心理状况亦发生了巨大变化。受我国传统文化的影响，大部分单亲家庭成员仍然要承受沉重的社会压力，且在经历家庭变故的创伤之后，其心理状况相比之前发生了很大变化，尤其是在单亲家庭最初形成的一段时间内。一个家庭的幸福不仅仅取决于物质条件、经济水平及生活质量，更重要的是取决于家庭成员的心态、家庭成员之间相互扶持、家庭关系是否融洽等。对单亲家庭而言，除了经济上、生活上、子女学习与成长上这些问题需要面对之外，心理上的调整亦是其生活中的一个重要问题。

（一）成为低收入单亲的心理反应

成为单亲以后，单亲家庭成员容易产生沮丧、焦虑、不幸福、不快乐、寂寞等心理以及酗酒等偏差行为（王孝仙，1992）。MacCallum 和 Golombok（2004）指出，单亲者在家庭结构转变后容易产生恐惧、愤怒、自卑等情绪，甚至存在忧郁症的倾向，亦会对子女产生愧疚的心态，更有使用药物及酒精来自我麻痹的可能。

不同的单亲形成原因对单亲家长所造成的心理反应及社会对单亲的看法存在程度上的差别。离婚或分居者在解除了夫妻之间的恶化关系后，并没有因此而减轻心理上的负担。通常，离婚或分居者被视为婚姻上的失败者，由于婚姻的失败、生活的挫折，他们极易心理失衡。离婚者常会经历否认、冲突、两难和接受四个阶段的历程（Atwood & Genovese, 1993）。我国传统价值观对于女性的要求是希望其能够为了家庭而牺牲奉献，一切以家庭为重，而离婚的女性往往容易招致负面评价。在这样的社会要求下，许多女性往往选择隐忍与痛苦的婚姻关系，而即使结束这种关系，社会大众也常会将婚姻关系的解除归因于女性的错误。

因死亡而成为鳏寡的单亲不会像离婚的单亲那样有强烈的失败感，然而我国的社会文化对寡妇比鳏夫持有更负面的看法，寡妇被视为不祥的"克夫"之人（吴秀碧，2005）。在这种文化影响下，丧偶者的社会关系和心理调节度都会受到影响。通常死亡发生的时候为悲伤反应最严重的阶段，哭泣、难以入睡、失去食欲、不能专注、健忘等行为和症状均以丧偶后一个月内最为严重（Atwood & Genovese, 1993）。而后由于家庭结构的变化、家庭成员的减少导致其对未来生活的恐惧和无奈，在人际交往和自我调节方面需要较长时间的适应。

同时，由于我国传统文化对婚前性行为并不认同，因而未婚家长受到社会大众的更多歧视和压力。未婚家长由于要独立抚养和照顾子女，在生活中面临更大的经济、人力和心理等方面的压力，心理适应较慢。

研究还显示，男女单亲家长心理的比较方面存在较大的差异。吴季芳（1993）认为单亲家长生活适应以情绪适应和子女教养适应问题较为突出，对于社会关系，其所面临的困扰相对较少。其中男性单亲比女性单亲较易出现情绪适应问题，女性单亲则比男性单亲面临较多社会关系困扰，至于男女单亲在子女教养适应上并没有显著差异。

（二）低收入单亲子女的心理反应

父母发生死亡、离婚等事件时，对于子女的心理容易引起相当大的反应及影响。孩子和成人一样，当失去父母时其悲伤的状况和程度，与死亡发生的情境、孩子跟死者的关系、死亡发生后日常生活困扰的情形、他人的支持及孩子本身的人格特质等均有密切关系（吴秀碧，2005）。处于家庭裂变后的未成年子女，其心理、人格等都处在成长和发育阶段，还不够成熟和稳定，自我调节能力差，他们面对父母离异或失亲的情况时，常显得非常压抑，限制自己对于失落的情绪表达，也就不容易哭泣或悲伤。研究显示，在儿童时期未解决的悲伤，甚至会影响到成年期，其表现包括持续的焦虑和忧郁、想死的念头、自责和内疚、暴发性的攻击行为、强迫性的只依靠自己等（Mireault, Bearor & Thomas, 2001；吴秀碧，2005）。

有研究者指出，如果依据孩子年龄阶段和认知能力给他们提供正确的信息，容许孩子自由而充分地表达对家庭结构变化的反应，抚育子女的家长继续尊重孩子的需求，为其提供安全和稳定的照顾，则孩子通常能够接受父母分开的创伤而正常发展（甄中科，2002）。

（三）低收入单亲家庭亲子之间的心态

1. 亲子关系

单亲家长之所以愿意承担生活的痛苦大都是为了自己的子女，他们将希望寄托在子女的身上（许艳丽，董维龄，2008）。子女作为其生活上的重要动力，是单亲家庭家长最珍惜的对象。单亲家长比起双亲在处理家务、工作和照顾子女方面确实倍加辛苦，毕竟一个人的时间与精力都有限，但家里的各项事务总不能置之不理。这需要单亲家长和子女共同协商家庭管理的方式，针对彼此的需要共同合作。单亲家庭的子女较易体会父亲或母亲的困难，愿意与单亲配合分担家庭事务，亲子关系也较佳（徐群，钱俊枝，2001）。

2. 亲子沟通

良好的沟通可以建立一种诚实与信任的感觉，并且能将自己的想法很明确地传递给家人或朋友。这一点不仅是单亲家长本身，也是单亲子女应培养的优点。因此，单亲家长可主动找机会与子女沟通，真诚地倾听子女的心声，并让子女学会做决定，同时建立自信心，不会耻于说出自己的想法或单亲家庭的生活经验。

（四）大众对低收入单亲家庭所持的态度

1. 尊重单亲家庭

社会服务工作向来从积极的一面（如优秀的能力、资源、动机等）来看待一个人，而不是只看到消极的一面。就积极面来看，我们较易于以尊重的态度相待，而不是同情或贬低。同时对于单亲家庭本身而言，当他人用尊重的态度与之互动时，其成员也一般不会为单亲家庭贴上负面的标签。

若单亲家长相信自己有能力，那么他们的成长已经有了坚实的基础。生存的意义与动力除了建立在一些崇高的终极价值之上以外，日常生活中琐碎平凡的一切也都可能成为其基础。单亲家长可能被动地去克服困难，更应该主动去发现个人与家庭的优势而生活。

2. 单亲家庭确实也有许多优势

任何个人或团体都有一些为人所知或不知的优势，包括生理、情绪、认知、人际、社会、灵性、资源、能力等方面。这些非常可贵的资源有人甚至自己都不知道，单亲家庭也经常处于这种情境，没有发现这些方面的优势，也谈不上挖掘这些方面的潜力了。

四、国内外单亲家庭研究现状

随着单亲家庭数量的增加，单亲家庭引发了一系列的社会问题，国内外学者对单亲家庭的研究也越来越多。但目前我国尚没有对单亲家庭、尤其是单亲母亲家庭进行全面系统的研究。对单亲家庭问题的研究，侧重于对单亲所引发的结果分析，约占所有研究的2/3；而主要以单亲家庭为对象的研究仅占1/10。

研究主体方面，对单亲家庭的研究，侧重于单亲家庭子女的心理现况及其社会性发展方面的研究，包括单亲子女成长过程中，单亲对子女认知水平、智力发育、心理适应、不良行为甚至犯罪行为的影响研究。而关于单亲家庭对其子女影响的研究中，大部分研究认为单亲对单亲家庭子女有负面影响，即单亲家庭子女的认知水平、智力发育都相比双亲家庭的子女低，更为严重的是单亲可能导致青少年犯罪率的增加（张铁成，1990；杨利玲，2004）。以单亲家长为研究主体的研究，主要探讨单亲家庭类型、单亲家长生活现况等。刘铮（1994）及郝虹生（1995）认为，离婚者及丧偶者的死亡率明显高于完整家庭的双亲主体，且离婚者和丧偶者的平均期望寿命明显低于后者。

研究方法方面，目前我国对单亲家庭问题的分析多采用性别角色理论、交换理论等，采用定性与定量相结合、调查研究与统计分析相结合的方法（吴德清，2006）。在统计分析中，多采用 X^2 分析法。有关单亲家庭对青少年影响的研究中，人们通常采用心理量表对离婚家庭及完整家庭儿童进行对照研究；对离婚的风险研究采用寿命表分析法；对影响离婚家庭的社会经济因素分析，多采用回归分析及多变量风险回归分析（吴德清，2006；曾毅，1993；梁瑞华，2010）。

目前欧美国家对单亲家庭的研究较为重视，同时也取得了一定成果。他们的研究主要侧重于理论分析及实证研究两大方面。

（一）理论分析

欧美各国在单亲家庭方面的理论研究较强。其中多以交换理论来研究单亲家庭与社会的关系、子女对父母的评价（Leonard, 1976）。单亲家庭形成之后，夫妇双方、家族成员代际间的联系会导致家庭成员间的对立或合作。而交换理论认为，在人与人交往过程中，每个人都有从他人处获益的机会，每个人都会计算从他人处获得的利益是否能抵消本人所支出的利益，在这种交换过程中，最终结果是大家所获得的利益基本均衡，即为互惠性交换（胡雯洁，2006）。

研究单亲对儿童期性格发展的影响时，性别角色理论常常被引入其中（Nelson, 1991）。该理论认为，在单亲家庭中，单亲家长的性别角色常常混乱，主要是因为单亲家庭子女对缺位父(母)的要求,单亲父(母)必须兼具父母双重角色的功能,才能满足儿童成长过程中的社会化需要。同时,在男女平等的社会条件下,男女往往具有双性特征,为家庭结构的解体提供了前提。单亲家庭儿童在父母一方缺位的情况下,容易产生性别角色的混乱,特别是家庭中缺乏同性父(母)时,失去了性别角色的模仿对象,儿童在性别角色认知过程中易发生偏差(梁瑞华,2010)。亦有研究者侧重从教育学角度来研究单亲家庭问题。他们认为,青少年问题的形成往往与单亲家庭的发生有一定联系,但更重要的不是单亲家庭状况,而是其生活环境及教育方式的作用。另外,还有一些学者应用系统论来研究单亲家庭的功能变迁(Richards, 1993)。

分析单亲家庭对子女成长的影响时,“社会等级论”的观点时常被引用(Nock, 1988)。在双亲家庭中,等级制度明显,子女有父母双重的约束。而在单亲家庭中,只有父(母)子或父(母)女关系,家庭内部的等级性减弱,其原因在于,家庭是一个权力关系的缩影,在单亲家庭中,权力关系减弱,子女没有或较少地受到权力的制约,因而在等级社会中,如在学校或工作单位,这方面的适应能力将会存在缺陷。单亲家庭子女成人后,无论在学业上、经济上、还是事业上,一般都不如完整家庭的子女(胡雯洁,2006)。

(二) 实证研究

实证研究的内容主要集中于探讨单亲家庭的影响因素、不同国家的单亲家庭策略、以及单亲家庭的变化和发展态势。在对单亲家庭影响因素分析方面,多数学者侧重对单亲家庭子女生长发育的研究,少数学者侧重对单亲家庭父(母)的影响研究。总体上说,调查研究结论一般有两种倾向:一种是单亲家庭的“无影响论”,另一种是“有影响论”(杨利玲,2004)。

Blechman(1982)经长达40年的研究,发展出“无影响论”,他认为单亲家庭子女并不存在任何心理障碍。Bernard 和 Nesbitl(1981)认为,单亲成为造成单亲家庭子女的心理疾病并不可信,并没有具体证据表明离婚家庭子女比完整家庭子女更易出现心理障碍。Settle(1985)认为,离婚对子女的成长似乎会引起一系列问题,但这其实不是单一因素的作用,而是许多因素综合作用的结果。Stober(1983)认为,严重的心理问题的产生并不是因为单亲家庭,而是因为不和睦的家庭氛围,如家庭争吵等。且有研究者指出,子女性格变异的发生不是在离婚家庭,他们性格变化的主要因素是父母婚姻过程中的冲突(Lueprtitz,1979;胡雯洁,2006)。

有关单亲家庭对子女影响的另一重要观点是“消极影响论”。Lamp(1979)认为,单亲家庭子女较双亲家庭子女更容易产生心理失调现象,其中单亲家庭中男孩更易产生攻击性的行为和反社会行为。Guidubaldi(1986)等研究证实，6—11岁之间的子女受离婚负面影响较为明显，即使离婚6年之后，单亲家庭中的子女还表现出思想与行为调整上的困难。且单亲家庭的子女成人后比双亲家庭子女成功机遇小，收入低，威信低。（Nock，1988）

总之，在所有针对单亲家庭的研究中，"消极影响论"的观点占据上风。但本研究认为，单亲家庭子女由于其特殊性，在某些方面甚至会优于双亲家庭，如单亲家庭子女更为独立等。而对单亲家庭产生的负面影响，主要由于家庭长期矛盾和冲突所致。当代欧美各国对单亲家庭均采取了倾向性政策，如增加福利待遇，提供未成年子女补贴，对单亲母亲给予特殊补贴等，以帮助单亲家庭提升生活质量，脱离生活困境。

本章小结

单亲家庭即指家庭结构中仅由父亲或母亲一方与18周岁以下、不具备独立生活能力的子女所组成的家庭。伴随我国工业化和现代化的逐渐发展，单亲家庭的数量越来越多，但目前仍以离婚或丧偶导致的单亲家庭居多。单亲家庭，尤其是低收入单亲家庭，面临家庭结构的转变，单亲家长及其子女都会现出不适应的现象，导致各种心理问题的出现。因此，社会大众应尊重单亲家庭，正视单亲家庭的可能优势。

第二章 低收入单亲家庭的社会保障政策

为保障社会成员的社会安全及社会福利等，众多国家实施了社会保障制度，它是一个国家经济制度及法律的重要组成部分。近年来，中外各国的社会保障制度日益成熟与完善，但各国政府所制定的社会保障政策在保障水平及内容上仍存在较大的差异性。因此，若要进一步完善社会保障制度，必须详细了解本国社会保障制度的内容及现状。本章将对中国及国外主要国家的社会保障制度进行详细的探讨。

一、我国大陆地区低收入单亲家庭的社会保障政策

20 世纪以来，我国进入全面建设小康社会的新时期，我国的经济结构及社会结构随之发生了巨大的变化。同时，我国在发展的过程中面临着各种巨大的压力，诸如争取国家有利竞争地位的压力、企业优胜劣汰激烈竞争的压力、贫富之间鸿沟扩大的压力、就业矛盾突出的压力及公众经济利益受损的压力等，这些压力造成我国社会经济的发展存在着不稳定性（李斌，2004）。为了调节经济发展的不稳定，建立和完善社会保障制度是必然的选择。

（一）社会保障制度的定义

对于社会保障制度的概念，各国根据自身社会保障制度的发展情况及特点有着不同的定义，根据世界各国对社会保障制度定义的主要共同点，可将其界定为以国家或政府为主体，根据法律规定，通过国民收入再分配，对暂时或永久失去劳动力以及由于各种原因造成生活发生困难的公民提供基本生活保障的社会行为及其机制、制度和事业的总称（孙光德，董克用，2008；苏璇，2007）。这一定义主要包含以下三个方面的含义（孙光德、董克用，2008；韩俊红，2007）。

1. 社会保障制度的责任主体是国家或政府

国家是管理社会事务的最高行政机关，政府则是具体执行国家权力的行政机关。只有政府通过国民收入的再分配，才能对社会成员实行生活保障。政府承担社会保障职能可以降低由分散化保障而导致的过高的执行成本。政府成为社会保障的首要的责任主体，是由以下因素决定的：首先，维护社会稳

定是国家的基本职能,是国家繁荣的保证,是政府的基本责任,而社会保障是一项维持社会稳定的基本制度;其次,社会保障是一项强制性制度,需要国家依法予以推动,而作为具体执行国家权力的机构,只有政府才有可能强制推行该项制度;再次,社会保障制度的实施是一个利益再分配过程,只有政府才有能力协调好再分配过程中效率与公平之间的关系,同时对社会保障其他主体的行为进行规范和监督。

2. 社会保障制度的目标是保障公民的基本生活需要

社会保障制度是以保障社会成员的基本生活需要为目标。社会保障制度的这一目标是基于效率优先、兼顾公平的原则而提出的,保障了生存权这一基本权利。但是保障公民的基本生活需要存在一个"适度"的问题。所谓"适度"包括两方面的含义:一是社会保障制度能够满足社会成员的生存的基本生活需求;二是社会保障制度的保障水平必须与社会生产力发展水平相适应。

3. 社会保障制度实施的保障及依据是健全的法律规定

社会保障制度需要国家立法强制执行,该制度是国家及政府部门用于规范国家的社会保障职能机构、企业单位与职工个人之间,以及其他社会保障主体之间的权利和义务;规范各项社会保险费用缴纳比例,以及保障津贴给付标准的确定和调整;规范社会保障职能机构的设置、编制、职能、责任和工作程序,规范各种社会保障基金的管理与投资运营的原则和办法;规范社会保障管理费的提取比例、使用范围和开支办法等。

(二) 我国大陆地区的社会保障制度

为防范和化解人们在社会经济生活中所遇到的年老、疾病、失业、伤残、生育、住房、失学、贫困、灾害和冤屈等社会风险,我国建立了以社会救助、社会保险、社会福利为主体的社会保障体系(褚福灵,2010)。

1. 社会救助

社会救助是指国家与社会向因天灾人祸而暂时陷入生活困境或生活水平低于国家最低生活标准的个人或家庭提供物质及经济接济和帮助的一种生活保障政策(孙光德,董克用,2008;苏璇,2007)。它的目的在于维持社会弱势群体的最低生活需求,维护社会的和谐与稳定。

2. 社会保险

社会保险是针对劳动者暂时或永久丧失劳动能力、失业或健康状况不良等所提供的收入或补偿的保障形式和制度,它是由政府举办,强制某一社会群体将其收入的一部分作为社会保险税,形成专门的社会保险基金。社会保险的对象是全体劳动者,由国家、劳动者和雇主三方责任共担。社会保险的项目在不同国家由于生产力发展水平和财力的限制而不尽相同(苏璇,2007)。

3. 社会福利

社会福利是指为提高广大人民群众的生活水平而制定的各项政策和提供的各种社会服务，它是以适应经济和社会的不断发展而提供各种福利型补贴和举办各种福利事业的总称（苏璇，2007）。它既包含由国家或社会团体举办的以全体人民为对象的社会公共福利事业，如教育、科学、环境保护、文化、体育、卫生等公益性事业；同时也包含以某些特定人员为对象的特别的、专门性的社会福利事业。此外，它还涉及由国家为照顾一定地区或一定范围内的居民对部分必要生活资料的需要所采取的福利性补贴措施，如对寒冷地区冬季取暖补贴、对住公房的居民给予房租补贴等等（中国社会保障网，2011）。

（三）我国大陆地区低收入单亲家庭的社会保障政策

随着社会的发展，我国的单亲家庭逐渐增多，其中很大一部分为低收入家庭，已引起社会各界的重视，但我国并没有制定针对低收入单亲家庭的社会保障制度，他们只是以低收入家庭的地位享受社会救助。在我国，城镇低收入群体的社会救助政策有最低生活保障制度、低收入医疗救助制度、低收入住房保障、教育救助制度、就业扶持救助、法律援助以及社会互助、临时救助等。其中，最低生活保障制度、低收入医疗救助制度、低收入住房保障最为普及。

1. 最低生活保障制度

最低生活保障制度自1999年民政部门宣布实施以来，已在全国668个城市和1638个县治所在的镇普及。中华人民共和国国务院令第271号《城市居民最低生活保障条例》中明确规定，城镇居民最低生活保障对象是："持有非农业户口的城市居民，凡共同生活的家庭成员人均收入低于当地城市居民最低生活保障标准的，均有从当地人民政府获得基本生活物质帮助的权利。"该制度主要是保障"三无"人员（无生活来源、无劳动能力、无法定赡养人或抚养人）及年人均收入低于当地城市居民生活保障标准的家庭的生活需求。

最低生活保障制度的补助金额则可根据当地的物价水平、生活水平和财政水平统一确定，但其保障水平存在较大的差异。中华人民共和国民政部社会救助司对36个中心城市的低保标准的统计数据显示：400元及以上者，有7个城市，占19.44%，包括北京、天津、上海、杭州、广州、深圳及宁波；399元至250元，有24个城市，占66.67%，主要有南京、沈阳、厦门、呼和浩特、合肥及拉萨等；低于249元的有5个城市，占13.89%，包括贵阳、西安、西宁、银川及乌鲁木齐（中华人民共和国民政部，2011）。

2. 医疗救助制度

医疗救助制度的实施可保障弱势群体享有医疗保障的公平性和可及性。对医疗救助，目前学术界暂无统一的定义，根据不同学者关于医疗救助的观点可将其定义为:各级地方政府通过提供财务、政策及技术上的支持以及社会通过各种慈善行为,对贫困人群中因病而无经济能力治疗者提供专项帮助和经济支持,使他们获得必要的卫生服务,以改善其健康状况的一种保障制度(李瑞林,2005;郑泽荣、陈瑞光,2002)。

但中国的医疗保障存在医疗救助门槛高、管理不健全及救助不及时等问题,不能真正提供医疗帮助(罗珏,2010),且因各地的经济水平不同,医疗救助水平存在较大的差异。就东、中、西部三个地区的医疗救助的财政预算而言,东部地区占其省级财政预算总额的比重较小,只有25%;中部地区比重较大,占其总额的41%;西部地区比重最大,占其总额的45%(毕芳,2008)。

3. 住房保障制度

住房保障制度是社会保障制度的重要组成部分,是国家通过立法对国民收入进行分配与再分配,对中低收入家庭,特别是生活有特殊困难的家庭提供经济适用房与廉租房等,保障其基本住房权力的一种制度(陈晨,2010)。

从上述的社会现有保障制度可见,如果政府部门能制定针对低收入单亲家庭这一特殊群体的相关政策,则有利于帮助他们走出经济困境,适应生活的改变。

二、我国港澳台地区低收入单亲家庭的社会保障政策

作为中国的重要组成部分,港澳台地区的社会保障制度广义上讲既是中国社会保障制度的重要组成部分,又是自成体系且独具特色的社会保障制度。港澳台地区的经济发展虽然有所差异且各具特点,但都受中华民族传统文化的影响,因而在失业保障制度方面既有差别,又有共性。

(一)香港低收入单亲家庭的社会保障政策

自1997年香港回归祖国后,内地已逐步开始借鉴香港的社会保障模式。作为社会安全网和保险器的社会保障制度对香港经济的发展及社会稳定有着至关重要的作用。虽然香港的经济发展水平较高,但其社会保障制度却与西方福利型国家的政府"大包大揽"、"高覆盖率、高保障水平"的保障制度有很大不同,香港更加强调要依靠全社会的力量来共同解决市民基本的福利(鲁波,2008)。

1. 香港地区社会保障制度

香港社会保障体系主要由三部分组成:一是政府无偿提供的各种社会福利补贴,属于收入保障项目,称为"社会保障";二是为保障雇员权利的"职业福利";三是由公共部门(政府)和民间团体兴办的各种社会福利设施,主要包括直接福利、公共住房和医疗卫生服务,统称为"社会福利服务"(郑秉文,史寒冰,2001)。为了便于了解香港政府对弱者的救助政策,此处详细介绍香港政府所制订的社会保障计划。

社会保障，即社会救助，主要目标是帮助社会上需要经济或物质帮助的人士，应付基本及特别的需要。香港地区社会保障制度包括综合社会保障援助计划、公共福利金计划、暴力及执法伤亡赔偿计划、交通意外伤亡援助和紧急救济。

（1）综合社会保障援助计划

“综合社会保障援助计划”于 1993 年开始实施，并取代了 1971 年开始实施的“公共援助计划”。“综合社会保障援助计划”是以入息补助的方法，旨在向因年老、残疾、患病、失业而在经济上无法自给的人士，以及单亲家庭或低收入家庭提供安全网，使他们维持基本需要的社会保障计划。该计划的援助金的类别主要有标准金（见表 2-1）、补助金及特别津贴三类。其中，补助金又包括长期个案补助金、单亲补助金、社区生活补助金、交通补助金四类（香港社会福利署，2011）。该计划的援助金额的大小主要依据申请者个人或家庭收入及需要来确定。

表 2-1　综合社会援助计划标准补助金①

类别		标准金额（每人每月以港元计）			
		单身人士	家庭成员		
60 岁或以上的长者	健全/残疾程度达 50%	2680	2530		
	残疾程度达 100%	3245	2870		
	需要经常护理	4570	4190		
60 岁以下健康欠佳/残疾的成人	健康欠佳/残疾程度达 50%	2275	2060		
	残疾程度达 100%	2840	2450		
	需要经常护理	4145	3770		
残疾儿童	残疾程度达 50%	3025	2635		
	残疾程度达 100%	3585	3205		
	需要经常护理	4900	4525		
		单身人士	有不超过 2 名健全成人/儿童的家庭	有 3 名健全成人/儿童的家庭	有 4 名或以上健全成人/儿童的家庭
60 岁以下的健全成人	单亲人士/须照顾家庭人士	—	2060	1855	1645
	其他健全成人	1890	1685	1520	1360
健全儿童		2275	1880	1690	1505

① 长期个案补助金。凡有年老、残疾或医生证明为身体状况不佳成员的受助家庭，如果连续领取援助金 12 个月及以上，则可按家庭中这类符合资格

① 资料来源：香港社会福利署，2011

的成员人数，获得每年一次的长期个案补助金，以使其维持家庭生活，见表2-2。

表 2-2　长期个案补助金①

补助对象	每年金额（港元）
单身人士	1680
有2至4名高龄、伤残或经医生证明为健康欠佳成员的家庭	3365
有5名或以上高龄、伤残或经医生证明为健康欠佳成员的家庭	3825

② 单亲补助金。单亲补助金主要是向家庭中有一名18岁以下的或年龄介于18—21岁并正接受全日制教育的子女（该子女必须是未婚）的单亲家庭提供补助的援助计划，其补助金额为每月265元港币。

③ 社区生活补助金。社区生活补助金主要是向不住院而经医生证明残疾程度达100%或需要经常护理的严重残疾人士提供补助，以帮助他们适应社区生活，其补助金额为每月120元港币。

④ 交通补助金。凡年龄介乎于12—64岁并经医生证明残疾程度达100%或需要经常护理的严重残疾人士，每月可获得交通补助金，以鼓励他们外出参加活动，从而使他们融入社会等，其补助金额为每月215元港币。

（2）公共福利金计划

"公共福利金计划"于1993年实施，并取代了1971年开始实施的"公共援助计划"中的"特殊需要津贴计划"。该计划的目的是为了向重残疾或年龄在65岁或以上的香港居民，每月提供普通伤残津贴、高额伤残津贴、普通高龄津贴或高额高龄津贴的援助计划。其中普通伤残津贴为每月1325港元（人民币1100.76元），高额伤残津贴为每月2650港元（人民币2201.52元），普通高龄津贴为每月1035港元（人民币859.84元），高额高龄津贴为每月1035港元（人民币859.84元）（香港社会福利署，2011）。

"综合社会保障援助计划"与"公共福利金计划"的区别在于：前者属于特殊主义或选择主义的保障给付，其对象是处于贫困状态中的个人或家庭；而后者的福利项目中，除"普通高龄津贴"的给付需要进行经济状况调查外，其余的津贴计划都属于普通性的福利，无须进行经济状况调查（郑秉文，史寒冰，2001）。

（3）暴力及执法伤亡赔偿计划

这项计划目的是提供经济援助给因暴力罪行或因执法人员使用武器执行

① 资料来源：香港社会福利署，2011

职务，以致受伤的人士或这些人士的受养人（如受害人因伤死亡）。此计划无须供款，申请人亦无须接受经济状况调查。

(4) 交通意外伤亡援助计划

交通意外伤亡援助计划主要是根据意外中受害人的伤亡情况迅速向其或这些人士的受养人（若受害人死亡）提供经济援助的计划。此计划无须考虑受惠人的经济状况，或有关交通意外是因谁的过失而造成。

(5) 紧急救济

紧急救济是向因遭受天灾或其他不幸事故（如火灾、台风、水灾、暴雨、山泥倾泻、塌屋及因楼宇成为危楼而遭发出封闭令以致被命令撤离家园）而受影响的灾民、居民，提供热饭（或现金代替膳食）及救济物品。其中，伤亡补助金一般由社会福利署负责发放，其他补助金则分别由地政总署、海事处及渔农自然护理署负责发放。

2. 香港地区低收入单亲家庭的社会保障制度

香港地区对低收入单亲家庭的社会保障政策主要是属于综合社会援助计划中的项目。综合社会援助计划中规定对于未达到资产所规定限额的单亲家庭可申请综合社会援助计划的相关补助金。对于有年幼子女（家庭中最年幼子女未满 15 岁）、家庭资产总值（包括自主物业的净值）不足让这个家庭按综合社会保障援助标准维持 10 年生活的单亲人士，社会福利署署长可行使酌情权延长宽限期，让这些单亲家庭可继续领取援助而无需出售他们的自主物业。

为详细了解香港地区对单亲家庭的救助计划，下面举例说明。

例 1：一个三人单亲家庭，包括母亲、14 岁的儿子及 12 岁的女儿。母亲是全职主妇；两名子女均就读全日制中学，中午需在外用餐。这个家庭每月开支包括租金 3200 元港币、两名子女往返学校交通费 450 元港币及水费、排污费（香港社会福利署，2011）。

这个没有收入的家庭每月可得的援助金额有以下几种：标准金额（单亲人士及两名健全儿童的标准金额，即 1855 元港币 +1690 元港币 ×2）5235 元港币；单亲补助金 265 元港币；特别津贴（租金 3200 元港币，水费及排污费 30.9 元港币，往返学校交通费 450 元港币，学生膳食津贴 450 元）4130.9 元港币，共计 9630.9 元港币。

可见，香港政府对于单亲家庭的社会保障政策兼顾了单亲人士及单亲子女，其政策涉及的范围较广，较为全面，在一定程度上能使单亲家庭维持其基本生活需要。

（二）澳门地区低收入单亲家庭的社会保障政策

澳门作为我国的特别行政区之一，经济发展迅速，相应的社会保障制度体系自1990年澳门社会保障基金成立后也正式确立起来。

1. 澳门地区的社会保障体系

澳门地区的社会保障制度主要包含社会保险、经济援助及社会福利服务。此外,在澳门,所有的居民都可以免费在卫生司属下的卫生中心获得免费的一般性医疗和诊断服务(苏璇,2007;江治强,2011)。其中,社会保险主要是由社会保障基金向各类雇员提供的各类补助和津贴,当雇员因客观情况不能工作时可以获得保障。经济援助则主要是由社会工作局向处于经济贫乏状况的个人或家庭发放援助金的制度,以确保因社会、健康及其他需要特别援助的因素而处于贫困中的人能维持基本生活需求。澳门的社会福利服务主要指由政府和非营利性组织合作实施的,致力于向有需要的居民提供与家庭问题、人际关系及人格成长等密切相关的各类服务活动。澳门的公务员的福利统一由退休基金会发放。

2. 澳门地区低收入单亲家庭社会保障政策

2007年,澳门特别行政区第6/200号行政法规将每月总收入低于本行政法规所定的最低维生指数的单亲家庭纳入经济援助的帮助对象。该行政法规规定的援助金具体包括一般援助金、偶发性援助金及特别援助金(澳门社会工作局,2011)。

(1) 一般援助金

一般援助金是向处于经济贫困状况的个人或家庭发放的援助,其数额为个人每月收入或家庭每月收入的总和与相应的最低维生指数数值差额的金额。援助金的发放期每次最长为12个月,能够以相同或不同期予以续期;且每年一月,一般援助金的受益人获发放一笔相等于一般援助金金额的额外款项。但当计算得出的差额少于澳门币50元时,则不发放一般援助金。

(2) 偶发性援助金

偶发性援助金一般是向因遇下列任一情况而陷入经济贫困状况,或导致经济状况恶化的个人或家庭提供:① 支付丧葬费;② 因公共灾难或灾祸须紧急援助的;③ 取得残疾者或病患者的各类辅助设备;④ 为住所进行必要的工程;⑤ 取得基本的家具及家居设备;⑥ 照顾处于危机状况的未成年人;⑦ 住处所需社会服务设施;⑧ 取得护理物料;⑨ 取得必要的交通服务;⑩ 其他须紧急援助的事实。偶发性援助金的发放仅属一次性,金额视实际开支和申请人及其家庭的具体情况而定。

(3) 特别援助金

特别援助金发放是针对特定需要的个人或家庭,其金额不计入个人或家庭的每月总收入。特别援助金发放的类别、准则、方式及金额,均由社会文化司司长批示核准且公布于《澳门特别行政区公报》。比如2002年,单亲家庭特殊援助金范围是澳门币50元至100元,长期病患者及残疾人士则是澳门币200元(赖伟良,2003)。

(三)台湾地区低收入单亲家庭的社会保障政策

台湾地区的社会保障制度发端于20世纪50年代;最初只建立了劳工保险法。50年代后,台湾当局又逐步建立了劳工保险条例等;80年代以后,随着经济实力增强和社会矛盾日益加剧,社会保障制度才逐步成型;90年代以来社会保障制度建设有了重大进展(赖伟良,2003;Social Security Administration of USA.,2011)。

1. 台湾地区的社会保障制度体系

台湾地区的社会保障制度包括社会保险、社会救助、社会福利及社会津贴四大范畴(蔡铭桃,2008)。其中,社会保险是台湾地区社会保障制度的核心。

台湾地区的社会保险从受保人群划分,包括劳工保险、军人保险、公务人员(行政公务员和公、私立学校教员)保险、农民保险,其中军人、公务员、教员相对于劳工、农民群体,享有较为完善和高水准的保障;从保障类型上看,包含老年、残疾、死亡、医疗、工伤、失业、生育等社会保险项目(赖伟良,2003)。社会救助包括生活扶助、医疗补助、急难救助及灾害救助等,其主要目的是照顾生活困难的低收入者及遭受紧急患难者的生活。社会福利则主要包括儿童福利、少年福利、老人福利、残疾人福利、妇女福利及劳工福利等项目。

2. 台湾地区低收入单亲家庭社会保障政策

根据对台湾地区社会保障制度体系的分析可知,目前台湾地区并没有建立明确或独立的法规保障低收入单亲家庭的基本生活需求。

根据台湾地区现行政策而言,单亲家庭的社会保障都根据社会救助法、特殊境遇妇女家庭条例、儿童及少年福利法的相关条款执行。

就社会救助法而言,单亲家庭必须符合低收入户的资格才予以经济补助。

特殊境遇妇女家庭条例主要是针对特定特殊境遇妇女而言的,虽有别于社会救助法以低收入户为主要适用对象,但是也必须是低收入户才能申请,即其适用对象为低收入的、处于特殊境遇的妇女家庭,其扶助内容包含紧急生活扶助、子女生活津贴、子女教育补助、儿童托育津贴、法律诉讼补助(陈丽芬,王顺民,2011;蔡铭桃,2008)。

儿童及少年福利法包含经济与服务两方面的补助,其中经济补助分为资产调查式经济补助和全面式经济补助。资产调查式的经济补助包括中低收入儿童与少年生活扶助、中低与低收入儿童托育津贴、中低收入幼儿托教补助、低收入弱势儿童及少年医疗补助、中低收入儿童及少年自付健保费补助;全面式的经济补助包括幼儿教育券、儿童及少年医疗补助及发展迟缓儿童医疗补助。福利服务则包括儿童及少年寄养、安置服务(陈丽芬,王顺民,2011)。

整体而言,台湾地区现阶段的单亲家庭福利措施涉及了经济扶助、托育服务、教育奖学金、健康保险费补助及其他诸如住宅租金补助等。但其福利措施仍以现金给付为主,加上条件、资格的限制门槛较高,无法具体落实普及到一般性的单亲家庭户。

三、国外低收入单亲家庭的社会保障政策

随着失业率、贫困等问题的增加,各国逐渐意识到了社会保障的重要性,纷纷进行了社会保障制度的改革。从一般意义上说,社会保障制度的制定受到社会经济发展水平,社会经济制度,一定时期经济运行情况、经济理论导向,民族传统,历史文化,国际社会保障制度的交流、渗透和融合等因素的影响(刘明,2004)。为此,本研究将通过对东亚地区的日本与韩国,及欧美地区的美国与英国社会保障制度的分析,探讨其低收入单亲家庭的社会保障制度。

(一)东亚国家低收入单亲家庭的社会保障政策

1. 日本低收入单亲家庭的社会保障政策

作为发达国家的日本,其社会保障制度的建立晚于欧美发达工业国。但随着日本经济的高速发展,在成功实现现代化后,其社会保障制度也得到了改革和完善,社会保障事业得到长足的发展,并在经济现代化的过程中发挥着巨大的作用。

日本社会保障制度审议会提出,社会保障"是以国民生活的安定受到损害时保障国民能健悦而安心地生活为目的,以公共责任为其提供支助生活的救济金的制度"。该制度属于社会保险型模式,即雇员和雇主定期缴纳社会保险费,不足部分由政府补贴以使投保者享受社会保险的一种社会保障制度(Social Security Administration of USA. ,2011;张彦,陈红霞,1999)。从组织形式上看,该社会保障制度大体可分为五类:① 政府设立的社会保险制度,如健康保险、国民健康保险、国民年金、厚生年金保险、失业及工伤事故保险、儿童津贴等。② 各部门或行业设立的互助性质的共济保险制度,自成体系,通常包括第一类保险制度的全部内容。③ 为特殊行业或特殊人员设立的保险制度,如船员保险、老人保健制度等。④ 各种基金制度,如国民年金基金制度、农民年金基金制度、厚生年金基金制度、煤矿年金基金制度等。⑤ 政府设立的辅助性社会保障制度,如社会福利制度、卫生保健制度、环境保护制度等(唐大鹏,2004)。其中,国民年金、医疗保险及其他与员工有关的保险制度为日本社会保障政策的重点(Social Security Administration of USA. ,2011)。

国民年金是根据《国民年金法》制定的保险制度,该法规定20—60岁的日

本国民必须加入国民年金制度，其支付标准是与物价密切相关的。该制度的保险人为日本政府，而被保险人有自营业者、无业人员、工薪阶层、工薪阶层配偶及在日本国内无固定住所的60—65岁的老人，或享受其他老人退休年金的自愿者（唐大鹏，2004）。

医疗保险制度则规定日本居民必须人人投保，并且个人缴纳的费用与其收入成正比，但低收入者可酌情予以减少（吴建华，2005）。它主要由健康保险与国民健康保险构成。就被保险对象而言，健康保险的被保险对象为各企事业单位的在职职工，国民健康保险的对象是从事农业或渔业的人员、个体经营者、无业人员；就内容而言，它不仅包括医疗费的支付与负担，还包括分娩或养病补贴、子女养育补贴、丧葬费补贴；就被保险对象而言，不仅包括被保险者本人，还包括被保险者的家属（吴建华，2005；唐大鹏，2004）。

此外，随着单亲家庭的逐年增加，日本开始重视其社会保障制度。起初日本制定的单亲家庭社会保障政策只针对女性单亲家庭，但随着男性单亲家庭的增多，日本政府逐渐针对母子家庭、寡妇和父子家庭三个对象群的主要需求制订福利服务政策（余巧芸，1995）。单亲家庭福利措施的实施主要依据日本政府所制定的《母子及寡妇福利法》。

2. 韩国低收入单亲家庭社会保障政策

20世纪60年代以来，韩国的经济经历了从重建到腾飞的过程，其社会保障制度也得到了不断的发展与完善，逐步建立了包括社会保险、社会救济及社会福利服务在内的社会保障体系。

（1）社会保险制度

社会保险制度是韩国社会保障体系中的核心。韩国的社会保险制度主要包括养老保险、医疗保险、就业保险及产业补偿灾害四个项目（张宝仁，张慧智，2000）。

其中，养老保险从适用对象来看，可分为两大类：一类是以公务员、军人、私立学校教职员为对象的养老金；一类是以一般劳动人民为对象的国民养老金（王顺芳，2007）。

医疗保险则是由保健福利部医疗保险局主管，包括公务员及私立学校教职员医疗保险、单位医疗保险和地域医疗保险（城市和农村地区）三个项日（李光勇，2002），雇员5人及以上的加入单位医疗保险，雇员5人以下的加入地域医疗保险。其支付分为法定和附加两种：前者为医疗、分娩以及体检等医药费；后者为丧葬费、分娩津贴以及本人负担的补贴（王顺芳，2007）。

韩国的就业保险旨在消除因失业增加带来的不安情绪，解决因产业结构升级而产生的对熟练工人的大量需求。该保险的最大特点是不局限于失业救济，而且用积极的政策和手段进行就业调整和支援，开发就业能力，以防失业的增加。就业保险费分为两类：与失业救济相关的保险费由雇主和职员各负担一半；就业稳定事业和职业能力开发事业的保险费则由雇主全部负担（张宝仁，张慧智，2000）。

产业补偿灾害则主要是指在职工出现因职业关系而患职业病或因产业灾害引起负伤、疾病、死亡等情况时，向其提供医疗服务和生活保障（根据不同的情况支付一定比例的补偿或年金）。

（2）社会救济

社会救济不同于社会保险，不需要交纳保险费，而是用国库资金对低收入阶层进行生活保护或帮助其自救，包括生活保护、有功人员津贴及灾害或灾难救护三个项目（王国辉，蔡旭，2004）。其中，生活保护主要是对收入和资产在国家每年规定划定的标准以下，无人抚养或抚养义务者已丧失劳动能力的65岁以上老人、未满18岁的儿童，以及孕妇、残疾人进行生活援助；有功人员生活津贴是指对国家有功人员如爱国志士，战死、战伤、殉职、公伤的军警，殉职、公伤的公务员等分别发给年金、生活津贴、看护津贴、住宅资金、抚恤金等，还进行教育保护、就业保护、医疗保护、养老保护以及提供贷款、利用交通工具减免费等；灾害或灾难救护是对在本地区因自然灾害或突发事故而发生多数罹难者时进行的紧急救护（柏林森，2001；周鹏飞，2007）。

（3）社会福利服务

韩国的社会福利服务主要面向一些有特殊情况而需要得到帮助的人，它具体包括老人福利、残疾人福利、儿童福利、妇女福利以及精神、医学性社会事业服务五个项目（韩国健康保险工团，2011；王顺芳，2007）。其中，老人福利主要通过兴办老人福利设施（养老设施、老人疗养设施、老人福利会馆等）和敬老优待（公共费用减免）等扶持没有年金的65岁以上老人；儿童福利主要通过建立儿童保护设施以帮助18岁以下孤儿以及监护者无力或不宜抚养的儿童的福利计划；妇女福利是指针对寡妇、未婚母亲、贫困的母子家庭、失足女青年的福利和教育（王国辉，蔡旭，2004）。

综上所述，韩国并没有专门制定政策扶持低收入单亲家庭，并且韩国是注重家庭的传统国家，政府鼓励孝敬父母，稳定家庭，实行夫妇优待制，不会优待独身者及单亲家庭。因此，韩国对低收入单亲家庭一般都根据社会救济及妇女、儿童福利进行社会扶持，其中妇女福利最为重要。妇女福利中明确表示未婚母亲及贫困母子家庭是其扶持对象，但也主要是通过妇女福利机构，如妇女咨询所、母子保护设施、妇女职业辅导设施、女性会馆等来对妇女进行支援、指导和启蒙（王顺芳，2007）。

(二) 欧美国家低收入单亲家庭的社会保障政策

1. 美国低收入单亲家庭的社会保障政策

相比英德等发达国家,美国的社会保障制度起步较晚,但自1935年第一部《社会保障法》颁布并实施后,美国经过70多年的发展与探索,已逐步建立起符合其经济发展水平的社会保障制度。

从美国社会保障制度的发展进程看,目前美国的社会保障可分为公共社会保障、企业社会保障、商业社会保险和慈善四个层面。从政府角度看,又可分成社会保险制度及社会福利制度两类(王海燕,2010)

(1) 社会保险制度

美国的社会保险制度主要包含养老保险、残疾保险、医疗保险、失业保险及其他保险项目(Social Security Administration of USA.,2011)。这些项目的保险资金来源主要由雇员及其雇主按照《社会保障法》规定比例支付的工薪税组成,而个人或家庭从中获得的收益取决于其过去工薪收入和交纳的社会保障工薪税的历史,该历史含交纳时间的长短和交纳数额的多少(桂承铭,2004)。

其中,养老保险制度是美国社会保险制度的核心项目,是美国社会保障法中最先规定的内容之一。美国的养老保险主要是向61岁以上的老人支付养老金,其保障金额的大小与退休前的工薪水平、年龄等因素有关。失业保险制度则是根据美国1935年颁布的《社会保障法》所建立的,它旨在向失业者提供部分收入以保障其基本生活。医疗保险主要由政府医疗保险和私人医疗保险构成。其中,政府的医疗健康保险主要是向65岁以上的老人和残疾人提供医疗住院保险和补充医疗保险的项目(曾宪影,2006)。

(2) 社会福利制度

美国的社会福利制度主要是通过各州政府实施的、针对低收入阶层和贫困社会成员进行救助的相关项目,它包括补充保障收入、医疗补贴、食品券及临时家庭援助等。其中,补充保障收入项目是向老年人、残疾人按月发放现金形式的生活补助,该项目由美国社会保障局进行管理,接受该项目资助的个人其个人资产不能超过2000美元(桂承铭,2004)。医疗补贴则是美国政府对低收入者实施的最大的社会救济项目,它是根据接受者的需要,以非现金的实物、服务等形式援助的项目。食品券则是由政府发放给低收入者用于换取食物的凭证。临时家庭援助项目是向需抚养的儿童的低收入家庭提供现金补助和工作机会的社会援助福利项目。

从上述制度可见,美国的社会保障系统中并没有针对低收入单亲家庭的专门法令。最早,美国政府根据救助独生子女家庭计划(Aid to Families with Dependent Children,简称AFDC)对低收入单亲家庭进行援助,旨在帮助收入较低的单亲母亲,鼓励其外出工作。但随着未婚单亲母亲的增加及经济水平的变化,政府不再向不外出就业的贫困家庭提供帮助(Gemelli,2008;Fang & Keane,2004)。AFDC计划还鼓励建立双亲家庭,降低低收入单亲家长对福利的依赖性(Dolgoff, Feldstein & Skolnik, 2003)。此外,为提高单亲家长的就业率,该计划规定所有家庭接受2年援助后必须参与工作。1996年以后,AFDC计划逐渐被临时家庭援助项目(Temporary Assistance to Needy Families,简称TANF)所替代,该计划由各州的"健康与人类、领土和种族服务部门"和"联邦健康与人类服务部"共同管理,其资金由联邦政府和州政府共同筹集,但领取补助的低收入标准和福利支出数额由各州政府决定。

2. 英国低收入单亲家庭社会保障政策

19世纪末和20世纪初英国颁布了《公共健康法》、《工人失业法》、《教育法》、《退休金法》等一系列法规,此后,已逐步建立了40多项社会保障制度,涉及社会保险、社会救助、社会福利等方面(陈波,2005)。其中,社会保险包含养老保险、失业保险、医疗保险及工伤保险;社会救助主要向16岁以上的英国居民或收入不能满足基本需求者发放补助,社会救助金发放前必须先调查申请人的生活状况;社会福利则包括政府部门和社会志愿者有关组织对生活困难者所提供的各种福利设施和福利服务,及向全体公民所提供的各种公共设施和津贴补助。

英国低收入单亲家庭的社会保障政策主要有社会福利中的儿童津贴及单亲家长的新政(New Deal for Lone Parents,简称NDLP)。儿童津贴是给予儿童的主要社会保障补贴,无需缴纳社会保险费。该制度规定每个未满16岁的儿童或未满19岁的在校生,每周可领取6.85英镑的补贴,而单亲家庭儿童还可领取特别补贴(陈波,2005)。NDLP新政是专门扶持单亲家庭生活的主要法令。它是结合就业、儿童与福利服务为一体的单亲新政,主要是希望让单亲家长可得到有酬的劳动机会,有合理的薪酬及有保障的聘用,以提高他们的收入水平及生活标准。

第三章 低收入女性单亲家庭生活现状调查

贫穷问题是最重要的社会问题之一，亦是社会科学家和政策分析者研究的重点之一。虽然造成贫穷的原因十分复杂，但历来研究贫穷问题的学者均认为家庭的变动是造成贫穷的一大因素，尤其是以女性为户主的家庭（Female-Headed Families）更是近年来西方学者研究贫穷问题的主要对象（张清富，1992）。

随着传统的婚姻家庭观念的改变，单亲家庭的数量逐渐增多，且女性家长明显多于男性家长。据统计，在美国，由母亲维持的单亲家庭约 500 万个，占单亲家庭总数的 87%，仅有不到 7% 的家庭是以男性家长为主的；在中国，以女性为主的单亲家庭也占近 90%（李晓杨，2008）。单亲后，女性需要担起一家之主的责任，但由于中国传统的“男主外，女主内”的思想，使得女性一直处于弱势地位，这样以单亲母亲作为户主的家庭可能会面临严重的经济问题等，她们需要得到我们更大的关注以帮助其度过艰难的单亲生活。为此，本章将在文献分析的基础上结合实证调查来了解低收入单亲家庭在生活基本情况或生活困境，及男女性单亲家庭在生活困境方面的差异性，并进一步分析低收入单亲女性对贫穷的认知，明确有关低收入单亲女性家庭的生活因应策略研究的现实意义。

一、低收入女性单亲家庭生活基本状况

随着社会经济、文化的发展，女性获得了更多的权利和自由，也获得了更多的工作机会，她们走入社会，和男性共同承担起社会责任。但是我们不能否认的是，男性挣钱、女性管家的传统性别观念仍然影响着整个社会。并且迄今为止，我们的文化价值观念依然是维持婚姻的持续和一贯性，推崇家庭的完整与亲和。所以，女性单亲家庭在某种程度上被认为是对传统道德的背离，这就造成了单亲母亲在现实生活中的种种问题。有调查显示，56.2% 的离婚女性认为她们目前的生活状况是在“维持生存”，有 89% 的各阶层被调查者认为离婚的单亲母亲“处境困难”（马致远，张蓉，2003）。

然而，我们也不得不承认，尽管单亲母亲在现实生活中遇到种种问题，但

部分女性在离婚后生活状态仍是有所改善。下面是她们诉说的种种心声：

“他不好好过日子，在外面瞎混，既赌博又有外遇。离了好，不用再受气，终于不要为他还债而受累了……离了婚，我的父亲、母亲和我能安心地把孩子领好”；

“他赌性不改，输光了钱恐怕连女儿也成了他的赌本……好好的家庭被他破坏，一生的幸福断送在他手里……现在整天提心吊胆、怕债主上门讨债的感觉没有了”；

“说实话，他确实很喜欢我，从不打骂我；但是抽大烟，就是戒不掉，抽掉了全部家产，生意也不想做，无奈之下只能与他离婚。现在好像卸了大包袱，我再也不用替他还债了”；

“离婚前他酗酒、打人，现在精神压力减少了，没人会打我了”；

“他不尽义务，抽烟、酗酒、自私自利、不顾家……离婚后不再受气，不要再服侍他，帮他做各种事，我自由了”；

“是他的不忠导致家庭破碎，对小孩各方面不利……现在因为没有争吵、打骂，生活安静许多，我的生活能轻松、正常了”；

“现在可以不用再闻到他满身的酒气了，可以不用再过人不像人、鬼不像鬼的生活……尽管婚前就想分手的念头到婚后再下决心已经晚了，不过现在离了婚感觉还是比较轻松，没有阴影了”；

“他是个独生子，因为生了个女儿，他不满意，整天喝酒、赌博，不顾家里，还打得我重伤。现在不用再为吵架、打架而伤神了”；

“离婚后，可以不要再听他骂、随他打了，也可以不见那些他带回家的女人了”；

“对方对我和家人实施暴力……使我至今不能做体力工作。离了后我可以得到解脱和人身自由了”；

……

了解了上述部分女性的状况，那么，我们所认为的女性单亲家庭，特别是低收入女性单亲家庭的生活困境又在哪里呢？

（一）低收入女性单亲家庭的生活困境分析

在详细介绍低收入女性单亲家庭的生活困境前，我们首先介绍这样一个故事。

成都市高新区某高中有一次组织优秀学生干部参加到北京的夏令营活动，由于这是一项荣誉性奖励活动，因此名额有限，但面对不到400元的入营费用，张女士的女儿仍放弃了这次难得的机会。事后了解得知，这个平时开朗活泼、工作出色的优秀学生干部，是与离异的母亲相依为命的。这次之所以不能成行，是由于张女士的月收入不足千元，前夫所给每个月的抚养费也不过区区 300 元而已（杨曦，2001）。这说明女性单亲家庭几乎所有的收入均来自于单亲母亲，但因为部分单亲母亲在就业竞争等方面的弱势，使她们皆不同程度地面临着经济局限与生活困境。

再让我们将目光投放到城市女性单亲家庭的生活困境中去，看看又是怎样一番景象。袁继红（2008）对长沙市 48 个女性单亲家庭的调查发现，单亲母亲家庭的家庭月收入普遍较低。被调查的单亲母亲的家庭月收入主要分布在 201—500 元，501—1000 元，1501—2000 元这几个范围内，各自所占的比例分别为22.9%、27.1%、20.8%；家庭月收入 200 元以下的有 2 人，占 4.2%；月收入 3001 元以上仅 1 人，近九成的单亲母亲的家庭月收入低于长沙市月平均工资水平 2051.25 元。

此外，低收入单亲母亲对于家人的经济负担过重。在所调查的那些单亲家庭中，小孩为儿子的有 31 人，占 64.6%；小孩为女孩的 17 人，占 35.4%。其中这些孩子处于学龄前的 3 人，占 6.3%；处于上学阶段的 39 人，占 81.2%；而处于待业的有 4 人，占 8.4%；处于就业状态的仅有 2 人，占 4.2%。而且这些家庭中，有双亲需要赡养的占 35.4%；有一个老人需要赡养的占 27.1%；没有老人需要赡养的仅占 37.5%（袁继红，2008）。

不仅如此，单亲母亲家庭成员的健康状态也令人担忧，1/4 的家庭有人身体欠佳。在被调查的单亲母亲中，没有一位进入老年期，即家庭基本是由处于中年的单亲母亲和她们的小孩组成。1/4 这个数据高于同年龄段的双亲家庭，可以推断这与单亲母亲的生活压力大有关。不佳的健康状况又会使单亲母亲难以通过工作增加收入，导致其无足够的经济能力治疗，从而使病情进一步恶化，形成恶性循环。

单亲母亲的住房状况亦不理想，自己是房产所有者的比例为 79.2%，租用的占 10.4%，借用的占 10.4%，这后两类共 20.8% 的单亲母亲要独自抚养自己的孩子，却没有属于自己的住房，她们比其他母亲生活得更加艰辛（袁继红，2008）。

而放眼国外，美国女性单亲家庭的贫困率在 1987 年时也已经达到了 48.7%，这也就意味着近一半的女性单亲家庭都生活在贫困中。这种现象也表明，美国现在的贫困问题日益显现出贫困女性化的特点（吕洪艳，2007）。

不能否认的是，迄今为止，我们的文化价值和评判依然以是否遵循传统的父系道德为基准，推崇家庭的完整、婚姻的持续与一贯性。以单亲母亲作为户主的单亲家庭则对父系传统道德形成了三重背弃（郭砾，2002）：一是原有婚姻破裂，她们没有守住基本的家庭结构模式；二是她们的单亲家庭结构形式对立于传统的家庭模式;三是女人掌门立户,成为一家之长,造成了其家庭角色越位。这三项背弃亦形成了单亲母亲在现实社会生活中的困境。单亲母亲常常成为失败婚姻不良后果的承担者。无论婚姻破裂的原因是什么,单亲母亲都可能被指责"素质能力低"、"没女人味儿"、"笼不住丈夫的心"等等。单亲母亲跟社会各部门、各环节(比如单位、学校、邻里等)打交道,常常遭受指责与歧视,受到心理的伤害,甚至受到性骚扰。此外,现实社会福利服务的对象主要以传统家庭为中心,无意关注单亲家庭、单亲母亲,由于社会救助不力,单亲母亲主掌的单亲家庭常常会在经济贫困、精神压抑、子女成长困难的情况下挣扎。

综合来说,低收入女性单亲家庭生活困境包括以下几个方面:

1. 经济问题

绝大部分单亲家庭的生活水平相对于家庭结构未转变前皆有不同程度的下降,女性单亲家庭尤其如此。美国学者 Weitzman(1985)在她的《离婚革命》一书中,就揭示了离婚后妇女与孩子的生活水平平均下降了73%、而丈夫却平均提高了42%的事实。此后,经济收入被用作衡量单亲家庭福利的最重要指标之一。根据王世军(2001a)对南京市贫困家庭的调查研究发现月均收入在300—800元及以下的家庭里,其家长多为女性;而月均收入在800元以上的单亲家庭中家长多为男性。换句话说,女性单亲家庭发生贫困的概率远远高于男性单亲家庭。女性单亲家庭发生贫困有着以下不可避免的原因。

(1) 财产分割不均

女性在离婚时财产分割上处于劣势。通常双方在离婚时,男性一方常采用一些措施来隐瞒自己在财务方面的真实情况,而巨额债务往往是男性让女性退出经营权争夺的"杀手锏";很多妇女在离婚分割共同财产时,多因不能掌握对方确切的经济收入情况和提供有力证据只能分割"看得到的财产",而无法获得自己实际应有的一份财产。难以举证不仅因存在技术性困难,还与女性普遍处于弱势地位有关,举证的成本(审计和估算)通常是较高的(王世军,2002b)。除了财产上的分配不均之外,男方对子女的抚养费少付、甚至是拒付也造成了女性单亲家庭贫困程度的加深。

(2) 文化歧视

我们中国的传统文化价值是推崇家庭的完整性与和睦,并且在现代社会中仍然推崇这种传统的文化价值理念,因此,在现代社会中的很多人是不能接受单亲家庭特别是由于离异而造成的单亲家庭的存在。对女性单亲家庭的文化批判加剧了女性的身心负担和精神压力,很多单亲家庭中的女性对与人交往充满了恐惧,从而导致单亲家庭中的女性减少了与外界的交流。与外界交流的缺失，会使女性单亲贫困家庭的社会可利用资源减少，最终会加重其贫困程度，出现严重的经济问题。

（3）社会保障政策的缺失

一般而言，在家庭结构转变后，母亲仍是抚养子女责任的主要承担者。有许多离婚妇女表示，在离婚时也曾考虑过放弃抚养权，以便经济上宽松些，但母爱的天性使她们宁愿放弃自己的幸福，也要争取得到孩子的监护权。有调查表明，无论主动离婚还是被动离婚，在离婚时有88.5%的受访离婚妇女承担了抚养子女的义务（马致远，张蓉，2003）。我国《婚姻法》规定：离婚后，放弃监护权的一方只需向抚养孩子方提供其基本工资的20%—30%作抚养费。如果离婚后男方能根据离婚协议及时给付抚养费，女性单亲家庭的经济状况可能会好一点。反之，如果男方给的抚养费偏低或有意拖欠，那么，单亲母亲的生活负担就大大加重。但目前我国基本工资仅是工资收入的一小部分，而且法律规定的抚养标准主要是根据离婚当时的生活水平而言，比如10年前给孩子的抚养费是每月30元，而10年后这30元根本就是杯水车薪，更何况并不是所有母亲都可以按时得到这有限的抚养费。这就必然使女性单亲家庭陷入经济困境。

此外，职业收入低也是造成单亲母亲陷入经济困境的主要原因。在新中国成立后，虽然政府大力推进男女平等，积极倡导和鼓励妇女参加工作，一度使中国妇女的就业率在全世界来看都是非常高的，但男女在就业领域方面仍存在很大差异。近年来，由于经济体制改革、产业结构优化调整，使得大批人员下岗，并且以往向女性保护倾斜的社会政策难以在各工作领域及不同经济成分的企业中实行。另外，北京市单亲母亲家庭调查结果表明，约三分之二的单亲母亲年龄处在41—45岁和46—50岁两个年龄段，绝大多数单亲母亲的文化程度为初中或高中（李玲，2008）。单亲母亲较大的年龄和较低的学历水平使她们处于劳动力市场的不利地位，她们大都从事辅助性的工作；并且女性的工资标准也普遍低于男性，通常只有男性的3/5，即使在同一行业同等工作能力的条件下（伊恩，罗伯逊，1987）。因此，部分女性会因自身素质不高、就业能力不强，工资水平不高，往往在社会竞争中被淘汰而陷入经济危机。此外，法律也难以保障女性婚前的充分就业和婚后的连续就业。

可见，我国的福利政策和社会保障政策并没有顾及新的弱者——低收入女性单亲家庭，并没有制定专门的针对女性单亲贫困家庭的社会保障政策或法律条款等，她们只能以低收入家庭的身份去领取微薄的社会补助。但这些微薄的补助是远远不能够解决女性单亲家庭的经济困难，生活状况的改善很大程度上还是需要依靠单亲母亲自身的努力与奋斗，可对于没有社会资源的女性单亲贫困家庭而言，依靠自己的努力与奋斗解决自身在经济方面的困境的机会较少。

2. 生存困境

单亲家庭的生活质量显著低于双亲家庭，其中住房及医疗问题尤为突出。随着房屋商品化的推行，私人住宅成为家庭的主要财产之一，徐安琪（2003）对上海市区50个居委会500个双亲家庭的夫妻和440个单亲者（包括离异单亲者的前夫/妻）的调查发现，单亲家庭拥有自己住房产权的仅占25%，双亲家庭为49%。由于种种原因，离异时，原住房在多数情况下均会判给男方，许多离异女性从此就失去了住房，只能租房或挤住在亲戚朋友家。徐安琪（2003）的调查也发现离异者有自己的住房仅占22%，而居住在父母、兄弟姐妹和其他亲戚家的达34%（双亲仅占12%）；并且离婚后的女性住房条件普遍差于离婚前（陈晓敏，2006）。这样必然会增加她们的经济负担，且给自己的生活也带来不便。因此，住房问题常使单亲母亲陷入生活困境中。

从家庭成员医疗费用的支出方式看，由于多数单亲家庭中母亲处于失业或者无业或从事不稳定的工作，基本不享受我国的医疗福利措施，即使是有正式工作的单亲家庭，由于要负担子女健康及医疗，相对于双亲家庭还是会有很大负担。由于目前我国的医疗保障体系并不完善，即使享有医保也必须在指定医院才能看病，这必然给这些单亲女性带来交通和时间上的困扰，有的甚至宁愿自己买药也不会选择就医。中国城市单亲家庭的研究发现，目前单亲女性的物质生活水平、身体健康状况与婚姻解体前相比，有明显下降或变坏的趋势——尽管单亲女性获得的社会最低保障金、抚恤金或其他资助的数额比有配偶的女性要高（孙莹，2005）。

女性单亲家庭的生活质量有所下降，其主要原因是，在我国，贫穷女性单亲家庭问题刚刚引起社会学者的关注，相关的社会支持与法律保障并不完善。如并未对贫穷女性单亲家庭施行补助政策，也没有一定的社区心理救助来帮助这些单亲母亲减轻心理压力，更没有人告诉她们如何面对孩子以及如何教育子女。此外，法律系统的相关规定也不完善，抚养费以基本工资为基数并不合理，且经常有男方拒付或少付，加重了女性单亲家庭的生活负担。

3. 子女教养问题

经济资源是影响单亲家长生活适应的最重要因素，收入较低者肩负较重的生活压力，适应情况较差，也往往产生子女教养等方面的困扰。虽然随着单亲家庭数目的增多，单亲家庭中子女问题逐渐受到社会的关注，但单亲家庭本身的残缺，使作为其组成成员之一的单亲子女的成长环境与普通家庭的子女不同；而女性单亲家庭中父亲角色的缺失，又会影响良好亲子关系的形成。所以，子女教养问题同样成为女性单亲家庭中一个严重的生活问题。

一份关于离异对青少年子女心理影响的调查发现，离异家庭的青少年学生在活动、社交、学校等方面社交能力因子的总分均低于完整家庭青少年学生；而在抑郁、社交退缩、交往不良等方面的行为问题因子分又全部高于完整家庭青少年学生，其中以抑郁因子方面差异最大。该研究得出结论：家庭环境与青少年学生的抑郁障碍呈显著性相关（陆莲芳，1996）。

单亲女性家庭子女成长面临的另外一个问题是，由于经济来源变少，教育方面的支出较一般同龄孩子会少，可能不具备应有的学习、生活条件。且可能家长受教育文化程度不高，加上工作辛苦或自身疾病，没有精力关注子女的成长，使得女性单亲家庭的子女容易在学习、人际交往等方面落后于其他同龄孩子，从而产生相应的自卑感、恐惧感等。

总之，女性单亲家庭子女或多或少都会表现出以下特征：①失落感，突然失去父爱，由失落感引发抑郁、多愁、冷漠，统一形成对社会及人际关系的不满。②自卑感，社会营造的双亲文化让单亲家庭子女处于尴尬境地，觉得不光彩。③恐惧感，父母情感的冲突给孩子幼小心灵造成创伤，容易产生对婚姻情感的不信任和恐惧。④早熟，单亲家庭的孩子由于缺乏父母的关爱，常会把自己的感情寄托在他人身上，从而容易出现早恋等问题（林岚，2002）。

4. 教育排斥

女性单亲贫困家庭的子女教育排斥现象可以从其子女的入学机会、学校条件和学习过程三个方面来进行分析讨论。

（1）入学机会

低收入女性单亲家庭的子女因为经济情况较差而无法享受社会中优质的教育资源。在很多情况下，她们的子女接受义务教育时不能选择优质的学校进行学习，只能够就近上学。我国学者孙莹（2005）指出城市贫困子女就读于质量好的学校的比例仅为23.3%，就读于质量一般或较差学校的比例高达75.5%；而普通家庭的子女就读质量好的学校的比例达到43.6%。在非义务教育阶段，单亲女性贫困家庭的子女会因为家庭的经济困境而选择放弃学业。总之，女性单亲贫困家庭的子女在入学机会方面与富裕家庭、普通家庭相比还是比较少的。

（2）学习条件

女性单亲贫困家庭往往由于经济问题而导致其子女没有良好的学习场所和必需的学习工具，进而导致其子女在学习成绩方面较差，影响其升学的机会。

(3) 学习过程

部分贫困女性单亲家庭的子女会因为自己出身贫困单亲家庭而产生自卑心理，自我评价低而不愿与同学及老师进行交往。在学校的学习中，师生间、同学间的互动是学生提高成绩所必须的过程，但这种互动在贫困女性单亲家庭的子女身上是很少的甚至是没有的，而这种互动的缺失造成了贫困女性单亲家庭的子女在成绩方面的表现较差，其中部分学生会因为其学习成绩较差而产生厌学情绪。

5. 子女的人格发展问题

家庭教育的最主要功能还在于促使子女的社会化，促进其人格多方面的发展，培养出具有独特个性的合格公民。这主要表现在以下几方面：一是提供生活基本技能方面的指导；二是在教导社会规范、形成道德情操方面起重要作用；三是指导如何确定生活目标，形成个人理想、志趣；四是培养对社会不同角色的认识能力；五是影响个人性格特征和社会适应动力特征的形成（王丽，傅金芝，2005）。女性单亲贫困家庭由于父爱的缺失，会增加其子女在性格方面出现问题的可能性。

单亲家庭中的子女常会出现下面几种性格问题：

(1) 自卑

单亲家庭中的子女会产生自卑的情绪是由于子女对父母的离异或者对自己家庭的经济状况不满，他们认为现在的情况——单亲、贫困，被同学或者老师知道是一件丢人的事情。自卑情绪的产生会严重影响到贫困家庭中的子女与他人的交往，也影响他们自信心的培养和提升，这对他们的成长、发展是相当不利的。

(2) 抑郁

抑郁主要是由于单亲家庭子女不能够适应自己是单亲这种事实，不能够承受自己失去母亲或父亲这个事实，而产生的一种负面情绪。

受单亲家庭影响最大的是2—5岁的学龄前儿童，其表现为强烈的情绪反应，主要有恐惧、自责、退缩等，学龄儿童常见的心理反应是抑郁、焦虑、恐惧，在同伴面前自卑。这种精神方面的挫伤还会影响儿童的学业，如成绩差、说谎、逃学、攻击人等。到青少年时期则主要表现出与父母疏远、过早结交异性朋友、离家出走、酗酒，甚至走上违法犯罪的道路。

男孩子主要表现在行为方面异常，如对人冷淡、无动于衷，不愿与人交谈，易烦躁、发怒等；女孩则以情感障碍为主，表现为爱哭，过分胆小或焦虑、闷闷不乐，觉得低人一等。年幼组以情绪异常为主，而大年龄组在行为、情绪、性格等方面均可能异常。对父母离婚的不满和愤怒常常迁怒于同龄伙伴，极易演化成攻击行为,影响自己的结伴能力,引起社会适应障碍(王敏,2005)。

(3) 憎恨

父母在离异的过程中,往往会不顾其子女的想法而争吵不休;有的父母在离异的过程中,甚至会故意诽谤另一方。这种行为往往会引发其子女的不满,从而引起子女对父母的憎恨,这种憎恨同时会扩展到生活中的其他方面。憎恨会影响他们对婚姻的信念,他们有可能不再相信爱情和婚姻,并由此扩展到对整个社会和周围人们的怀疑,这不利于其自身的发展和社会的稳定。

(4) 易怒

单亲家庭中子女由于自己心中的不满无法宣泄而导致其性情暴躁,遇事冲动,他们的攻击性较强,所以常出现打架、斗殴等现象。这种类型的孩子,其家庭结构变化多数是由父母离异造成的。所以,他们对别人的防范意识特别强,同时还伴随着对老师和同学的一种莫名的抵触情绪。有调查表明,单亲家庭孩子与正常家庭孩子相比,反抗攻击特点比较突出的和遇事冲动不计后果的人数,分别高4%和16%(唐晓昱,2002)。

(5) 多疑

单亲家庭学生与正常家庭学生对比,具有较强多疑、嫉妒心理特征的前者比后者高约3%(施琪嘉,2006)。单亲家庭中的子女看到别人讨论时,他们总是会胡思乱想,他们会觉得别人所讨论的对象就是他们自己,并且讨论的都是自己不好的地方。长时间的多疑会使他们对自己家人等不再信任,整天生活在惶恐之中。

(6) 胆小、孤僻、恐惧

单亲家庭的子女由于其家庭的不完整而时常感到一种不安全感,并且这种不安全的感觉时常埋藏在内心深处,当碰到一些紧急的事件时则更加强烈。这种胆小、孤僻、恐惧的负面情绪严重影响他们身心的健康发展,进一步导致他们出现不良的性格特点。

女性单亲贫困家庭中严重的经济问题及其子女的教育问题严重影响其家庭的发展。女性单亲贫困家庭中的种种问题的解决需要她们自身的努力,更加需要社会的支持。为此,我们需要对现在社会中对女性单亲贫困家庭的社会支持的现状提出疑问。

6. 社会支持不足

中国港台地区以及一些发达国家十分重视单亲家庭的生活状况,为保障其生活水平,它们已将单亲家庭纳入社会保障而予以特殊关怀,且许多非政府的慈善机构也把单亲家庭作为服务对象,对单亲家庭给予经济以及心理等方面的支持。在中国大陆,随着单亲家庭这一特殊群体的逐渐壮大,部分大城市的相关机构也开始关注这一群体，为其建立相关的社会支持及救助的网络服务机构，比如北京市在1998年建立了“方舟家庭中心”，专门为单亲家庭进行心理社会服务，隶属于北京红枫妇女心理咨询服务中心，是一个社会公益组织(梁丽清，陈锦华，2006)。这些相关的社会支持组织虽然在一定程度上能够给予单亲家庭关怀、理解和支持，但总的来说，由于这些机构对单亲家庭的支持与援助并没有制度化，所以受益单亲家庭的范围十分有限，受益程度也不足。并且目前中国大陆政府还没有专门针对单亲家庭制定社会支持保障系统，或制定专门的、特殊的优惠政策惠及这一特殊群体；加之部分单亲母亲在家庭结构改变后，其社会关系及社会交往也逐渐减少，导致单亲母亲可从亲友处获得的支持也相应较少，因此女性单亲家庭所产生的经济问题、心理问题等很大程度上要依靠她们自己的力量来解决。

7. 心理困扰

不健全的家庭功能，会导致家庭成员不健全的心理功能(史蒂夫·达克，2001)。一般而言，女性将婚姻及家庭视作生活的中心，婚姻一旦破裂会给女性带来巨大的心理压力及消极影响，容易产生各种心理困扰；加之女性单亲家长在经济上往往处于不利地位，因此在婚姻失败后的心理困扰更多且持续时间更久。心理学研究也表明，在影响个人压力指数的量表上，离婚排在首位，亲人死亡排在第二位(张春兴，1996)。这表明离婚和丧偶是影响个体心理健康的重大事件，是引起成人心理困扰的重要原因。大多数当事人或多或少会产生某种程度的心理痛苦和压力，如产生沮丧、焦虑、寂寞、忧郁等负面感受，产生酗酒及其他偏差行为。天津市对单亲母亲调查发现，有64.7%的单亲母亲夜晚难以入睡，有时失眠。接近70%的单亲母亲心力疲惫，心情忧郁苦闷，孤独、无助和挫折感常伴随着她们。有15.67%的单亲母亲认为婚姻是一场噩梦，对之产生失望和恐惧心理(许艳丽，董维玲，2008)。

此外，为节省开支，低收入单亲母亲的休闲生活比较单一，大部分单亲母亲在空闲时间会选择看电视来打发时间，但其实由于她们要承担本应由夫妻双方承担的义务和责任，这就使她们常感到压力重重却无法缓解。长时间的压迫感使她们变得敏感、多疑和不自信。部分女性单亲者自身素质不高，在遇到应激事件时不知如何处理，造成心理困扰。

8. 就业困境

在我国社会中，仍然保持着男尊女卑的传统陋习，职业女性由于受传统观念的束缚和自身生理因素的制约，她们在工作和生活上要承受比男人更多的压力，而单亲母亲就更不轻松了。

中国妇女就业率从全世界看来是非常高的。但是，男女在就业领域方面仍存在很大差异，男性收入普遍高于女性。随着经济体制改革的不断深化，在从计划经济向市场经济转变的过程中，政府以往用行政手段对女性就业实行的倾斜政策已难以在不同的经济成分、不同的所有制企业中执行，法律在实际上也难以保障女性婚前的充分就业和婚后的连续就业。由于女性逐渐失去行政支持和意识形态的保护，女性与男性的职业和经济收入分化日渐显著，从而进一步拉开了男女间的收入差距。一旦因丧偶、离婚、分居或未婚生子造成单亲时，女性在经济上就会遇到极大困难。

对于单亲母亲来说，她们需要兼顾工作与家庭，需要独自撑起一个家。她们不能放松对孩子的养育，那是心头的一块肉，舍不得；她们也不能放弃工作的机会，那是自己和孩子继续生活下去的依靠。然而，对于企业来说，却需要你全身心投入到工作中，为它创造效益。企业与单亲母亲间需求的不同，最终会导致低收入单亲女性从事工作时会因家庭情况而产生冲突。为了照顾家庭，她们不得不选择性地放弃升迁、调任等机会，再加上离异、丧偶，因而在收入上也很难有较大提升。同时，随着企业改革的深化、技术的进步、经济结构的调整和对劳动力资源的优化配置，部分职工特别是女职工下岗已成为必然趋势，这势必对家庭的经济状况产生影响。据《中国妇女报》报道，1998 年 9 月，北京市总工会女职工部对全市下岗女职工中的 519 位单亲女性进行了调查，结果发现，下岗单亲女职工家庭人均月收入为 212.58 元，比同年 4 月市总工会对北京部分下岗职工家庭调查的人均月收入 293.2 元还少 80.62 元，其中低于 200 元的占 62.15 %。下岗单亲职工家庭是城市收入最少的群体之一，其中很多家庭是处于绝对贫困状态；可以想象，对于下岗了的单亲母亲家庭来说，日常生活就更加艰难了。

综上所述，低收入单亲女性的生活困境涉及的范围较广，有经济、教育、心理及就业等方面。当低收入单亲女性面对这些困境时，她们需要社会的关注和援助，以获得帮助，渡过难关。

（二）低收入男性单亲家庭的生活困境分析

近年来，男性单亲家庭的数量也是有增无减的，社会新闻中也常常报道单亲父亲面临经济与子女教养等失衡问题，显示了男性单亲家庭也存在同样的生存困境。台湾地区一项关于单亲家庭的调查中，有一位单亲父亲，曾经从事会计类技术性工作，但因家庭接连遭受变故后，原工作无法继续，又因为必须担任家庭的主要照顾者，时间变少后更是难以寻找到新的工作，而不得不远离原本擅长的技术性工作，最终使其家庭经济状况出现明显下降（郑丽珍，2000）。

单亲男性家长面对生活中的种种困境时，其寻求咨询的比例并不大。例如，一项由财团法人天主教善牧社会福利基金会受台北当局委托办理单亲家庭服务中心的调查发现，在该中心历年来的服务经验中，单亲父亲求助率非常低。这可能是由两方面的原因造成的：一方面是因为单亲父亲受限于男性角色压力，不容易说出自己的问题，不敢向外寻求资源协助，也不想因为寻求帮助和支持而被视为弱者；另一方面也可能是因为单亲福利政策往往被视为妇女特权，单亲男性当然无法获取相应资源，也减少了单亲男性向社会求助的行为。这使社会逐渐强调单亲女性在家庭生活中的困扰，而忽略单亲男性在家庭生活中的困境。事实上，单亲父亲同样面临着众多问题，包括经历离婚事件后心理的调适，重新学习如何照顾子女及与孩子相处，进行家务的整理与打点，持续外出工作维持家中的经济来源，或者考虑再进入婚姻等等。如果单亲父亲没有足够的资源来应对压力与问题，很可能也会出现忧郁症、自杀、因欠债逃离居住所或必须选择骨肉分离的领养等现象。

对于低收入男性单亲家庭来说，他们的家庭生活困境主要存在于以下几个方面。

1. 家务与工作双重压力

中国文化中的传统思想让男性在家庭中所承担的家务劳动十分少，甚至有的男性在家从不干任何家务活。当这些男性带着孩子独居后，不会也不愿打理家务，便会出现家中一团糟的状况，甚至会出现因为单亲父亲不会做饭而和孩子顿顿吃泡面的现象。且对于低收入的男性单亲家庭来说，他们也没有经济能力来请家政帮忙打理家务。这将严重影响到男性单亲家庭的生活质量，甚至影响到孩子的发展。如美国电影《当幸福来敲门》里面的主人公就是一位单亲父亲，妻子离开之后，他独自带着儿子生活。由于家境贫寒，自己四处推销仪器，导致儿子跟着自己吃了上顿没下顿，生活严重没规律，家务打理更是无从说起。

对于这些单亲父亲来说，一直处在家务与工作的“分身乏术”和“水深火热”之中，在适应单亲角色的过程中，身负加倍的责任与挑战。

2. 亲子关系问题

单亲父亲的亲职扮演与同住家人有直接关系，尤其是自己的父母能在单亲家庭中发挥隔代亲职的功能。因此，与父母同住的单亲父亲其亲职角色几乎维持原样。但大部分单亲父亲在抚养子女过程中要面临很多挑战，包括重新建立自己角色、心理调适与经济压力等，但整个社会对于单亲父亲的形象颇有微词，单亲父亲所面临亲职角色的最大问题是如何处理情绪问题和母亲角色取代两个部分（林莉菁，郑丽珍，2001）。这对于原本就在情绪处理上比较内敛封闭的中国男性而言，如何回应子女立即外放的情绪是最大的挑战，由于社会充满父权思维，无法支援或鼓励男性应以家为重及参与亲职角色，使得单亲父亲在亲子关系上仍受限制。

3. 心理困扰

男人习惯用脑和自己的感觉保持距离，在面对感情时，往往被认为是悠游自在、不受羁绊、收放自如的，因此，当他们面对情感的失落及生活挫折时，很容易被外界认定为承受力强、无所谓，是不会难过的，甚至是可以自己处理得很好的。中国文化中注重男人的内敛、坚韧、"男儿有泪不轻弹"，而对女性并没有如此多的约束。因此，相对单亲母亲而言单亲父亲从表面上较少表现出忧伤等情绪，而实际上他们的悲伤情绪却因为得不到疏导和发泄，反而郁结在心中，形成不小的心理困扰。

成为单亲之后，婚姻和现实的不确定性让男性对人性与现实失去信心、产生怀疑。其实，离婚所产生的恐惧、悔恨、不安、被弃、失败、无能的感觉，相信男女两性都是一样的，感情的烦扰也是公平地影响着两性，只是二者的承受力不同而已。离婚对男性而言，同样会有很深的罪恶感，也会感到焦虑和丧失自尊，到了人生第二个自我认同期的中年，更容易因为离婚而产生危机；他们对于单身生活会感到忧虑，对于处理好各种家务事没有把握，面对亲职行为也会感到窘迫，而对于亲密关系的因应，更显得拘谨。

（三）低收入单亲家庭生活困境的对比分析

对于低收入单亲家庭来说，不管是单亲男性还是单亲女性，都存在一定的家庭生活困扰，但单亲男性与单亲女性的家庭所面临的问题不同。单亲母亲面临的主要问题有经济问题、角色压力、被孤立、寂寞等；而单亲父亲所面临的主要是角色压力、父子（女）关系改善、生活形态改变等问题。

单亲女性虽然进入职场，开始独立承担家庭经济，但由于社会上的种种限制以及自身生理的局限，加上其生活重心本就在家庭和孩子上，只有正常家庭一半甚至更低的收入状况让女性单亲家庭在日常生活中捉襟见肘，女性单亲家庭比男性单亲家庭更易陷入贫困之中。

Huang（2000）发现 1980 年至 1995 年间，女性单亲家庭比男性单亲家庭的贫穷率高。再由女性单亲家庭贫穷率与男性单亲家庭贫穷率的比值来看，与官方计算的贫穷线比值相比是持续增加的（1.72 至 2.59）。女性单亲家庭的贫穷率是先增再降，而男性也是，不过男性贫穷率下降较多；若以 50% 所得的中位数的贫穷线计算比值，则维持稳定的水平（1.54 至 1.85 倍之间），这表示女性单亲家庭的贫穷率与男性单亲家庭的贫穷率变化类似，只是男性单亲家庭贫穷率变化幅度较小。

陈建甫（1996）以 50% 全国平均家庭个人可支配所得为贫穷线，观察 1988

年至1994年间女性单亲家庭的贫穷率，其一直维持起伏在20%至25%，高于男性单亲家庭的贫穷率(13%至17%)，就两者比值也是在1.1至1.8间起伏，且未持续明显增加。因此，不论贫穷如何界定，1980年至1990年中期，女性单亲家庭比男性单亲家庭的贫穷率高。

总之，女性单亲家庭相比男性单亲家庭贫穷率较高。同时作为一个职场工作者和一位母亲，两者难以很好兼顾，这让单亲女性因担心顾此失彼而压力陡然增大。

单亲父亲的职责仍着重在家庭经济的提供和子女道德的规范，以经济来源为主的父职并没有改变，且一直是单亲父亲的优势，同时也是其他亲职功能或职责的基础，亦可增加寻求外在资源的机会和能力(张佩韵，1998)。但低收入男性单亲家庭的收入较少，其寻求外在资源的能力或机会受到限制。在没有任何的资源支持下，单亲父亲需要父兼母职时，也仅是兼顾到母职劳务方面工作，并未负担起情感疏导的作用。单亲父亲将母亲角色视为自己的另一个角色，能力所及的部分去做，能力所不及的就放着。而不是认同母亲的职责或是视其为父亲角色的一部分以使得单亲父亲的亲职模式成为全职父亲加兼职母亲。

二、低收入单亲女性贫穷认知分析

女性单亲家庭贫穷化已逐渐成为世界性的难题。中国传统的“男主外，女主内”的思想使得女性一直处于弱势地位，当女性成为单亲母亲后，多数会出现经济状况的恶化。从单亲贫穷化的相关研究发现，单亲家庭贫穷的原因包括：主要家庭经济承担者死亡或者残障；家庭经济承担者工作能力太低或年龄过大无法工作；家庭成员病重、失业；子女数多且年龄小、学历低等(Iwata，2007)。如上文所说，贫穷女性单亲家庭面临维持生计与照顾子女两难的冲突，在顾此失彼的情况下，衍生出多种生活困境。所以恰当的因应策略是帮助单亲女性适应单亲生活、提高生活水平的重要方法。

Davies(2005)以一个人能够承受的压力指标，即条理感(SOC)来分析女性单亲家庭，检视她们对于目前生活事件的管理是否应付自如。他把女性单亲分成先驱知行者、因势调适者、悲观挣扎者三种类型，并进一步指出悲观挣扎者类型的单亲女性的贫穷认知是较为负向的，而先驱知行者类型的单亲女性对贫穷的认知较为正向。低收入单亲女性对于贫穷的认知情况，直接影响其采取何种方法适应并改善目前的生活，摆脱贫穷，过上更好的生活。

为详细了解国内低收入单亲女性的生活困扰、社会支持网络、对贫穷原因的认知、处于贫穷状态下的心态及应对贫穷的因应策略等信息，本研究采用质性研究的方法，对苏州地区23位低收入单亲母亲进行深度访谈。

被访者的年龄都在30岁以上,教育程度大都为中学,部分只有小学文化甚至为文盲;有43.48%的单亲女性没有工作,其余大部分以服务业为主,且都是技术含量较低的工作;近一半的单亲女性月收入在500元至1000元,还有少部分月收入不足500元。

（一）低收入单亲女性所认知的贫穷原因探析

本研究发现,所有低收入单亲女性都认为自己处于贫穷状态,她们认为导致其贫穷的原因各有不同,但主要集中于收入低、开销大及缺乏支持、经济状况窘迫、失去主要家庭经济承担者等几个方面,见图3-1所示。

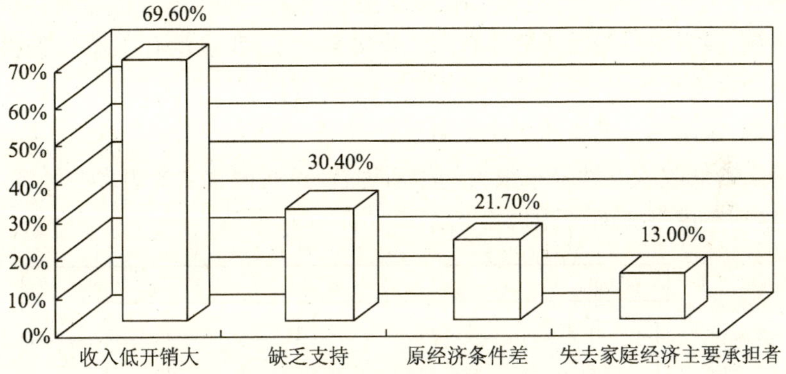

图3-1 低收入单亲女性所认知的贫穷原因

1. 收入低,开销大

69.6%的受访单亲女性提到自己的能力不足、学历低、年龄大而找不到工作或者找到工作却收入很低,造成自己贫穷的状况。有的单亲女性提到"学历低,找不到好工作"或者"年纪大了,找不到工作"。也有的单亲女性提到家中开销太大,较高的医药费及子女学费导致入不敷出。许多低收入单亲女性在成为单亲前其家庭收入或自身收入本就不高,成为单亲后失去一方收入来源,家庭收入就更少。徐安琪研究发现单亲女性及单亲家庭子女身体健康水平较差,她们需要花费大量金钱在医疗上,导致其开销过大,以致入不敷出。因此收入低、开销大为其致贫的主要原因(Card, Blank, 2008)。

2. 缺乏支持

30.4%的受访单亲女性提到缺乏人力上的支持,使自己不能全身心投入工作。许多单亲女性为了孩子只好放弃收入高的工作,选择收入低但可以照顾孩子的工作。Gemelli(2008)认为政府福利措施更有利于有工作的家庭和双亲家庭,但我国政府对于单亲母亲的支持很少,对她们的重视不够,没有任何专门针对她们的补助帮助她们面对单亲后的困境。访谈中有一半的单亲女性处于无工作或兼职工作，她们无法得到政府的福利保障及关注，在生活中感到缺乏一定的支持以帮助其渡过困境，因此更加贫穷。

3. 经济条件原本不好

21.7%的受访单亲女性提到其原先就属低收入户，成为单亲后，家中缺少一方的收入来源，经济状况更加窘迫。有的女性就提到"我和丈夫都是临时工，之前也是领低保的"，或者家人患有重大疾病，需要大笔医药费。这些单亲女性认为贫穷是一直都存在的情况，和单亲没有关系。

4. 失去家庭经济主要承担者

还有13.0%的受访单亲女性认为贫穷和单亲存在关系，"人家有两份收入养个小孩，我只有一份收入养小孩"、"他父亲走了，我也没有工作"，失去家中经济上的主要承担者，要一个人承担两个人的责任。

（二）单亲带来的生活困扰分析

单亲给低收入女性带来很大的生活困扰，这些困扰主要表现在经济、照顾子女、精神空虚等方面，见图3-2所示。

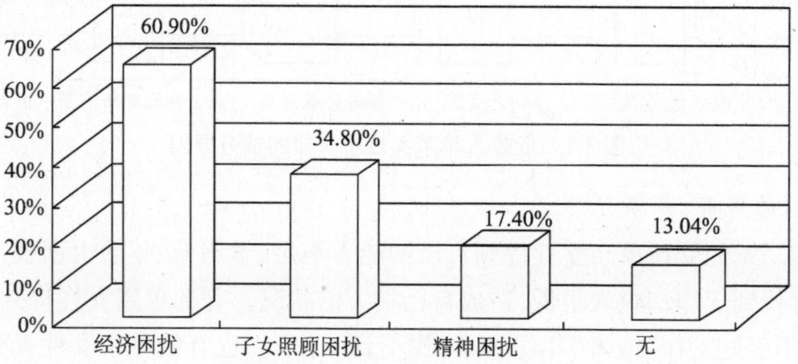

图3-2 单亲带来的生活困扰

1. 经济困扰

所有低收入单亲女性都提到单亲后最大的困扰就是经济困扰，与Card和Blank（2008）认为经济困扰是导致低收入单亲女性产生各种困扰的主要原因相似。访谈中有60.9%的单亲女性其月收入在1000元以下，单亲女性在收入拮据的情况下无法照顾好子女，不能满足子女日常生活所需，如："女儿想买什么都买不起，都要省着花，要给孩子存学费"、"要存医药费"。

2. 照顾子女的困扰

访谈中有34.8%的单亲女性认为成为单亲后对子女的照顾减少。有的单亲女性指出自己文化水平不高，无法帮助子女解决学习上的困难，如J女士提到"我是文盲，以前都是丈夫照看儿子学习，他走了我什么也看不懂"；也有的单亲女性提到因为要工作或者照顾父母而缺乏对子女的照顾；也有单亲女性为了工作而无法配合子女的时间，照顾子女及与子女沟通时间减少，导致亲子关系出现隔阂，进而产生极大的心理压力，单亲女性及其子女均无法适应家庭结构的转变。

3. 精神困扰

17.4%的受访单亲女性认为精神上的压力是单亲带来的主要困扰。有的女性提到"自己一个人比较空虚，孤单"，"家里面有些事情一个人做，没人帮忙，有事情没有人商量"。同时，还有的单亲女性提到"现在的社交圈也缩小了，不能想去哪里就去哪里了，要照顾孩子"。且部分单亲女性在成为单亲前一般是丈夫管理家庭资源，成为单亲后家庭资源管理知识匮乏，无法充分利用已有资源。同时，经济压力也导致单亲女性产生巨大的精神困扰，感到精神空虚且无人安慰，进而影响其日常生活。

4. 无困扰

此外，访谈中也有13.04%单亲女性提到单亲没有带来什么困扰。如R女士提到"丈夫赌博的，以前在一起总吵架，现在反而好，对孩子也好"，F女士也提到"离婚前吵吵闹闹，对孩子的影响比离婚还差，现在一个人带着孩子，没什么不好的"。对于夫妻关系不和睦的家庭而言，婚姻关系的结束是摆脱目前痛苦生活的有效措施。因此，部分女性成为单亲后，并没有感到强烈的困扰。

（三）面对低收入及单亲双重弱势的心态分析

大部分单亲女性不会因自己是一个贫穷的单亲母亲而感到在人前不好意思，她们就低收入与单亲的观念抱有多种心态（图3-3）：

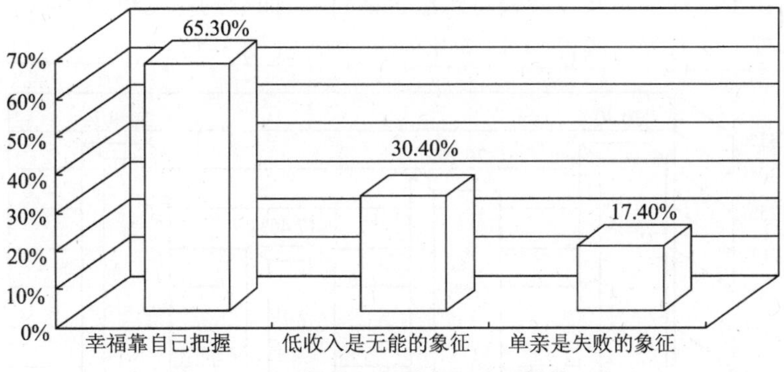

图3-3 面对低收入及单亲双重弱势的心态

1. 幸福靠自己把握

受到西方文化的冲击，人们对婚姻家庭的观念逐渐转变，65.3%的单亲母亲表示能够适应这种状况，不会觉得不好意思。在她们看来，新时代的女性幸福生活掌握在自己手里,她们能够通过自己的努力使自己的生活变得更加美好,不需要靠丈夫或其他人,因此相信目前的生活困境是暂时的,是可以通过自己的努力改善生活状况。有的女性就表示“我离婚是我自己提出来的,那样痛苦还不如单亲好呢”,有的女性说:“可以适应,在别人面前提到也不会觉得丢脸。”单亲女性U也说:“我一点也不觉得不好意思,反而我觉得现在自己比别人过得更充实一点,更自信吧。”

2. 收入低是无能的表现

30.4%的受访单亲女性认为贫穷是产生自卑心理的主要原因。有的单亲女性提到“感觉自己没什么收入,总感觉比别人低一等,总会感觉不好意思”;也有单亲女性提到“有一点觉得抬不起头来,人家看你的眼光总归不一样的,看你穷,老公死的又早,人家话都不跟你说的”。市场经济社会人人讲钱、处处要钱,导致部分单亲女性认为贫穷就是无能的表现,表示其没有能力获取更多的金钱,没有能力改善生活状况。

3. 单亲是失败的象征

现如今,我国文化价值观念依然是维持婚姻的持续和一贯性,推崇家庭的完整与亲和,所以单亲女性在某种程度上被认为是对传统道德的背离。17.4%的单亲女性受这种传统文化的影响,为自己是单亲而觉得不好意思。她们认为离婚是婚姻失败的象征,社会交往中总会被人另眼相看,进而降低对自我的评价。

(四)改善经济问题与生活困境的策略

访谈中所有的单亲女性都提到会想办法来改善目前的经济及生活困境,但区别在于有的单亲女性会去将想法付诸行动,而有的却觉得力不从心,无法真正实现。面对如何改善,有以下几种应对方法(图3-4):

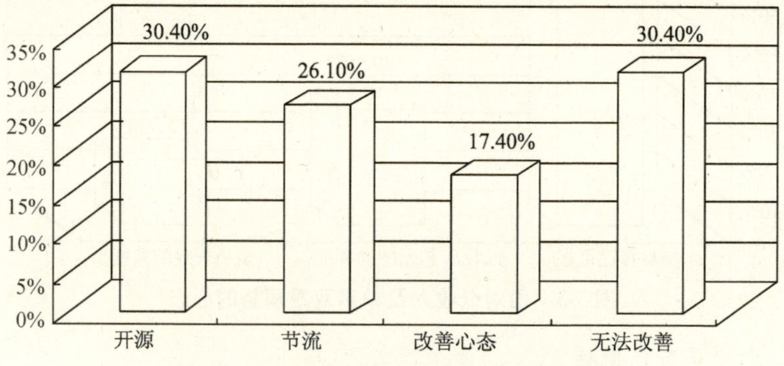

图3-4 改善经济问题与生活困境的策略

1. 开源

访谈中30.4%的单亲女性通过实际行动增加收入,改善经济现状。部分单亲女性会通过多做几份工作,或做些小生意来增加家庭收入。例如有的女性提到“总归是想点办法,或者做些生意,或者多打份工”,或者“等孩子大了能独立了,就去找个工作时间长但工资比现在高的工作”。

2. 节流

26.1%的受访低收入单亲女性认为自己没有能力来增加家庭收入,她们认为“没有办法,只能在生活上省点了”。她们在家庭资源有限的情况下,重新安排实现需求的优先顺序、去除非必要的需求、降低家庭生活的品质来适应家庭结构的变化。大部分的单亲女性面对家庭资源减少时,会先去除自己的非必要的开支,以先满足子女的需要,满足生活所需。此结果与贺正贞(2002)的研究结果相似:低收入单亲女性会通过增加收入或降低需求达到生活适应。例如有的女性提到“平时放假我们都不出去的,不出去就不花钱”,或者“能省则省,几年都不买衣服”,以保证家庭日常的开销。

3. 改善心态,适应目前状况

调查中17.4%的单亲女性表示她们通过缓解压力、改善心态以适应家庭结构的转变。部分低收入单亲女性因每月收入刚好足够支付生活开销与子女教育费用等,没有多余的资源可以利用,所以乐天知命,对生活没有太大的要求,对未来也没有太高的期待,通过改善心态以适应生活的改变。例如有的单亲女性提到“和别人接触的多了,想得也开了,感觉生活更好了”,或者“想想儿子,我一切都是为了他”。

4. 无法改善

还有30.4%的受访单亲女性虽然想过以找工作等方法来改善生活,但因为学历不高、身体状况不好、时间不足等原因而找不到工作或者无法找工作。例如有的受访者认为“想找工作,但是找不到,身体不好”,或者“岁数大了,学历不高,工作也都不好找的,感到力不从心”。

(五) 低收入单亲女性的社会支持网络

社会支持对单亲女性来说十分重要,对于她们因应目前的生活状况有很大的帮助。访谈中17.4%的单亲女性享有低保补助。她们提到会有政府帮助她们解决目前的经济困境,但也有的单亲女性提到没有任何社会资源网络对她们提供帮助,见图3-5所示。

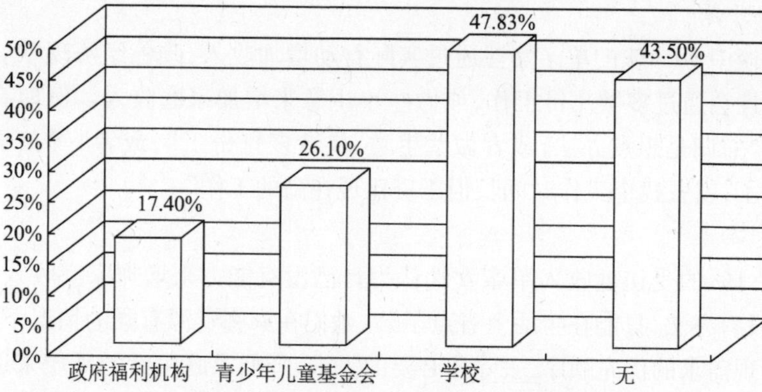

图 3-5 低收入单亲女性的社会支持网络

1. 政府福利机构

访谈中17.4%单亲女性享有政府低保,即政府每个月每人给420元;或者居委会、派出所、街道等向她们提供生活所需。如"过年的时候,社区里就给2000元给我们,还有一桶油",或"国家会给每个贫困户过年的时候增加一点钱,多一点的是3000元,少一点的1000多元;过年时,派出所也会送几百元过来"。

2. 青少年儿童基金会

访谈中26.1%的单亲女性提到青少年儿童基金会对她们的帮助,即青少年儿童基金会将低收入户的信息统计起来,会有个人或企业等社会上的爱心人士对她们进行资助,一般小学生每学期获得资助400元,中学生每学期获得资助600元。

3. 学校

访谈中有47.83%的单亲女性子女在当地学校的"成功班"就学,一般情况下社区、街道等会将这些家庭收入不高但学习成绩优秀的学生推荐至"成功班"入学。有的单亲女性提到当地学校"成功班不交学费的,每天还有免费的午餐和牛奶"。

4. 无社会支持网络

此外,调查中还有43.5%的单亲女性表示没有任何社会资源网络对她们提供帮助,她们认为主要是亲属朋友会向她们提供帮助,如B女士提到没有获得社会支持,"也就家人会帮助点",E女士也明确表示没有获得这方面的帮助。

(六) 低收入单亲女性对脱贫的期待

在提到对于未来的期望时,受访的单亲女性脸上都会浮现出喜悦的表情,部分的单亲女性提到希望通过提高收入改善目前的状况，也有的单亲女性把希望寄托在子女身上，希望她们将来可以摆脱目前的状况过更好的生活，有的单亲女性还提到希望政府关注单亲女性这个群体，给她们相应的政策保障。这个结果和李炜(2007)的研究结果基本相似，即单亲女性最大的愿望是"孩子健康成长"和"家庭经济改善"，其次分别为自己身体健康，孩子考上大学、找到好的工作等，见图 3-6 所示。

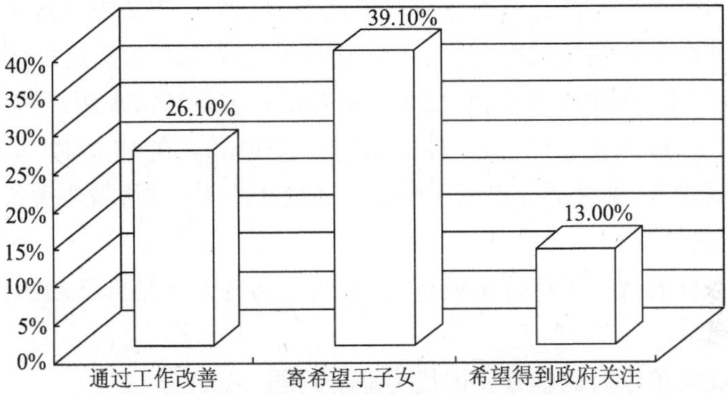

图 3-6　低收入单亲女性期望脱贫的途径

1. 通过工作改善

访谈中 26.1% 的单亲女性提到她们希望通过自己的努力改善目前的状况，如"希望工资可以高点"，或"能多做份工作多点收入"，M 女士也提到"靠别人都是假的，就希望自己可以找个工作"。

2. 寄希望于子女

很多女性对自己的子女期望值很高，希望他们将来可以过上好的生活，不要重复自己的遭遇，也可以帮助家人减少负担。访谈中 39.1% 的单亲女性将自己的希望寄托于子女身上，希望其尽早工作以补贴家用或通过知识改变命运，在接受高等教育后能够找到一份好的工作，改善家庭情况。有的女性提到"将来只能等小孩大了"或者"将来小孩从学校里面出来的话，也可以帮忙一些的"。

3. 希望得到政府关注

部分低收入单亲女性认为靠自己增加收入必须受社会大环境的影响，而寄希望于子女仅仅是为了对未来的生活有所期待，需要较长时间才有可能实现。13.0% 的单亲女性提到自己目前的状况是处于低保边缘，却不能申请低保，无法得到保障。目前最为切实可行的是希望得到政府的关注，重视低收入单亲女性这一双重弱势群体，如 P 女士提到"要是能有个低保就好了"，U 女士提到“希望社会可以重视单亲女性这个群体,最起码可以帮助我们解决部分经济上的负担”。

本章小结

(1) 贫穷的认知过程

通过访谈我们发现,单亲女性对贫穷的认知主要有以下几个方面:第一,经济条件原本不好。大部分单亲母亲原本就是低收入户,享受国家补助,且大部分低收入单亲母亲家庭原本生活质量就不高;第二,失去家庭经济主要承担者。由于社会职业角色的影响,大部分家庭仍然是女性为家庭经济主要承担者,离婚或者丧偶等原因导致单亲母亲失去家庭主要经济来源,导致其陷入贫穷状态;第三,收入低,开销大。单亲家庭子女年龄多在 18 岁以下,还无法工作增加家庭收入,且大部分单亲家庭子女还处于学习阶段,需要大量的学费和生活费,家庭开支较大导致其无法摆脱贫困状态;第四,支持少。此外,很多单亲女性对自身的贫穷现状持乐观心态,她们认为贫穷不是自己的错,但凡事一定要靠自己。

(2) 成为单亲后面临首要困扰为经济问题

研究发现,女性成为单亲后面临的主要经济问题包括子女费用、医疗费用及其他一些生活必要开支。所调查的单亲母亲,其子女都处于学龄阶段,而由于我国经济社会的发展,子女教育不单单需要学费,还需要各种培训费、考试费等,因此需要大量费用;同时,访谈中大部分单亲母亲或其子女都或多或少存在一些健康问题,因此需要花费一定的甚至是较大的医疗支出;且由于国家物价上涨过快,在日常生活中需要较多开支,如电费、水费以及日常用品等;此外,单亲后主要的生活困难是照顾子女的困扰,缺乏情感支持,常受精神困扰。

(3) 大部分单亲母亲能够坦然面对自己的现况

大部分单亲女性面对自己的状态心态较为乐观,自我评价也较为正向。受“女权主义”的影响,女性的教育水平提高了,大部分女性认为自己有能力过上更好的生活,而不再需要依靠男性的帮助;同时也有部分单亲女性不认为贫穷的单亲是件丢脸的事情,但也有部分单亲女性认为自己离婚或者贫穷会让别人看不起。

(4) 经济状况的改善主要依靠开源和节流

访谈中所有的单亲女性都提到会想办法来改善目前的经济及生活困境,其方法主要依靠增加收入及减少生活开支。但由于身体健康不佳,年龄较大,教育程度不高,或者因无法兼顾照顾子女和工作而无法增加家庭收入。部分低收入单亲女性只好通过改善心态以适应目前状况。

(5) 低收入单亲女性社会支持以政府为主

社会支持对单亲女性十分重要，访谈发现给予单亲女性社会协助的机构主要有政府福利机构、青少年儿童基金会及当地学校“成功班”。大部分单亲女性处于低保边缘，却不能申请低保，她们只能从亲友处得到协助。

(6) 面对贫穷的因应策略

访谈发现单亲女性因应目前状况，对自己脱贫的看法主要有三点：第一，通过工作改善，大部分单亲母亲希望通过工作增加家庭收入，但由于大部分低收入单亲女性文化水平都不高，无法胜任高技术性的工作，因此只能通过增加工作时间来增加收入，但往往又与需要照顾子女发生时间上的冲突，常处于两难困境；第二，寄希望于子女，许多单亲母亲对自己的子女有较高期待，希望子女努力学习，通过学习改善家庭生活状态，不至于使子女将来步低收入的后尘；第三，希望得到政府关注，也有低收入单亲母亲提到，希望政府能够多关注她们这个特殊群体，希望得到更多的关心和支持，以帮助她们渡过难关，走向更美好的生活。

第四章　低收入单亲女性的家庭资源来源调查

家庭资源对于一个家庭而言是非常重要的，它对维持家庭的正常运作，应对家庭的压力事件或危机状况，特别是对于低收入女性单亲家庭的摆脱贫困及适应家庭结构的转变有着重要的影响。要了解低收入单亲女性家庭的家庭资源状况，必须先了解其家庭资源的来源。为此，本章将通过深度访谈及问卷调查的方法，了解苏州地区低收入女性单亲家庭资源来源的现况，为后续实证研究做铺垫。对低收入女性单亲家庭资源来源的探讨有助于研究其社会支持、贫困原因等问题，并为后续的研究提供支持，从而提出合适的脱贫策略，也可以丰富关于低收入女性单亲家庭的研究，为政府制定相关政策提供依据。

一、家庭资源来源相关理论

中国对贫穷的传统解释是指处于财物匮乏的状态。英国学者 Peter(1981)提出“相对剥夺”的概念，认为当个人、家庭和集团缺少必要的资源去获取食物、参加活动、拥有公认的居住和生活条件，并且被排除在一般的居住条件、社会习惯和活动之外时，即为贫困。Amartya(1993)认为贫困是对基本的可行能力的剥夺，而不仅仅是收入低下。他认为消除贫困的关键是提高人的可行能力，如享受教育、医疗保健、社会参与、政治权益等。所以贫穷主要是获取资源的不足或没有能力获得更多的资源而导致生活中各项需求无法满足的状况。

家庭资源的形式是多种多样的，但是不管何种类型的资源都会因使用者情感、认知、能力及经验的不同而相异，家庭资源的来源情况也各不相同。国内外学者对此有较多的讨论。谢高桥(1994)从社会学的视角出发认为家庭资源包括：物质资源，如土地、金钱所得；人力资源，即家庭成员拥有的技术与学历；社会资源，包括社会关系、组织成员及社会规范等。

Leichtentritt 和 Rettig(2001)则认为资源是指任何性质的商品、物质或象征性的地位及爱，经由个人积极或消极的利用以满足生活的需求。而 Deacon 和 Firebaugh(1975)将资源分为人力资源、物力资源及社会资源。其中，人力资源是指个人与生俱来的特色及内在特质，包括个人的时间、精力、能力、知识、技巧、态度、人格特性、兴趣、嗜好以及其他与个人特质有关的资源；物力资源是指大部分在形式上是具体可触碰的，如房屋、家具、汽车、电器设备等，属于家庭特质的资源；社会资源是指各有关组织、人员、图书馆、公园、休闲设施等等。另 Retting 与 Leichtentritt（1999）指出：家庭成员借由个人特质所拥有的资源（地位、服务、资源、物质及金钱），与所处环境交换并做有效传递（生理、心理、社会、经济方面），以期满足家人需求并维持家庭生活品质（爱、情感、尊重、满足、协助、沟通、分享个人的事物所有权及金钱使用权），可知运用家庭资源的最终目的在于满足家庭成员需求及维持生活品质。

其中，Foa 与 Foa（1993）对于家庭资源的分类所涵盖的内容最为丰富，并且其理论也最为著名。Foa 与 Foa（1993）根据资源的特性，将家庭资源分为“具体性”与“特殊性”两类。

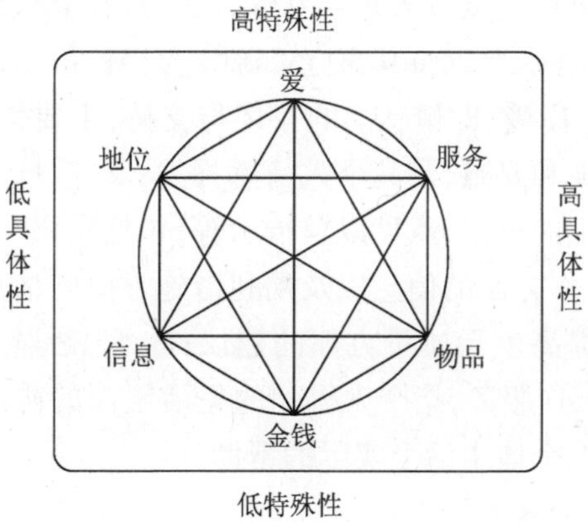

图 4-1　Foa 与 Foa 资源交换理论模型①

具体而言，家庭资源可分为：① 爱，是一种情感上关怀、温暖与慰藉的表达；② 地位，一种带来尊严，敬意与尊重的评价性判断的表达；③ 信息，包括忠告、意见、指示或启发；④ 金钱，任何具有交换价值的货币或筹码；⑤ 物品，任何具体的东西或物质；⑥ 服务，是指与个人或其所属物所投注和参与的任何活动，通常由他人的劳力组成。他们同时提出了资源交换理论模型以解释家庭资源的关系（图 4-1）。在模型中圆圈上方的资源（爱、地位、服务）相比下方的资源（信息、金钱、物品）更具特殊性，换言之，人们在交换“爱”时会比交换“金钱”更加挑剔，且模型中邻近的资源比起对面的资源更易被交换。

---

① *Resource Management for Individuals and Families* (p. 82), by E. B. Goldsmith, 2005, USA: West Publishing Company.

二、低收入单亲女性的家庭资源来源研究工具的编制

低收入是当今社会一个严重困扰人类发展的突出问题。中国是一个人口大国,低收入人口也相当多。对于低收入人口,中国政府已经采取较全面的扶贫政策,低收入人口已大幅下降,但依然有较多低收入人口存在,其中最值得关注的是女性低收入人口,特别是由女性低收入人口为主体所组成的单亲家庭——低收入女性单亲家庭。如前文所说,低收入女性单亲家庭是指由于离婚、丧偶、未婚先孕等原因形成的只有母亲和子女并且收入水平低于当地政府规定的最低收入水平的家庭。其中,因离婚而形成的低收入女性单亲家庭在我国较为普遍。家庭结构与家庭经济有直接关系,与双亲家庭相比,单亲家庭经济资源受损情况严重,其中家庭主体又以社会中低层的母亲为主(袁继红,2008;王爱丽,郭砾,2010)。

(一)家庭资源的种类

本研究的调查对象是低收入单亲女性,故不探讨其地位,并将金钱和物品合并为经济方面的资源,所以将其家庭资源分为:爱,信息,经济与服务四个方面。其具体阐释为:① 爱,即情感上的关怀与支持,主要是指他人对低收入单亲母亲情感上的鼓励和安慰,及其个人情感抒发;② 信息,主要是指他人为低收入单亲母亲所提供的忠告、意见以及指示等,包括资讯与意见两个维度。其中,资讯主要包括工作方面的信息以及福利措施方面的信息,而意见包括子女教养方面的意见和提高生活质量方面的建议;③ 经济,主要包括给予的金钱以及物质上的协助;④ 服务,指个人得到的生活层面的协助,通常是由他人的劳力组成的对于受助个体生活上实际的帮助。

(二)家庭资源的来源

本研究将家庭资源分为爱、信息、经济与服务四类,但家庭资源的提供者、提供的频率对家庭资源的累积会有影响;故以资源网络连接的紧密性强弱分为亲属、朋友和社会方面,细分为低收入单亲母亲的父母及亲属,原配偶的父母及亲属,朋友,社区及政府机构等类别。

1. 亲属

网络连结的紧密性强弱亦影响家庭资源的取得。婚姻可加强个体的人际关系网络(胡蓉,邓小昭,2005),个体除了可从原生家庭取得资源外,亦可从配偶的父母及亲属处获得资源(张德,2007)。张英阵、彭淑华(1996)、韩贵香(2000)对单亲家庭研究发现,女性单亲家庭大多会从亲属处得到情绪、金钱及子女养育等方面的照顾,其中又以原生家庭为主。张清富(1997)亦指出:单亲家庭常获得父母、亲属等给予的金钱及人力上的协助。故亲属部分拟从原生家庭的父母、亲属(含兄弟姐妹)、配偶的父母及亲属(含兄弟姐妹)等加以探讨。

2. 朋友

王德芳及余林(2006)指出朋友之间的互动对于适应生活非常重要,一个人若因成为单亲而减少与朋友的互动,将更难得获得社会上的资源。可知人际关系所形成的网络有助于单亲家庭资源的取得,而人际关系除朋友外,还有邻居等。故此部分拟探讨单亲家庭从朋友和邻居处可获得多少资源。

3. 社会

社会依照团体或组织的组成可分为政府部门、民间及学校等单位,因其功能的差异性而提供不同的社会支持。韩贵香(2000)研究发现参与社会活动或团体有助于单亲妇女适应生活,并获得情绪及物质的协助。故这部分内容拟从学校、社区及政府机关三方面探讨低收入单亲女性家庭资源来源的情况。

(三) 低收入单亲女性的家庭资源来源访谈工具

本研究为探讨国内低收入单亲女性的家庭资源管理来源状况,先进行访谈研究,为问卷的编制及实施作铺垫。访谈大纲主要参考 Foa 与 Foa(1993)的资源观理论及相关文献编制而成。由于低收入单亲女性处于双重弱势,她们对于外界的评价非常敏感,一般不愿意暴露在公众面前,所以大部分低收入单亲女性不愿接受调查。研究者于 2010 年 1 月先行打电话联系苏州市妇联,说明情况后,苏州市妇联同意协助调查。通过妇联与低收入单亲女性进行联系,取得她们的信任,说服她们接受调查,最终有 23 位低收入单亲女性同意参加此次访谈。这 23 位女性的基本资料见表 4-1:

表 4-1 受访者基本资料

变量名称	分类标准	人数	百分比(%)
年龄	30 岁—40 岁	8	34.78
	41 岁—50 岁	9	39.13
	51 岁以上	6	26.09
教育程度	文盲	3	13.04
	小学未毕业	2	8.70
	小学	2	8.70
	初中	4	17.39
	高中	11	47.82
	大专	1	4.35
工作情况	无	10	43.48
	服务业	9	39.13
	仓库主管	1	4.35
	社区	1	4.35
	工人	1	4.35
	不固定	1	4.35

续表

变量名称	分类标准	人数	百分比(%)
个人月收入(元)	500 以下	3	13.04
	501 ~ 1000	11	47.82
	1001 ~ 1500	5	21.74
	1501 ~ 2000	4	17.39
单亲原因	未婚	1	4.35
	离婚	6	26.09
	丧偶	16	69.57
	没有申请	12	52.17
	有被撤	1	4.35
低收入时间	1 ~ 5 年	3	13.04
	6 ~ 10 年	7	30.43
子女数	1 人	19	82.61
	2 人	3	13.04
	3 人	1	4.35
总计		23	100

访谈大纲主要涉及低收入单亲女性的情感(爱)、信息、经济与服务四个方面及其获取情况,属于半开放式问卷。访谈的目的是深入了解低收入单亲母亲的家庭资源,通过对访谈结果的分析,为问卷调查的结果提供补充和验证。访谈大纲具体内容如下所述:

● 成为低收入户的主要原因是什么?和单亲有关系吗?单亲带来哪些负面影响?

● 成为单亲后,谁在生活上提供情感上的关心、安慰、鼓励?

● 成为单亲之后,谁会提供各项咨讯(消息)或是建议?给予的情况如何?

● 成为单亲后,谁会提供财务上的协助?情况如何?

● 成为单亲后,谁会给予生活中的人力协助?情况如何?

(四)低收入单亲女性的家庭资源来源问卷调查的研究工具

为进一步探讨国内低收入女性单亲家庭资源来源状况,本研究根据 Foa 与 Foa(1993)的资源管理理论编制《家庭资源来源问卷》,并经专家、学者评定之后,再作问卷调查。研究者于 2010 年 1 月初先行打电话联系苏州市妇联,经苏州市妇联答应帮忙实施问卷之后,由专人送达;再通过苏州市妇联的相关人员,将问卷送达给低收入女性单亲家庭,并由苏州市妇联的相关人员负责回收。此外,研究人员由 2010 年 1 月 31 日从苏州市妇联的工作地点将问卷回收。

因我们所调查对象的地位已经确定,因此家庭资源来源问卷主要包含爱、信息、金钱、物品及服务五个方面;而家庭资源来源部分则分为自己的父母及亲属,原配偶的父母及其亲属,朋友,邻居,同事,社区及政府机构九类。

三、低收入单亲女性的家庭资源来源访谈报告

(一) 单亲母亲成为低收入户的原因及单亲所带来的负面影响

单亲母亲陷入贫困的原因很多,只有了解单亲母亲成为低收入户的原因,才能从根本上帮助她们摆脱困境。访谈发现,43.48%的单亲母亲认为收入低是导致家庭贫困的主要原因,而30.43%单亲母亲提出缺乏支持是她们贫穷的主要原因,26.09%的单亲母亲则认为生活中有大笔开销需要支出导致她们生活拮据(如图4-2所示)。

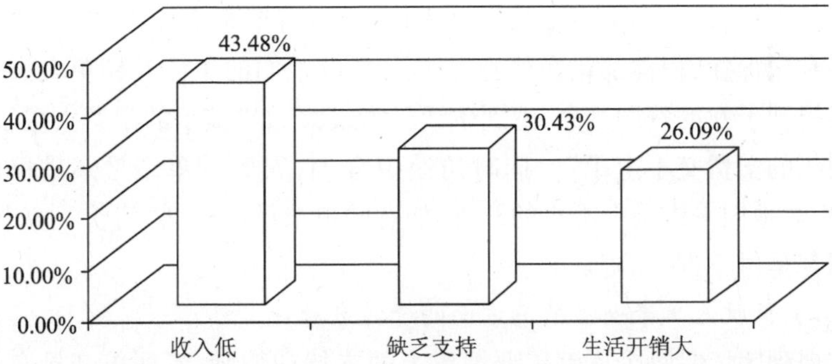

图4-2 低收入原因

1. 生活收入低

访谈中43.48%的单亲母亲认为收入低是造成她们陷入贫困的主要原因。访谈中60.86%的女性月收入处于1000元以下,这些单亲母亲的生活来源主要是政府低保、父母工资或者其自身不高的工资。大部分单亲母亲由于自身的健康状况、年龄的限制、文化程度低及照顾子女的需要等多种原因造成她们很难在社会中找到一份合适的工作,从而导致她们没有固定的收入来源维持孩子和自身的生活支出,这样最终会使她们陷入贫困状况。如一些单亲女性所言"我年龄大了,也没有工作"、"我眼睛不好,人家老板不要我的"。而即使有工作的单亲母亲,她们基本上都处于不需要过多技术、收入水平较低的工作领域。相对较低的工资水平,家庭和子女较多的日常开支使得她们的生活更加困窘。总之,人力资本低、劳动市场性别差异所造成的低工资、短工时是导致女性单亲家庭陷入贫困的主要原因之一(Garfinkel & Mclanahan, 1986)。

2. 缺乏支持

访谈结果显示,30.43%的单亲母亲提到缺少人力及情感上的支持。人力及情感支持的缺乏会导致单亲母亲自身需花大量的精力或时间去照顾和教养子女,致使她们有可能无法在自己的岗位上表现自己而失去晋升的机会,进而无法使单亲母亲提高整体的家庭收入而处于一种贫困状态,可见单亲带给单亲母亲的负面影响。有些单亲母亲就提到"孩子晚上回来没人照顾,平时电器坏掉了也没人修",或是"我一个人总归能力不够,疼孩子、照顾孩子的人少了,情感上也觉得很孤单"。许多单亲母亲为了照顾孩子而无法正常工作,同时,遇到事情没有人能够商量,情感及物质的双重困扰影响了她们的生活质量。

3. 生活开销大

访谈结果表明,26.09%的单亲母亲提到家中生活开销大,有些母亲单亲的原因是丧偶,她们的丈夫多是生病离世,比如有单亲女性讲其丈夫"得的病是骨癌和尿毒症,积蓄都花在他身上了",所以她们的生活开销更大。也有单亲母亲提到子女的费用过高,感到生活压力很大,如"孩子的学费太贵了,我在担心明年的学费交不上了"。同时访谈中有21.74%的单亲母亲是租房子住的,房租对她们来讲是个不小的开支,如有的单亲母亲提到"房价一直在涨,现在房租都是付三押一的"。

(二) 低收入单亲女性情感方面的资源来源

在遇到困境时每个人都需要情感上的支持和鼓励,不同单亲母亲的情感支持来源各不相同,给予支持的力度也各不相同,具体来源包括单亲母亲的原生家庭(包括自己的父母、子女及亲属),单亲母亲的朋友和同事,单亲母亲的邻居,社区和单亲母亲自身(如图4-3所示)。

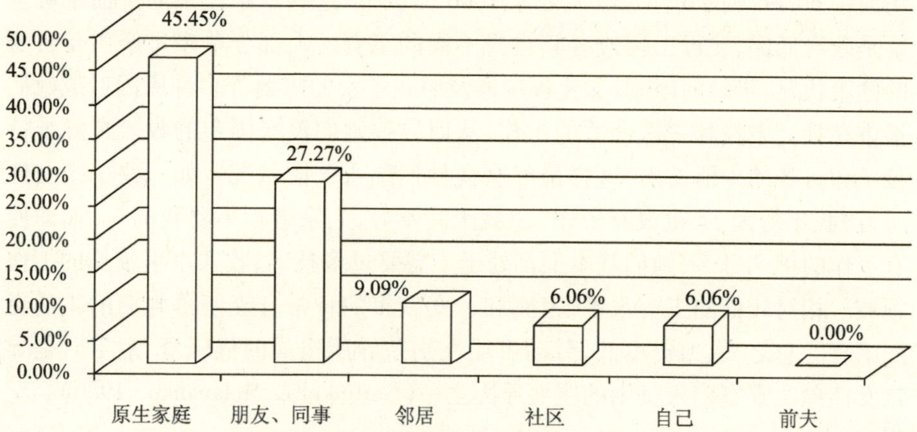

图4-3 情感方面的来源

1. 原生家庭亲属对单亲母亲在情感上的支持最多

访谈结果表明,45.45%的单亲母亲提到原生家庭对自己在情感上的支持最多,而有些单亲母亲虽然父母已经过世,但她们的兄弟姐妹也会时常关心他们。部分单亲母亲和自己的亲属并不住在同一个城市,但也会通过电话保持联系,关心对方的生活,比如"平时我母亲都会带我出去散心","我的姐姐妹妹都很关心我,会常给我打电话"。子女已长大的单亲母亲也会从子女处得到安慰,"现在女儿大了,女儿会经常陪着我,陪我聊天"。此研究结果与韩贵香(2000)等人对单亲家庭的研究结果相似,即女性单亲家庭大多从自己的亲属处得到金钱、情绪及子女教养等方面的照顾,其中又以娘家为主要来源。

2. 同事和朋友的情感支持较多

张英阵、彭淑华的研究指出朋友之间的互动非常重要,一个人若因成为单亲而丧失与朋友的互动,将更难获得社会上的资源。访谈中27.27%的单亲母亲提到平时在生活上给予自己情感上协助的主要是朋友、老乡和同事,如F女士说:"我们老乡住得近的平时都会常来看我们,但他们也要工作的,所以不可能经常来的。""平时和班上的小姐妹说说笑笑的,一天也就过去了,日子也不会那么难熬。"

3. 邻居对单亲母亲在情感上的支持不多

访谈中,只有9.09%单亲母亲提到邻居会给予自己情感上的支持和协助,有的单亲母亲提到"邻居经常开导我,特别是和儿媳吵架的时候,也会陪我聊天"。而大部分单亲母亲提到,现在小区里的住户大门都"关着",住在一起并不认识,甚至有些单亲母亲属于外地移民,会受到本地居民的歧视,她们感到"这里的居民蛮排外的,所以一般都不联系的"。

4. 当有需要时才会寻求社会福利机构的支持

受访的单亲母亲中,大部分单亲母亲都是领取低保,她们也提到一般没有什么大事的时候不会想到向社会福利机构寻求帮助,一般社会福利机构偶尔会找她们沟通。如A女士因为车祸瘫痪,妇联给予了更多的关注;H女士受到义教中心老师的帮助,辅导她女儿的功课。

5. 有的单亲母亲会自己调节

在访谈中,大部分的单亲母亲心态比较消极,常会想"过一天,算一天",但也有6.06%的单亲母亲心态很乐观,她们会通过自己的方式来调整心情。有的单亲母亲"不高兴的时候会与许多网友交流,平时都会和他们聊天",也有一些单亲母亲则认为主要在于自己的调节,别人的劝说都不是重要的,关键是自己要想通。

6. 与前夫及其亲属基本没有联系

一些丧偶的单亲母亲还会和前夫的家属有联系，但主要是因为单亲母亲和自己的公婆住在一起或者来看看小孩，如“我丈夫的妹妹每个月都会来看一次，不过可能不是因为我，因为我婆婆是和我一起住的，他们主要是来看她的”。而有的单亲母亲说道：“自从丈夫死后，他们那边的亲戚就再也没有来过，看见我们也不和我们打招呼。”此外，许多离婚的女性在离婚时已经和丈夫闹翻了，“离婚时就已经撕破脸了，此后就再也没有联系了”。

（三）低收入单亲女性资讯方面的资源来源

当今是一个信息时代，单亲母亲们也需要获取各方面的资讯，包括政府的各项福利信息、教养子女的建议及管理家庭的策略等。这些对于改善单亲母亲的生活状况很有帮助。具体有以下几种机构或个体向单亲母亲提供资讯。

1. 政府及社区

访谈结果显示，政府及社区主要提供福利及工作方面的资讯，大部分单亲母亲申请补助信息都是来自于政府或者社区居委会。有的母亲就提到“这个补助是我们村政府上门了解我的情况以后，主动来帮我申请的，我原来也不知道有这个补助”，或者“社区有时也会提供工作方面的信息”。访谈中部分单亲母亲属于失业状况，所以社区等会向他们提供培训的信息，如R女士就提到“我去年参加了两项培训，都是社区提供的”。

2. 亲属

访谈结果还表明，亲属会提供子女管教和教养的建议。有的单亲母亲提到子女的管教意见“都是小孩的叔叔，还有我妹妹或者其他亲戚给我提的”，有的单亲母亲提及小孩子上学之事，感叹地说：“这些建议，都是我母亲提的，她以前是老师。”

3. 邻居很少提供有用的信息

访谈发现大部分单亲母亲和邻居的联系并不多，“邻居之间顶多见面打个招呼”，只有一位单亲母亲提到“关于各种信息和建议主要就是邻居提的多一点”。

4. 学校

根据访谈内容可知，学校多提供子女教育方面的信息。大部分单亲母亲都会得到来自学校关于子女教育的信息，如询问D女士孩子上学问题信息时，她提到是“小学的时候老师推荐的”。此外，几位单亲母亲也提到她们“是学校家长委员会的成员，学校会定期开会，会讲些家长如何和子女沟通什么的”，“老师也会告诉我们怎样教育孩子”。

5. 媒体

由于多数受访单亲母亲文化较低,因此网络,书籍、报刊等媒体使用率不高。访谈结果表明,只有小部分单亲母亲提到"像信息,我都可以从网上获得的","我会每天看书看报,虽然我不出门,但我的信息并不落后"。而有的单亲母亲虽然会上网,但只是作为休闲,不会用它查询信息。

(四) 低收入单亲女性财、物方面的资源来源

成为单亲后遇到的首要困难就是经济问题,如果有人能够给予单亲母亲财、物上的协助,会暂时帮助单亲母亲们渡过难关。通过访谈,我们了解到给单亲母亲提供财、物帮助的主要有下列几个方面(见图4-4)。

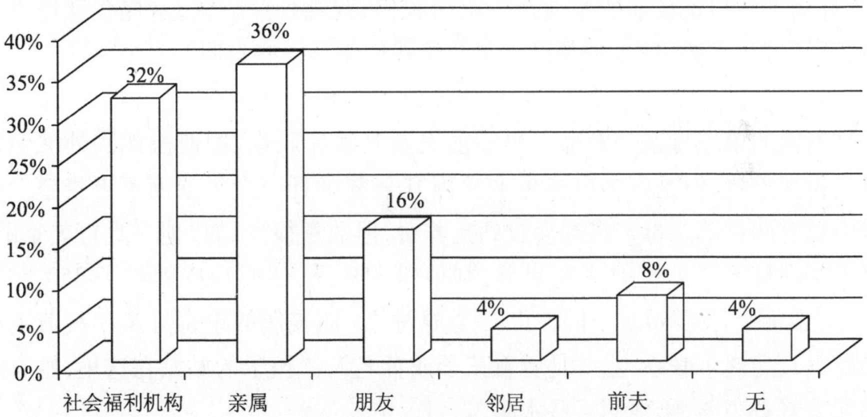

图4-4　财、物方面的来源

1. 社会福利机构会给予学费及学习用品等方面的协助

访谈中大部分单亲母亲申请了低保,每个月按人头一人380元(苏州市2010年1月1日前的标准)。而有些社会上好心人士也会给予她们子女学习上的补助,"我两个孩子都有人助学,是他们老师和社区把他们的资料挂在网上,有好心人看到了就会给他一学期400元的助学金。"同时,有的单亲母亲也提到,她们的子女由居委会推荐在当地一所学校里专为低收入户建立的班级中上学,每年减免学费、书费和医保费,并每天提供一包牛奶一餐中饭。

2. 原生家庭亲属会经常提供经济、物质上的协助

访谈结果显示,原生家庭的亲属会向单亲母亲提供更多财务上的协助。访谈中36%的单亲母亲都会从她们父母及亲属处获得经济和物质上的协助。如有的母亲提到"我母亲常会给我送来家里种的菜","平时没有钱的时候,妹妹会往我的卡上打钱"。但部分单亲母亲的亲属都不在本地,亲属对她们的帮助就会比较少,只有"过年过节回去的时候会给孩子压岁钱"。这个结果与张

清富(1992)针对贫穷家庭社会资源的研究结果一致,即在经济上的支持,其最主要的来源是原生家庭,从亲戚处得到经济协助较少。

3. 朋友会偶尔提供财、物上的协助

访谈中单亲母亲多提到在情感上获得朋友的协助,但只有16%的单亲母亲会接受朋友对她们财、物上的协助,“因为借了总是要还的,所以一般不会接受朋友对财务上的帮助。”

4. 部分邻居会给予经济、物质上的协助

访谈结果表明,有的单亲母亲提到现在的小区人际关系淡漠,不会给予帮助,所以只有4%的单亲母亲提到邻居会给予她们物质上的协助。有的母亲提到“邻居老两口把楼前的菜地让一块给我们,我会种些青菜,这样我就可以不用买了”,“邻居财、物上的帮助就是会给我们小孩一些衣服”。

5. 前夫及其亲属很少提供财、物上的协助

离婚的单亲母亲一般都不再和前夫及其家属联系,即使法律判处父亲每月需付抚养费,但是许多单亲母亲常因其金额少且一直欠款而不再指望。访谈中只有两位单亲母亲提到会收到抚养费,但数额很少,如“他一直打欠条的,后来实在受不了了就去法院起诉,判他付359元,他要赖皮就给了250元”,“他父亲每个月给50元,十年了,一直这样”。而丧偶的单亲母亲和其前夫的亲属也只是偶尔联系,主要是看看孩子或者老人,“孩子的姑姑在这里,她有时间回来看看小孩,给他们买些水果”。

6. 无他人经济、物质的协助

访谈中还有4%的单亲母亲提到没有人给他们提供经济、物质上的协助,有的单亲母亲提到因为有工资就无法申请低保,“我们处于低保边缘,申请不上”,“家人条件也不好,没办法帮助我的”。这些单亲母亲与其亲属的同质性较高,生活水平都不高,所以其亲属在自顾不暇的情况下是不可能对她们予以帮助的。

(五)低收入单亲女性人力协助方面的资源来源

访谈中单亲母亲提到,成为单亲后最大的困扰就是人力资源的缺乏,许多单亲母亲提到,家里的重体力活没人帮忙,孩子没人帮忙照顾。甚至有的母亲提到,“因为孩子是男孩,孩子大了连洗澡都有问题。”即Garfinkel和Mclanahan(1986)研究认为造成单亲母亲贫穷的原因也包括缺乏另一半对子女的照顾支持。所以能够在人力上帮助单亲母亲,对她们来说是解决了最大的困扰。通过访谈发现,向单亲母亲提供人力协助的主要是亲属、朋友、同事、邻居等,其各自所占比例如图4-5所示。

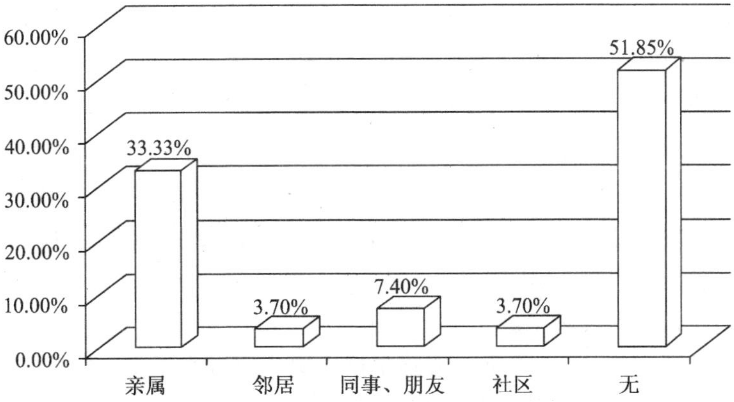

图 4-5　人力协助方面的资源来源

1. 自己的亲属会提供人力协助

访谈中 33.33% 的单亲母亲提到有自己的亲属给她们提供人力方面的协助,特别是和父母在一个地区的单亲母亲都会得到父母经常性的人力协助,其中有的母亲提到"我的小孩从很小的时候开始就是我母亲带的","主要是我父亲帮我带小孩,以前他身体好,还能帮我接接送送"。

2. 邻居偶尔会提供帮助

访谈中只有 3.7% 的单亲母亲提到邻居会给自己提供人力方面的协助,如有的单亲母亲提到"邻居帮助得也挺多的,一般家里有什么困难都会帮我们的"。但由于人际关系的冷漠,邻居对单亲母亲的帮助很少。

3. 同事、朋友偶尔提供人力协助

当低收入单亲女性在生活中遇到困境时,她们的同事或朋友一般都会提供人力协助。被访对象 M 女士提到会利用工作之便,请同事帮忙修理家里的电器。一般情况下,邻居和同事都是会在力所能及的范围内帮助单亲母亲,但单亲母亲也提到不会经常主动向他们寻求帮助。

4. 社会慈善机构会提供人力协助

此外,社会慈善机构也会向低收入单亲女性提供帮助。被访对象 H 女士提到"义教中心的老师会来帮我女儿辅导功课",但只有少数单亲母亲得到了社区人力上的帮助。一般社会慈善机构会给予低收入家庭经济上的补贴,但是人力上的帮助比较少,只有小部分社会福利机构会提供人力方面的协助。

5. 大部分单亲母亲没有获得人力协助

访谈中 51.85% 的单亲母亲提到"没有人力协助,都是靠自己"。她们多是亲属在外地,凡事只能靠自己,所以她们在遇到困难时心情会比较沮丧,想到昔日这些事情不用自己做时更是难过,从而形成恶性循环,导致情感上缺少

查的贫困单亲母亲中有12.3%表示自己没有被邀请参加任何活动。

3. 贫困单亲母亲的情绪问题倾诉对象分析

关于情感倾诉对象的调查结果显示(见表4-2),当贫困单亲母亲存在情绪问题时,绝大部分贫困单亲母亲会向自己的父母和子女倾诉,她们“会找父母谈谈,开解一下”;其次有35.3%的单亲母亲表示“经常会和亲戚聊一下”,向其倾诉自己的痛苦及压力等,可见原生家庭是其倾诉对象的主要来源。此外,部分单亲母亲会向政府与社区或朋友与邻居倾诉自己的苦难及不幸,但一般向社区倾诉,也只是想让社区帮助其解决经济及生活困境,但“社区及政府还是不能帮助解决或改善问题”。而只有1%的单亲母亲表示会向学校老师倾诉她们的情绪问题;并且绝大部分单亲母亲由于“与前夫或其亲属联系减少”,一般都不会向前夫及其家人倾诉情绪问题。有9%的贫困单亲母亲情况更是糟糕,她们表示“无任何人可倾诉”,没有倾诉对象则不利于其适应单亲生活。

4. 贫困单亲母亲的工作信息来源分析

政府掌握着丰富的就业岗位信息,因此,贫困单亲母亲的工作信息主要来源于政府与社区,“政府、单位时常会介绍合适的工作”给低收入单亲母亲(见表4-3)。其次,31.7%的单亲母亲表示自己的亲属也会提供工作信息;相对亲属而言,只有小部分能够从自己的父母与子女获得工作信息,这可能是由于单亲母亲的父母年迈、子女年龄较小、获取信息的渠道有限造成的。有26.7%的低收入单亲母亲表示“朋友或邻居会提供一些(工作信息)”,根据访谈内容可知,其提供的信息相对有限,且薪资也较低。而仅有0.6%的单亲母亲能从前夫及其家人那里获得工作信息,绝大部分单亲母亲有失业或待业时“都不会告知自己的前夫或其家属”;更有14%的人表示无任何来源获得工作信息,“主要是靠自己获取”。

表4-3　贫困女性单亲家庭的信息来源(%)

项目	工作	补助	子女教养	提高生活质量
自己父母及子女	18	9	30	44.3
自己的亲属	31.7	12.3	29.3	34.7
前夫及其家人	0.6	0.3	2.7	1.7
朋友及邻居	26.7	12	18.3	25
学校老师	—	0.3	31	—
政府及社区	43.3	67.3	23.7	17
无	14	18.3	7.7	14.3

5. 贫困单亲母亲补助信息来源分析

补助信息的来源情况(见表4-3)与工作信息的来源情况大致相同。绝大部分贫困单亲母亲表示政府和社区会提供补助信息，福利及补助方面的信息“一般都是社区帮忙处理”；而来源于自己亲属、朋友或邻居、自己父母或子女的，所占比例较少，分别约占12.3%（37人）、12%（36人）、9%（27人）；来源于前夫及其家人或学校老师的比例更是少之又少，都约占0.3%（1人）。但是相对工作信息而言，18.3%的贫困单亲母亲表示她们无任何的补助信息来源，此比例是较大的。

6. 对贫困单亲母亲在子女教养信息来源方面的探讨

学校教师在教育方面有着权威性，为了更好教育子女，31%的贫困单亲母亲都会收到学校老师所提供的子女教养方面的信息，其中部分家长“平时也会打电话，询问老师教育子女的方法及子女的学习情况”（见表4-3）。另有大部分的单亲母亲表示自己的原生家庭会提供子女教育方面的信息，“像孩子上学方面的问题，一般都是父母或是孩子提的建议”，有些时候“亲属也会给一些提示”或是“让有权威性的亲属与子女交流”，让孩子更好地了解家庭情况及自己的责任。小部分贫困单亲母亲表示会从朋友与邻居处获得子女的教养信息。引人注意的是，有23.7%的单亲母亲表示为减免贫困的女性单亲家庭一定的学杂费，减轻一定的经济负担，政府与社区会主动提供教养子女的信息，抑或是“推荐其孩子上学”。而只有2.7%的单亲母亲表示前夫及其家人会向其提供教养子女的信息，可见女性在离异或丧偶后，前夫与其家属对子女的关注度较低，甚至是完全没有关注和帮助。无任何信息来源的贫困单亲母亲的比例约占7.7%（有23人）。

7. 贫困单亲母亲提高生活质量信息来源分析

从表4-3可知，79%的贫困单亲母亲都会收到原生家庭所提的关于提高生活质量的意见，可见贫困单亲母亲原生家庭对单亲母亲的关注度较高，并希望能帮助其脱离贫困。其次有25%的单亲母亲表示朋友与邻居会给她们提供提高生活质量的信息，比如，“邻居”或“朋友会提供一些饮食方面的信息”。有17%的单亲母亲表示政府与社区会提供这类信息，但其提供的主要“技能培训方面的信息”，并且提供的信息范围较为狭窄，这不利于贫困单亲母亲脱贫或改善生活。而最应关心贫困单亲母亲的前夫及其家人，却只有5位受访单亲女性表示会获得他们这方面信息，只占1.7%。更有14.3%的贫困单亲母亲表示“没有任何人”提供此类信息。

8. 贫困单亲母亲金钱协助来源分析

大部分陷入贫困的单亲母亲都会收到来自于自己的父母或子女的经济帮助，有些“子女工作后，就会往家里补助一些”，而有的父母“会在遇到大事时，比如看病或上学等，会给一点钱”；并且大部分的单亲母亲的“亲属会定期给予金钱的协助，比如小孩的学费和生活费”（见表4-4）。也有24%的单亲母亲表示政府与社区会向她们提供金钱协助，在苏州“快过年的时候，社区会补助2000元”，并且“儿童基金会每年也会提供300元的补助”。其次有9%贫困单亲母亲会接受朋友与邻居的金钱协助；更是有13%的单亲母亲表示她们“没有政府的关心，没有朋友、亲属或爱心人士的帮助”，也就是说这部分单亲母亲无任何金钱协助来源。

表4-4　贫困女性单亲家庭的物质来源(%)

项目	金钱协助	物质协助
自己父母及子女	44.3	44.3
自己的亲属	40.3	40.3
前夫及其家人	—	3
朋友及邻居	9	10.7
学校老师	—	—
政府及社区	24	15.7
无	13	15.7

9. 贫困单亲母亲物质协助来源探讨

单亲母亲物质协助来源情况(见表4-4)与金钱协助来源情况非常相似。大部分贫困单亲母亲会得到来自于自己的父母子女的物质协助，有些父母因其自身条件较差，只能“给一点蔬菜与米”补贴单亲母亲；也有40.3%的单亲母亲表示会收到来自亲属的物质协助，“他们时常会买几件衣服给小孩”；而在物质这方面的协助，只有15.7%的母亲表示政府与社区会提供，他们只会在“快过年的时候，送四五十斤米和油”，妇联“有时会提供书、铅笔等文具给小孩”；只有10.7%的贫困单亲母亲表示朋友与邻居会提供此类协助；表示前夫及其家人提供物质协助更是少之又少，仅有3%；而无任何物质协助来源的贫困单亲母亲的比例也较高，占到了15.7%。

10. 贫困单亲母亲照顾孩子的人力协助来源分析

调查结果显示(见表4-5)，45.7%的贫困单亲母亲表示父母及子女会帮忙照顾孩子，访谈中，大部分单亲母亲表示“孩子很小的时候一般都是由母亲照顾”，“父母会帮忙接送孩子”；而有25.3%的单亲母亲表示“孩子年纪小时，亲戚会帮忙照看的”。其次有8.7%的单亲母亲将子女交由朋友与邻居照顾，但一般都是在“邻居空闲时”。而在被调查者中，仅有4.7%的单亲母亲选择了学校老师，可见大部分学校对于单亲子女并没有进行特别关注或帮助；也仅有小部分选择了前夫及其家人，访谈中也只有一位单亲母亲提到“公公婆婆会帮我带带孩子，这个我都不用担心的”；而表示无任何人力协助的贫困单亲母亲的比例也较高，达到了22%，她们表示“没有任何人会帮助照顾孩子，一般都是靠自己”。

表 4-5 贫困女性单亲家庭的人力资源(%)

项目	照顾子女	处理家务
自己父母及子女	45.7	69
自己的亲属	25.3	13.7
前夫及其家人	3.3	2
朋友及邻居	8.7	1.3
学校老师	4.7	—
政府及社区	—	0.7
无	22	25.7

11. 贫困单亲母亲协助家务的人力来源探讨

表4-5 显示,69%的贫困单亲母亲表示自己的父母、子女会协助处理家务;相比之下,只有小部分单亲母亲的亲属会帮忙家务。但受访者中分别仅有2%、1.3%及0.7%的人表示前夫及其家人、朋友与邻居以及社区政府会为家务提供人力协助,比如访谈中单亲母亲S提到“公公婆婆会帮助我做些家务”。无任何人力协助处理家务的单亲母亲所占比例更高,达到了25.7%,她们的“子女太小,父母年迈,不能帮忙处理家务,只能自己做”。

(二)低收入单亲女性的家庭资源来源讨论

本研究发现,大部分被调查者在成为单亲后得到了原生父母与亲属在情感、信息、物质及人力资源方面的支持,可见其原生家庭是贫困女性单亲家庭资源的主要来源且其支持内容丰富,支持力度亦大。这与蔡铭桃(2008)、贺正贞(2002)及Rani(2006)的研究结果一致。蔡铭桃(2008)及贺正贞(2002)认为贫困单亲母亲最主要的支持来源是原生家庭和亲属,他们对贫困单亲母亲的支持主要涉及经济上的支持、子女教育照顾,以及信息上的支持与情感的支持;Rani(2006)的研究也指出家务,比如打扫房子等大部分是由单亲母亲的子女完成的。处于弱势的贫困单亲母亲现处于生命中的黑暗期,她们对生活不抱希望,认为将来也是不能掌控的,原生家庭如果在这时给予及时的支持,能够帮助渡过困境,重新出发,对贫困女性单亲家庭适应生活与情感上的疗伤止痛,将会有很大的益处。

相对原生家庭而言,前夫及其家人为贫困女性单亲家庭提供的支持微乎其微。只有极小部分被调查者在单亲后得到了前夫及其家人在情感、信息、物质及人力资源的支持。这与蔡铭桃(2007)的研究结果一致,即无论是出于何种原因成为单亲,来自于前夫和婆家的支持是很少的。现代社会对于抚养费支付的监督、执行力度缺失,使前夫不愿支付或因无支付能力而拖欠,而贫困单亲母亲也多未对该现象进行法律诉讼，最终造成了贫困单亲母亲不能从前夫那里获得应有的物质支持；再有现代家庭的婚姻关系已不像从前，婚姻关系一旦解除，与前夫或姻亲之间的联系将会减少或者断绝，因此远不如原生家庭提供的支持。

研究结果还表明，学校老师主要向贫困单亲母亲提供补助信息、活动邀请以及子女教养信息，但其中提供最多的是教养信息。学校或学校老师对于贫困单亲母亲适应单亲带来的变故本应起着重要的作用。如果学校老师能够多关心学生，扩大所提供的资源，那么贫困女性单亲家庭将会有更多的途径或求助对象帮助他们改善现在的情况。

朋友与邻居也会向贫困单亲母亲提供情感、信息、物质与人力资源的支持，但主要是情感支持、物质支持。这与郭砾(2002)的研究结果一致，即单亲母亲的朋友、同事、邻里所提供的更多是一种情感上的支持，也有一定的经济支持。本研究中的部分贫困单亲母亲在成为单亲后得到较多的是朋友或邻居的情感与信息支持。随着社会的发展以及社会的都市化，邻居之间的联系越来越少，致使大部分贫困单亲母亲不能从邻里获取足够的资源。如果邻居能给予贫困单亲母亲及时且较多的资源支持，那么对于她们适应生活有着极其重要的作用。

政府与社区也为贫困单亲母亲提供了情感、信息、物质以及人力等方面的资源支持，其中以物质支持为主。Lee，Bauer 和 Sano(2008)的研究也指出政府对贫困单亲母亲的支持主要是物质支持。在现代社会，政府与社区掌握着大量工作与福利、补助方面的信息，且政府与社区对贫困女性单亲家庭的重视程度也在提高，这对贫困女性单亲家庭获取有效资源而言是非常有利的。社区作为一个基层组织能够直接与贫困女性单亲家庭取得联系，能够准确、及时地了解她们的情况，有针对性地为她们提供工作与补助信息。

但研究结果也表明了部分贫困女性单亲家庭无资源来源。贫困单亲女性由于单亲以及自身的经济状况造成自卑心理，使其逐渐减少了与社会、朋友、同事以及自己亲属的接触，处于一种孤立无援的状态，导致她们无法主动去获得社会或朋友等所提供的资源。这对于处于弱势地位的贫困女性单亲家庭而言十分不利，她们没有资源可以利用，也就无法迅速适应生活中的巨大变化。

本章小结

经访谈研究及问卷调查发现，低收入单亲女性获得情感、信息、物质及人力支持的来源有原生家庭、朋友、同事、邻居、政府与社区、学校、前夫及其家人。其中，原生家庭是低收入单亲女性获得情感、信息、物质及人力支持的主要途径；朋友、同事与邻居主要提供情感支持；政府及社区所提供的协助以物质支持为主；

学校主要是向低收入单亲女性提供子女教养方面的信息;而前夫及其家人向低收入单亲女性提供的各类支持都很少,几乎是没有的。这几类支持的来源具体分析如下:

(1) 对单亲母亲情感方面的支持

本研究结果发现原生家庭的亲属对单亲母亲在情感上的支持最多,同事和朋友偶尔会给予单亲母亲情感上的支持与鼓励,只有小部分的邻居会帮助和关心单亲母亲,而前夫及其亲属以及社会福利机构基本不会提供情感上的支持。值得注意的是,一些单亲母亲会在网络上寻找情感上的慰藉。

(2) 对单亲母亲资讯方面的支持

研究结果发现为单亲母亲提供资讯或者建议的主要集中于政府、学校等。政府如社区居委会或者街道等会向单亲母亲提供社会福利、补助方面的信息,而教育子女方面的建议,主要是由学校的老师提供。除此之外,也有单亲母亲会从网络上获取信息,但是由于单亲母亲的文化程度的限制,只有一小部分人使用。

(3) 对单亲母亲财、物方面的协助

本研究发现单亲母亲财、物上的协助主要来源于自己的原生家庭,她们偶尔会从朋友、同事以及邻居那里获得财、物上的协助,对于来自于前夫及其亲属的财务协助更是少之又少。一般单亲母亲与其亲属具有较大的同质性,所以从亲属处很少得到经济上的帮助。

(4) 对单亲母亲人力方面的协助

本研究结果发现大部分单亲母亲得不到任何的人力协助,只有一小部分单亲母亲会从自己的父母那里获得经常性的人力协助,而自己的亲属、朋友等由于工作或需要照顾自己家庭等原因,他们只是偶尔给予单亲母亲人力协助,社区等政府机构对单亲母亲的人力协助基本没有。

的的手段,具体包括以下方面(如图5-1所示):

——金钱,薪金、租金、银行存款的红利等。

——用于居住和生活的房子。

——时间,如一天一小时、一个月一小时等。

——工作需要的能量。

——知识、技能和工作能力,如播种、驾驶、游泳等。

——物品,如家用的工具,车等。

——公共设施,如公园、医院、公交车等。

被人们占有和使用的资源被称为人类资源(Home Science)。非人类资源从属于个体,个体不能占有,但可以使用它们。

2. 家庭结构功能理论

家庭结构功能理论为理解家庭与健康之间的关系建构了一个框架(Friedman, 1998; Pratt, 1976)。家庭是一个基本的社会单元,它同时满足个体和社会的需求,并且与其他社会机构有交互作用。家庭结构包括家庭的组成、大小和角色。功能涉及家庭存在的原因以及同时满足个体和社会需求的原因。

在家庭结构性和功能性理论之中,通过家庭功能的实现方式提供了有关家庭经济、生活质量以及健康保障系统的改变这三者间的关系的更加具体的理解。Becker(1993)对家庭的定义是现代家庭的经济观的开创性研究。高离婚率、低出生率、单亲家庭、母亲工作和增加的生活差距使得Becker根据家庭的社会功能重新制定家庭结构功能的传统经济理论。典型的传统经济理论主要把男人看做获得收入的主体,并把女人作为家务承担者和劳力付出的非参与者。Becker(1993)分别分析了女性在市场和家庭方面参与体力劳动的不同的影响。

在Becker(1993)的理论中,用一个模型分析了人们对市场、家庭及精力的分配。Becker(1993)提到:"公司从被雇佣者身上得到买一个包裹所用的时间和劳力,把偿还与包裹相联系而不是把时间和劳力相分离。"这些假设是用于解释孩子抚养和家庭事务主要承担者的低收入单亲母亲。例如,当家中有生病的孩子需要照顾时,女性则花在工作上的时间较少,使其家庭收入也相应减少;或者为照顾孩子而没有精力工作,同样会影响家庭收入。

3. 家务经济管理

家务经济管理是经济型家庭的主要组成部分。在20世纪90年代,Bryant(1990)根据不同经济型家庭的研究过程及学术著作,把有关经济型家庭的话题变成了一个独立的课题。家庭被认为是不同家庭成员的结合,是较大社会中的一个更小的单元,为的是"寻找满足"和"增加成员的生活富裕水平"这样的目标。Bryant(1990)应用“生活富裕和可以改变的满足感”这一概念,即家庭成员追求食物或服务以达到目标的优先权。他说,家庭成员的喜好反映了他们喜欢的和不喜欢的,也就决定了什么会增加或降低生活富裕水平,目标的达成情况是家庭成员自身选择的结果。家庭的经济管理涉及家庭人口的数量、结构和人员组成,是资源的使用类型和家庭成员所推崇的活动方式。

社会环境也同样影响一个家庭为达到生活富裕水平这一目标的可利用收入。根据 Bryant(1990)的研究,家庭的内外环境都会决定家庭资源的数量和类型。人们在活动中所追求的是不同资源的生产能力以及在此过程中的家庭成员的满意感。一旦家庭内部和外部环境发生改变,资源的使用方式及家庭所推崇的活动方式也会发生相应的变化。在该模型及 Becker(1993)的模型中可知,管理行为被认为是对人力资源的一种投资。当人们进行有效的管理实践时,其工资收入及潜在的资源会得到相应的增加。换句话说,与管理经验丰富的人相比,管理知识较少的人所拥有的资源也较少。总的来说,Becker(1993)和 Bryant(1990)的家庭经济理论建立在人类的行为是受目标指导的,以及人们会根据如何达到目标而做出合理选择的设想上的。家庭的组成是为达成家庭成员所追求的满足感。收入是为了达到家庭成员的目标而用于购买必需品及服务等可用资源,它包括家庭成员的健康、教育和经济客体。

4. 家庭财政管理

有效的财政管理结合了财政管理实践和产出结果,如家庭预算的使用和节余的频率、家庭财政管理出现问题的频率等。调查表明,消费者财政管理实践如预算和节余是有价值的(Godwin & Carroll, 1986; Mullis&Schnittgrund, 1982; Schnittgrund & Baker, 1983)。然而,大多数关于财政管理实践的研究认为消费者多采用推荐的财政管理实践而非使用实践结果。

采用推荐管理实践方法者的人格特质是先前调查研究的中心问题。Beutler 和 Mason(1987)研究了与使用常规预算计划有关的因素。他们发现,年轻、已婚和受过高等教育的,并对可利用的资源有较高要求的家庭成员,更喜欢采用书面预算法。收入水平并没有显著影响书面预算和编制预算的使用。大多数进行金钱预算的家庭,与未进行预算的家庭相比较,更相信能够通过计划支出额提高对财政管理的满意感(Mullis & Schnittgrund, 1982)。Rosenfield 和 Neese(1983)研究也表明,财政收入满意感的程度是与个体感知自我对财政的掌控程度有关的。女性在多数情况下比男性更认为自己无能力和缺少资源去改变生活(Burman, 1994)。虽然财政管理实践已被证实可用来增加基本的价值和财政收入的满意感(Beutler & Mason, 1987; Davis, 1988; Godwin & Carroll, 1986; Schnittgund & Baker, 1983),但是采用此方式而管理失败的经验也说明，即使是富裕的家庭也并没有真正把平衡模板当做有用的财政工具。Davis（1988）发现缺少时间和知识是没有使用推荐的预算方法去记录，并将记录与预算比较、准备一个平衡模板的主要的两个原因。预算财政收入的需要和明智的使用信用卡经常被低收入或债务在身的人所信任。为了鼓励使用财政管理实践，Walker，Tremblay 和 Parkhurst（1984）推荐了便宜的、简单的且可以接触的教育计划。

5. 管理程序的步骤

为了实现用有限的收入达到我们的目标，我们要遵循一个系统的方法。根据先前研究及文献报告，管理过程包含四个步骤，具体而言有计划、组织、控制及评估，见图 5-2。

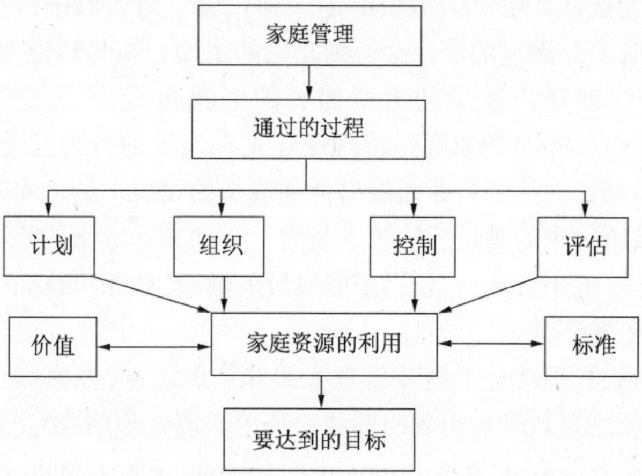

图 5-2　家庭管理的过程①（Home Science，2010）

（1）计划

管理的第一步需要先思考什么是需要做的或要作计划的。一个简单的方法就是把需要做的事情列一个清单，也就是说要评估未来并为它制定条文（Fayol，1949）。

（2）组织

组织涉及分配资源和明确责任。Fayol（1949）列举了管理人员通过员工而意识到组织管理的责任，并认为，组织的功能是与组织成员及每位成员的理想状况联系在一起的。

---

① Home Science. Retrieved 2010 from http：// www. Nios. Ac. in/ srsec321newE/ 321-E-Lesson-10.
Pdf

(3) 控制

控制包括对计划原则、实施及指导所进行的持续的常规检查。通过对计划的控制,可以鉴别计划实施过程中的弱点和问题,以使其得以纠正并阻止其周期性的发生。

(4) 评估

这种评估帮助我们了解了管理过程的缺点和错误,以便我们可以在未来纠正这些问题从而避免错误重演,这也被称作回顾或反馈。

6. 恩格尔曲线分析

在恩格尔系数的分析中,函数公式的采纳是建立在对经济及统计数据深度分析的基础上(Prais & Houthakker, 1971),传统的家庭管理预算分析选择了一种函数模型是符合统计学基础的(Deaton & Muellbauer, 1980)。双对数模型在支出研究中非常实用,因为收入和支出对问题中商品的弹性影响可以直观地从收入系数中阅读出来。对于函数模型的评估是可以广泛地应用在消费支出的类别上,比如衣服(Dardis, Derrick & Lehfeld, 1981a, 1981b; Wagner & Hanna, 1983)。衣服是大多数甚至所有家庭管理在报告消费时会调查的项目。因此,通过利用需求这个概念,恩格尔设计了一种分类方法,这种方法使测量以经验为主的内隐过程成为可能,这种内隐过程是一些特殊需求的消费超出可见的收入的范围。他将消费支出分为对食物、衣物、住房、取暖、照明、家庭管理和精神教育(教育和娱乐活动)的需求,以及公共安全、健康和娱乐活动、个人服务(Engel, 1857),见表5-1。恩格尔没有建立区分旅行和贸易的类别,推论出这些消费类型不是他们本身的最终目的,但他们的消费是有其他目的的,例如旅游消费的同时为工作和娱乐作出了贡献(Engel, 1857)。

因此,这些需求的消费可以理解为最急迫的情况。反之,他推论说公共福利的近似曲线可以通过调查有多少消费是专用于对食物的需求来达到,食物是用来体现基本需求的(Engel, 1857)。

表5-1 消费类别的区分

需求	有关的消费
营养	每天从膳食、饮料、调味品、刺激性食物中获得的营养
衣物	所有种类的衣服和鞋
住房	住房,家具,家务用具
取暖和照明	木柴,取暖,照明用的蜡烛,油和气
工作用具	工具,机器,机械的器具,器皿和容器

续表

需求	有关的消费
智力教育	学费,崇拜,科学装备,文学和艺术产品
公共安全	法律保护,行政管理,警察,国家防御,对穷人的救济
健康,娱乐	媒体和药品的费用,洗澡
个人服务	通过个人服务达到家庭服务这一目的的所有活动

7. 压力理论:ABC—X 模式

(1) A 因素——压力事件

凡会造成工作或家庭系统中界域、结构、目标、角色、过程、价值等的改变都称为压力事件。它包括可预期的压力事件和不可预期的压力事件,前者如工作升迁、结婚、生命的诞生或死亡、子女的就学或退修等;不可预期的压力事件包括自然灾害、失业、交通事故、中奖等事件。

(2) B 因素——个人或家庭拥有的资源

个人或家庭资源有下列三种:

① 个人资源:如个人的财务状况、经济能力;影响问题解决能力的教育背景;健康状态,如生理及情绪的健康;心理资源,如自尊。

② 家庭系统资源:指家庭系统在应付压力源的内在特质。如家庭的凝聚力、调适及沟通。愈是健康的家庭系统,愈有能力应付压力。

③ 社会支持体系资源:所谓社会资源指提供家庭或家庭成员情绪上的支持、自尊上的支持及其他支持的网络。

(3) C 因素——家庭对压力事件的界定

实验研究发现,个人如何评估生活中的压力事件,将会影响其处理的结果。压力是一个中立的概念,它不一定是正向的,也不一定是负向的,多半依赖个人或家庭对此情境的认定和评价。

(4) X 因素——压力的高低程度或危机

压力会形成问题,只有在压力大到工作或家庭系统陷入混乱、个人感觉不满或出现身心症状时。因而,压力的高低程度,全凭个人或家庭对压力源事件的定义,及家庭所有的资源去应用后出现的结果。

压力事件是否形成危机,要看前三项因素互动的结果。如果个人或家庭成员认识到问题确已严重地威胁到工作或家庭系统成功的运作,那么压力事件强到无法适应时危机就会产生。

(三) 总结

研究者们研究家庭经济状况的一个最重要的原因是——任何一个维度的

社会的发展都由家庭开始。理论上，这些研究的结果将会丰富家庭经济管理运行的相关知识。这个研究的最重要影响是研究者和从业者可以为家庭特别是其经济方面发展出更有影响的程序。

二、单亲家庭资源管理的内容

对单亲结构形成前后，单亲家庭的经济资源（收入、住房、财产占有、各种补贴）、时间资源（家务分担、子女照料与教育、闲暇时间拥有程度）、亲职资源（亲缘、血缘）、社会网络资源（如邻里、同学、同事、朋友）占有方面的比较后发现，绝大多数的女性单亲家庭所拥有的各类资源都相对少于男性，且出现逐渐减少的趋势。但也有少数单亲女性由于原本自身收入较高，而出现单亲后所拥有的经济资源增多的情况。导致女性单亲家庭资源减少的原因是多方面的，其中既有单亲结构本身的原因，又有隐藏在单亲问题表象背后的历史文化和社会政策等深层次的社会原因。成为单亲前，女性有较多的人力资源照顾孩子或处理家务，而成为单亲后部分单亲女性占有的时间资源因家务和亲职压力的增大而减少；但对于在单亲结构形成之前就一直包揽了几乎所有家务或因各种原因需要照顾丈夫生活起居的女性来说，单亲结构形成后时间资源可能会有所增加。无论如何，所有类型的单亲家庭在亲职资源的占有方面都是减少的。总之，大部分的单亲家庭对社会网络资源的占有情况是受损的。只有对于单亲前负担较重，或是受到较多来自配偶和配偶家庭的限制的女性，单亲后的社会网络资源有可能增大（初智巍，2005）。

依据美国著名社会学家 Coleman（1990）的“社会资本”概念，经济资源、亲职资源（家长对孩子的投入与监督）、社区资源（家庭从所在社区能够获取各种帮助）是单亲家庭资源管理的重要因素。狭义性的社会资源指为因应社会需要、满足社会需求，由非政府机构所提供的所有有形的物质资源与无形的精神资源。广义性的社会资源指因应社会需要、满足社会需求，由社会服务机构实施的各种有形与无形的资源，包括政府机构、民间团体或个人提供各式资源或服务。就福利服务供需面考量，社会资源应包括政府、民间与个人三方面提供的有形与无形资源。三者间应达成一完整、周密、相互配合互补的关系，帮助家庭解决更多的问题，达成最大的效益。

（一）单亲家庭经济管理

随着社会的变革与发展，单亲家庭已经逐渐成为经济贫困人口的一个重要组成部分，并且其比例还在逐年增加。作为一种家庭结构模式，单亲家庭的一个十分明显的特征是——大多数的单亲家庭是由母亲来维持的，单亲家长中，女性明显多于男性。在中国，以女性为主的单亲家庭占近 90%（周伟文，2000）。此外，单亲家庭对其生活中物质、精神、心理及情感上的投入一般为正常家庭的一半。为此,单亲家长,特别是低收入女性必须加倍努力才能满足其家庭的需要。

对于贫困,不同领域的学者有着不同的解释。南京大学社会学家童星教授认为,贫困是收入低而造成生活所需的基本物质和服务以及发展机会或手段缺乏的一种生活状况。贫困的认定可根据居民的实际生活情况来判断(王世军,2001)。社会中的一些弱势群体,如下岗家庭、残疾人、重病患者或低收入群体,无论人均收入是否达到其所在地区的最低生活标准,当他们面临特殊且实际的生活困境而入不敷出、生活难以维持时,就可以认为他们处于极端的贫困之中。照此标准,单亲家庭贫困的发生率相对较高。

根据经济学家 Becker(1993)的人力资本理论(Human Capital Theory)观点,教育程度低、工作能力差、就业经验不足的人,人力资本相对不足,他们在劳动力市场中的竞争力也相对较弱,造成其工作报酬偏低(孙莹,2005)。由于工作所得少,个人及家庭沦入贫穷而依赖社会救助的可能因此较高。单亲家庭的经济状况同样会受到单亲家长年龄、性别、婚姻状况、教育程度、工作能力、职业类型等人力资本变量的影响(李孟修,1994;林万亿,1992;陈建甫,1996;张清富,1992,1997)。

一般来说,家庭的经济来源相当多元化,工作所得的收入只是其中的一种,尚有其他非工作所得,例如房地产、有价证券、存款投资等资产衍生所得。根据 Sherraden 的资产福利理论,家庭具有积累经济资源的功能,它所累积的资产,不论是有形资产还是无形资产,都是逐步累积得来的。这种家庭累积资产可以缓冲家庭危机所导致的贫困处境,或更进一步可以打破贫穷的恶性循环。Schiller(1989)以事业家庭因应没有收入的经济危机之策略为例,说明一个家庭可以藉由自己的存款、亲友的借贷和朋友的救助来延缓家庭依赖社会救助的到来。由此可见,资产累积效应的有无对于单亲家庭因应各种困境,有着很大的作用。

对于女性单亲家庭贫困的原因,学者们看法不一。但是大部分学者都认为,没有合适的工作或者工资过低无法满足物质需要,缺乏相应的外部支持是造成女性单亲家庭贫困的主要原因。Paul Zopf 则提出,除了教育程度低、工作机会有限、工资低、健康状况堪忧以及工作技能不足外,当代社会中男性至上主义(sexism)也是女性单亲家庭贫困高发的一个重要原因。他认为单亲女性的贫困并非源于她们在性格品德上的缺陷,而是社会结构和经济结构上的不平等(吕洪艳,2007)。在美国,资本主义的劳动力市场或当代经济结构的重组、福利支出的大幅削减,同样造成女性单亲家庭的贫困现象。

针对单亲家庭如此普遍且严峻的经济状况,世界各国都采取了相应的社会支持措施。在发达国家,政府对单亲家庭十分重视,已将其纳入社会保障范围之内而给以特别关怀,许多非政府组织及社会工作者都把单亲家庭作为自己重要的服务对象。比如美国的 Personal Responsibility and Work Opportunity Reconciliation Act (PRWORA)、食品券以及 Aid to Families with Dependent Children(AFDC)计划,还有法国的 Allocation de Parent Isolé (API)等。对于低收入群体,中国政府也制定了相关的政策,比如最低生活保障制度、低收入医疗救助制度、低收入住房保障、教育救助制度、就业扶持救助、法律援助以及社会互助、临时救助等,同时给予各地政府较多的自由,允许其针对实际情况制定相应的救助政策,其中以最低生活保障制度、低收入医疗救助制度、低收入住房保障尤为普及。可见,中国政府对于低收入群体的保障政策相对比较健全,但由于政策落实不到位、社会性别视角缺失,尚无专门针对女性单亲家庭的社会保障政策(何兰萍,张再生,2008),若能制定具有针对性的政策扶助低收入女性单亲家庭,则将有助于其摆脱贫困。

随着单亲家庭福利的逐渐提高,美国对单亲家庭的研究逐渐转向单亲家庭是否对福利具有依赖性的问题,很多学者对此展开了激烈讨论。

Charles(1994)对美国福利的实施情况与贫困人口数量、失业率以及女性单亲家庭非婚生育数量的相关统计数据进行分析发现,20 世纪 60 年代美国政府对社会福利的提高逐渐显现其弊端,该措施并没有消除贫困,反而使贫困现象日趋严重,使人们越来越依赖国家的福利,并且部分单亲女性发现依靠福利就能生活得较好,逐渐放弃了工作。公共政策作用的发挥是建立在人们对自己行为负责的基础上的。由此,有学者主张惩罚性的社会政策,甚至呼吁将 AFDC、食品券、住房补助、医疗补助等公共援助项目统统取消(吕洪艳,2007)。但大部分低收入单亲女性并不希望依靠福利补助来渡过难关,她们在面临失业、配偶离弃、怀孕或是无法找到一份稳定工作等危急时刻短时间内借助福利渡过面前的生活困境,但仍是希望通过工作等自身的努力提高收入、摆脱生活的种种困境。

(二) 单亲家庭亲职资源管理

每一位父母都必须承担抚养和教育子女的义务和道德责任。单亲家庭的家庭结构发生改变后,家庭中的夫妻关系、亲子关系这两种最基本的关系所形成的家庭"三脚架"随之倒塌,家庭职能也随之削弱,其子女缺少正常的家长所给予的关怀、教育,不利于其子女的发展与教养。一般而言,单亲家长一人承担抚育子女的责任与义务,既当爹又当妈,还要承担起沉重的家务及繁忙的职业责任,常使单身的父(母)感到对子女的教育心力交瘁,力不从心,或压根儿就无暇顾及;但有的单亲家庭的家长会在孩子失去父爱或母爱后,产生愧疚心理，因而对子女过分宠爱、娇惯，害怕子女受到伤害；有的单身父（母）亲因为婚姻的失败，而对子女不闻不问，甚至进行粗暴的打骂或虐待。总之，在单亲家庭中，对子女的教养一般会出现明显的溺爱、嫌弃或无暇顾及的情况。

纵观国内外的研究，对于单亲子女的关注大多围绕在单亲家长与子女的亲子关系和单亲子女的教育问题上。

1. 亲子关系研究

亲子关系的概念源于遗传学，指亲代和子代之间的生物血缘关系，而在心理学中指父母与子女之间的相互关系，是家庭中最基本、最重要的一种关系。

家庭是孩子出生后学习角色观念、形成角色取向及模仿相应角色行为的首要场所，对儿童的成长有着重要的影响。家庭中的亲子关系是居于核心地位的家庭关系，是儿童社会化过程中出现最早和持续最久的一种关系，亲子之间的相互作用和情感关系将会影响到儿童对以后社会关系的期望和反应。

（1）亲子关系中相互作用的心理机制

家庭是一个复杂的、内部相互作用的系统，其中居于核心地位的亲子关系是一种不对称的双向关系。父母在亲子关系中占支配地位，儿童对于亲子关系和自身的社会化也起着重要的作用。尽管儿童自身积极地影响着亲子关系，父母对儿童发展的作用仍然是更为重要、更为有力的。从人际影响的作用机制来看，亲子关系通过态度改变、观察与模仿及认同作用的心理机制对儿童发生作用。

其中，态度改变是指父母直接向孩子传授行为规范，并通过采用使用权力、撤回爱护、信息内化等种种方法改变儿童的态度，使其接受这些行为规范，取得社会化进步（苏莹荣，2005）。而对父母行为的观察与模仿是儿童社会化的首要途径。社会学习理论家班杜拉根据对儿童的观察研究所提出了"观察学习"理论充分地阐明了这一观点。他认为在社会情境中，儿童直接观察别人的行为就能获得并仿造出一连串新的行为；并且他人行为的后果，也使儿童受到了"替代强化"的作用。儿童模仿父母的行为、态度有很多原因。儿童以类似于父母的方式去行动，可以维持来自父母的情感和避免惩罚；儿童还通过模仿父母的行动来获得对周围环境的控制（金铃，2005）。当个体认为自己相似于另一个人，并且有意识或无意识地发现以那个人的方式行动能给自己带来满足，即是所谓的认同作用。

（2）亲子关系实证研究

父母教养方式和态度对儿童影响的研究是亲子关系研究中最早、也是研究最多的领域。美国心理学家对儿童社会化的研究发现，父母的教养方式对其有着重要的作用。具体而言，被父母接受的孩子一般都表现出社会所需要的行为品质，如情绪稳定、兴趣广泛、富有同情心等；被父母拒绝的孩子大都表现出相反的性格，比如情绪不稳、冷漠等；受父母支配的孩子比较被动顺从、缺乏自信、依赖性强；让父母服从自己的孩子有很强的进攻性（韩微，2009）。日本学者诧摩武俊原在对双亲的教养态度与儿童个性发展两者间关系的研究也发现，既能尊重儿童的独立性，又坚持自己合理要求的民主型父母，有助于儿童形成自信、知足、独立、爱探索、自我控制、自我肯定、喜欢交往的性格特点；而滥用家长职权的专制型父母易使儿童产生不安全感、压抑、忧虑、退缩、怀疑、无主动性、不喜欢与同伴交往等行为表现（叶一舵，白丽英，2002）。

国内对该领域的研究也较为久远且深入，如孟育群（2005）采用儿童十四种人格（个性）因素问卷（CPQ 中国修订本）和亲子关系诊断测验（CPTR）进行了关于亲子关系对少年问题行为及人格特征的影响的研究，结果也表明父母的管教态度与儿童人格特征的形成具有重要意义，而且进一步得出结论——父亲管教态度对儿童行为及人格特征的影响较母亲相对更为显著（李萍，2010）。

我国心理学家围绕亲子关系与儿童社会化和心理发展也进行了一系列研究。比如，刘金花，庞美云，杨慧芳（1998）对儿童社会性发展的研究及钱铭怡对青少年人格发展的研究皆发现，父母的教养方式与亲子关系对儿童的发展有着至关重要的影响，此结果也论证了国外一些学者的观点。陈欣银的研究更进一步指出，亲子关系中，母亲与孩子的关系对儿童攻击性行为有着显著的负影响。具体而言，与母亲关系和睦的孩子会有明显的攻击性行为，同时儿童的攻击和破坏行为反过来影响亲子关系的和睦；攻击性和有反社会行为的儿童为自己制造了一个恶性社会环境，这种环境又进一步加强了他们对外界的敌对态度和破坏行为（杨静，2009）。

另外，我国学者孟育群（2005）通过对青少年人格的研究，发现父母教育的不一致型、父亲干涉型与母亲的消极拒绝型对少年人格因素的影响极大。一般而言，干涉型父母管教下的子女，身心发展迟缓，情绪不稳定，忍耐力差，爱推卸责任，而且依赖性强，缺乏远大目标和理想；而溺爱型父母则易使少年的人格或情绪发展受阻，易动感情，且缺乏独立性和创造性。此外，国内外的专家学者皆发现学业成绩与亲子关系和家庭因素有着密切的关系，若儿童处于不良的家庭环境或亲子关系中，他们可能会出现各种类型的学习问题。通过进一步调查发现，有学习问题的儿童所在的家庭，父母文化程度和职业文化层次通常较低，家庭矛盾冲突多，亲和程度低，个人成就定向低。

我国学者俞国良（2004）等人通过对学习不良的儿童的研究发现，儿童的学习动机及认知水平会受到家庭资源的影响，他们进一步指出家庭资源包括家庭环境、父母关系和父母学业指导策略等。但是近期研究发现,亲子关系并不是直接影响儿童的学业成就,而是通过影响儿童的情绪和行为,对其学习成就产生间接影响。儿童学习困难的发生,不仅有个体认知能力和智力结构因素的影响,还常常与儿童的某些行为问题及性格类型有关,继而与其家庭环境与亲子关系中的某些心理行为特征有关。

单亲家庭中的父母和孩子都对彼此之间的关系有着矛盾的心态,较之双亲家庭来说有较多的冲突,同时在处理冲突事件时也缺乏相应的自我意识。石伟,张进辅等通过对家庭环境状况的研究发现,父母婚姻冲突、争斗及随之而来的离婚等与儿童攻击性高度相关,家庭冲突会进一步伤害儿童的心灵,削弱甚至抵消了父母教育所起的作用,儿童在此情形下更容易遭到父母的拒斥,直接导致儿童苦恼、愤怒,并通过模仿增加对他人的攻击性,因而逐步发展的不良亲子关系就为其攻击性和反社会行为增加了一个习得性条件(王薇,2006)。家庭破裂时年龄尚幼、心理发育不完善的孩子受到的不良影响大于年龄较大、心理发展成熟的孩子,同时,父母离婚过程和儿童单亲生活时间也是影响离异家庭儿童适应的因素。

2. 单亲子女的教育资源管理

广义的教育包括一切对人的发展起影响作用的活动,故家庭教育资源是指对人的发展有影响的、与家庭有关的一切因素,是指家庭所具备的各种资本(经济的、社会的、文化的、符号的)所规定的家庭在场域中的位置和其特有习惯以及由此指定的全部生活方式。

然而无论如何,家庭、学校和社会都是单亲子女每天要接触的环境,单亲子女处于这三者相结合的成长环境中,三者对于其教育都负有不可推卸的责任和义务。如果这三者的关系中有一个关系处理不好,单亲子女成长的天平就会失衡,出现这样或那样的问题就在所难免。因此,要很好地对单亲家庭子女进行教育,就必须看到家庭、学校和社会这三者教育资源的力量,建立三位一体的教育结构,共同促进单亲子女身心健康发展。

(1) 提高单亲家长的教育水平

面对教育现代化的迅速发展,家长在知识上的优势逐渐丧失,他们可能与子女处在求知的同一起跑线上。但家长的教育作用却没有得到丝毫的减弱,而且比以往任何时代都显得更为重要。家长要真正地承担起家庭教育的责任,就必须真正具备教育资格,必须提升自身素质和对孩子爱的含金量,以孩子为友,以能者为师,与孩子共同成长。

家庭的完整并不是教育好孩子的唯一条件;单亲家庭也并非完不成对孩子健全人格的教育;单亲家庭也并非听不到孩子幸福的欢笑声。关键是提高父母的自我意识和教育意识。一旦单亲家长面对离异或亡故的痛苦,难以自拔和振作,就会忽视孩子的存在,无视孩子成长中的变化或粗暴抹杀孩子稚嫩的情感,这些都是做父亲或母亲自我意识的丧失。

保持父母意识,首先是一种责任。家长应坦然而勇敢地对待现实,并为孩子创造一个好的家庭氛围。好家庭是一所无法替代的好学校,这里奉献着无私和爱,孕育着力量和坚强,培植着智慧和才能。这样的好学校,并非双亲家庭所独有,单亲家庭完全可以通过努力营造出来。提高单亲家长的教育水平、教育素养就是为了营造这种能促使孩子健康、正常发展的家庭环境。

单亲孩子同家长要学会对痛苦和懊恼的遗忘,遗忘有助于单亲孩子和家长身心健康。单亲家长在自身能够遗忘痛苦的基础上,教育孩子忘掉仇恨、忘掉愤怒、忘掉忧愁、忘掉遗憾。放下日益沉重的包袱,轻装上阵、精力充沛地面对未来的机遇与挑战,去开拓新的境界,迎接新的天地。

单亲家庭更要注重把爱与教育结合起来,不向子女隐瞒离异真相,注重培养单亲子女的独立性,同时要对单亲子女确立适度的期望值,端正对单亲子女的性别角色教育等等。

(2) 学校协助家庭提高教育的科学性

学校应为单亲家庭的孩子及家长提供更多的交流机会。单亲教育上存在着的某种随意性、封闭性和唯一性,必须引起人们的重视。与家庭教育相比,学校教育有其有利的条件,学校是专门的教育机构,计划性、针对性都很强,而且可利用的教育渠道广泛,方法灵活,因此学校教育所具有的许多方面的优势是家庭教育不可比拟的。同时,家庭教育与学校教育之间的关系并不是平行的,而是相互补充的,两股力量可分可合,彼此不可替代,我们必须使这两股力量形成合力,从而达到理想的配合状态。要达到这一结果,学校应设立一系列帮助单亲家庭提高教育方式的科学性的机构与组织,采取多种方式与手段给予单亲家长以实质性的帮助。比如可以采取设立家长联合会的方式,主动联合其他家长,给予单亲家长在教育子女方面的一些知识和指导性建议;可以举办专家讲座或请成功的单亲家长现身说法;可以组织学校家长联合会中的家长共同来关心、帮助单亲子女,为单亲家长出谋划策;等等。同时单亲家长也要积极参与学校的教育活动,提高自己的教育素质和教育水平。

学校应成为单亲子女教育问题理论研究的前沿阵地。学校可根据本校单亲学生的实际情况,结合他们在学校生活中的表现,组织班主任等相关老师开展独立的科学研究。具体可以从以下方面来进行:把对单亲子女的教育作为一项常规性工作来开展,要深化学校教育管理,工作要深入细致,要搞好与学生的谈心,做好家访,摸清每一个单亲子女的家庭状况及各自的特点,增强教育的针对性，切忌蜻蜓点水，浮于表面。更进一步地可以建立单亲家庭学生档案，加强对他们的学习、生活、心理、行为和家庭情况的了解、跟踪，并详加记载，掌握单亲家庭学生在家里和社会上的情况，等等。

(3) 社会应建立指导单亲子女教育的专门组织机构，形成学校、家庭、社会教育网络

教育工作者要积极倡导和参加社区教育活动，协调社区，联手共同对单亲家庭子女进行健康的教育。教师要了解、掌握学生在社区的活动状况，只有把社区教育与学校、家庭的教育结合起来，形成学校、家庭、社会协调配合的教育网络，才能使学校和家庭教育的成效落到实处。而社会更应充分利用各种形式的舆论宣传，让全社会各行各业的人都来关心、探讨和研究单亲子女的教育问题，并积极参与到这项事业中去。

(三) 单亲家庭社会资源管理

目前国内对单亲家庭社会支持的研究主要集中于社会网络及社会资源的研究。社会网络是指由个体间的社会关系所组成的相对稳定的体系。社会网络的个体既可以是个人，也可以是组织；而个体间的关系可以是人际关系，也可以是交流渠道或商业交换。根据社会网络的相关理论，个体之间是相关联的，他们之间通过信息或资源传递形成关联。单亲家庭的困境不是因为缺少父亲或母亲，而是缺少资源，在当代社会，资源的获得必须依靠一定的社会关系。

社会资源理论认为，人类社会是具有阶级体系的，有的人处于这一体系的上层，拥有的社会资源较多；有的人处于该体系的下层，拥有的社会资源较少。但处于同一阶层的人所拥有的社会资源相近，相互关系往往是强关系；而不同阶层的人们拥有的社会资源差别很大，相互关系往往是弱关系（李晓杨，2008）。

郭砾(2002)认为，单亲家庭的社会支持网是由正式社会支持网和非正式社会支持网组成的一个多元化结构。正式的社会支持网主要指的是来自政府、单位、社区、民间组织或非政府组织的支持；而非正式的社会支持网主要指来自亲属、原配偶或原同居者、朋友、同事、邻里等社会关系的支持。但目前在正式社会支持网中我国政府还没有专门针对单亲家庭的社会保障，而单位、社区为单亲家庭提供的服务也是有限的。因此，非正式的社会支持网络，特别是亲属对我国单亲家庭起到了重要作用。从社会学的角度来看，父母及亲朋好友是最原始的、也是关系最密切的群体之一，对于个人或家庭均具有不同寻常的意义。当单亲家庭陷入生活困境时，亲属或朋友会提供经济及物质上的帮助，并时常会与他们交往和交流，希望能借此将单亲家庭从孤立无援的状态中

解脱出来,使他们融入到社会主流生活中(王世军,2001;郭砾,2002)。

郭砾(2002)进一步指出,社会支持网络的具体结构存在性别差异。首先,两性职业地位的差别使女性单亲家庭在社会中处于边缘化的地位,女性单亲家庭更为贫困,更依赖于社会保障政策。其次,在朋友、同事、邻里等社会关系网络中,女性单亲家庭承受着更多的来自社会和自身观念的压力。封闭的狭窄生活空间使女性单亲家庭缺乏发展社会支持网络的机会,得到的社会支持不如男性那么多,支持的力度也没有男性那么大。再次,在经济支持方面,一个更为显著的差别是女性除了从父母那里得到支持外,从自己的兄弟姐妹那里得到的支持也远比男性多。而一些丧偶女性还可以得到婆家的一些帮助,可见对于女性单亲家庭来说,非正式支持网在其支持系统中占有重要地位。

三、家庭资源管理的三类取向

通过对家庭资源管理的理论阐述可知,家庭资源的来源众多,并且因管理者背景变量的不同而出现不同的管理效果。Buehler 与 Hogan(1986)以单亲家庭为对象,并比较男、女性单亲家庭资源管理方式,将单亲家庭资源管理定义为:目标设定和执行过程,其强调管理过程中的计划。Deacon 与 Firebaugh(1986)则将家庭资源管理分为:目标中心取向、资源中心取向以及随想性取向三类。

目标中心取向是指采取最少的资源,满足家庭最大需求的方式,此计划采用的做法倾向于延长达成目标的时间、重新安排实现需求的优先顺序、删除非必要的需求、降低家庭生活的品质等方法。

资源中心取向通过事先评估可利用的资源、发掘未开发的资源、利用资源的特性来实现家庭生活的需求,以达到增加资源、实现家庭所有的需求,管理的目的在于对资源的充分利用。简言之,是一种“开源节流”的做法。

随意性取向行为则倾向于注重个人的直觉反应,其特性为易变和无规划性。简单地说,属于无规划的管理方式,当家庭资源不足、无其他资源可选时,管理者在无计可施的情况下,也许使用此种管理方式。

四、低收入单亲女性的家庭资源管理量表编制

为调查低收入单亲女性的家庭资源管理状况,本研究自编低收入女性单亲家庭资源管理量表。绘制低收入女性单亲家庭资源管理量表的大致思路是根据以往家庭资源管理的相关理论,并结合半结构式访谈所获得的资料编制成表。

本研究先抽取 200 位低收入单亲母亲做前测,发放编制完成的问卷,回收 188 份(回收率 85.5%),其中有效问卷 181 份(有效回收率 82.2%)。这些低收入单亲女性的年龄大部分在 35 岁以上,教育程度皆在初、高中水平,家庭月

收入以501—2000元为主,而其单亲原因主要是离婚或者丧偶。

在检验完量表的有效性和可靠性后,最后发放问卷。经由立意抽样方式,共发放量表400份,回收量表312份,严格剔除无效量表(填答不完全或是重复勾选答案者)后,共剩271份,有效回收率为67.8%。接受调查的低收入单亲女性中,平均年龄为40.04岁($SD = 5.43$),46岁以上仅有55人(占20.3%);在教育程度方面,初中文化最多(占46.9%);低收入单亲母亲的收入平均处于1089.49元;在单亲原因方面,以离婚最多,共计152人(占56.1%);且单亲母亲的单亲时间较久,平均为4.7年($SD = 2.81$);现全职工作者较多,共计138人(50.9%)。

(一)低收入单亲女性的家庭资源管理量表的初步编制

为了解低收入单亲女性的家庭资源管理情况,本研究根据Deacon与Firebaugh(1986)家庭资源管理的分类自编《家庭资源管理量表》进行测量分析。该量表将家庭资源管理具体分为:目标中心取向、资源中心取向以及随想性取向三个层面。在家庭资源管理量表初步形成后,为保证内容的可理解性,本研究请专家针对量表内容与题意是否表达清楚、是否符合问卷设计理念及文字排版等加以评定。之后,为保证提高填答者的填答有效性,本研究选取5位低收入单亲女性对初步量表进行评定,并根据评定结果修改句子的表述或删除某些问题。最终确定量表共包含36题。评量方式主要采用五级评分,根据让受试者对家庭资源的管理方式的认知,对采用方式的同意度一次排序,对非常同意的一项赋予分值"1",第二同意的赋予"2",依次类推,部分题目采用反向评分,即非常不同意的赋予分值"1",第二不同意的赋予"2",依次类推。

(二)量表的效度检验

1. 量表各项目分析

本研究先对《家庭资源管理量表》进行初测,搜集实证资料,对预测问卷结果进行统计分析。参考Noar(2003)建议,将偏态绝对值大于1者删除,峰度绝对值大于2者删除,同时删除鉴别度不显著及与总分相关不显著的项目,先后共删除4道题目,最后剩余32道题项。

2. 家庭资源管理量表的探索性因素分析

对第一阶段施测的数据进行主成分分析(PC),抽取共同因素,求得初始负荷矩阵,再用正交转轴法求出最终的因素负荷矩阵,并根据以下结果对因素分析的适当性进行考察。探索性因素分析中取样适当性KMO的指标为0.84,Bartlett球形检验统计量为1339.66,$p = 0.000$,说明数据很适合进行因素分析。对数据进行因素分析后,根据以下标准确定因素的数目:旋转后因素负荷量的绝对值小于0.5;每个因素至少包含3个以上的题目,共剔除15个题项,得到4

个因子的因素负荷矩阵(见表5-2)。

统计数据得出,4个因素解释了项目总量的56.11%。由表2可以看出,第一个因子的内容主要是低收入单亲女性尽量减少利用资源,用最少的资源满足家庭最大的需求,命名为“目标中心取向”;第二个因子的内容主要是低收入单亲女性倾向于个人的直觉,对家庭资源的管理较为随意,命名为“随意取向”;第三个因子的内容主要是低收入单亲女性想尽一切办法增加家庭资源,充分利用资源,命名为“资源中心取向”;第四个因子的内容主要是低收入单亲女性对于家庭资源没有任何管理方法,在需要使用资源时才发现没有资源可以利用,命名为“无目标取向”。

表5-2　家庭资源管理量表因素分析表

因素命名、所包项目内容	因素载荷量	共通性	鉴别度	特征值	贡献率(%)
(一)目标中心取向				5.08	24.17
F17. 在进行消费时,我会先满足家庭中必须支出的消费	0.75	0.63	7.09***		
F21. 我会让孩子了解到家里的状况,以使他不会提出超过我能够负担的要求	0.74	0.57	8.50***		
F22. 在孩子上学前,我常会制定一个关于学费的积累计划	0.71	0.55	6.33***		
F19. 一般情况下,我不会随意改变计划中各项支出所分配的金钱	0.68	0.47	7.73***		
F7. 购物时,我也会顺便教导子女如何选择,以买到实际需要的物品	0.67	0.55	9.32***		
F10. 对于自己的某些需求,我能够避免就避免	0.67	0.52	8.10***		
F25. 当家庭成员提出某些必须满足的需求时,我会减少不重要的开销以满足该需求	0.63	0.42	6.24***		
F8. 我常能运用有限的金钱(只够完成一件事)去处理两项以上的事务	0.63	0.59	8.25***		
F6. 对于家中能够以废品出卖的东西,我会尽量收集不会随意丢弃的	0.61	0.49	7.11***		
F23. 一般情况下,我制订的家庭开销计划是固定的,不太会变化的	0.61	0.52	5.40***		
F11. 我平常的预算中,就会省下一些钱,以防生病时的就医需要	0.59	0.50	6.20***		

续表

因素命名、所包项目内容	因素载荷量	共通性	鉴别度	特征值	贡献率(%)
(二)随意取向				2.821	13.44
F35.我常觉得在我不知所措的情况下才发现没有人能为我提供一些建议	0.84	0.71	4.99***		
F34.我常在心情不好需要找人倾诉时发现没有人能够让我得到安慰和鼓励	0.79	0.63	3.89***		
F33.我常因收入不稳定或时间不够,无法满足孩子的需求	0.71	0.54	6.67***		
F36.当家中有人患有重大疾病时,我常常会没有足够的金钱支付	0.65	0.53	7.38***		
(三)资源中心取向				2.27	10.82
F4.有时候,我会多做几份工作来补贴家用	0.74	0.60	6.43***		
F5.当孩子比较大时,我希望他们能够提早就业,增加家庭收入	0.72	0.57	6.30***		
F9.孩子小的时候我会选择兼职几项工作,孩子大了以后我再做全职工作	-0.71	0.53	5.26***		
(四)无目标取向				1.612	7.68
F29.我常在紧急或突发事件发生时,才会发现钱不够用	0.74	0.71	3.52**		
F20.在生活中我比较安于现状,不会想办法提高生活水平	0.65	0.50	2.97**		
F30.我常在小孩生病或成绩下降严重的情况下才发现我对他照顾得不够	0.58	0.65	5.35***		
家庭资源管理总量表					56.11

注:$*p<0.05$,$**p<0.01$,$***p<0.001$,p 为机率值(Prob-value)。

3. 因素间的相关系数

本研究通过各因素之间以及各因素与总分之间的相关分析,来检验量表的结构效度。如表5-3所示,各因素与总分之间的相关系数0.39—0.79之间,相关均具有显著性($p<0.01$)。其中目标中心取向与总分之间的相关系数最高,为0.79;资源中心取向与总分之间的相关系数最低,为0.39。各因素之间的相关在0.04—0.42之间,其中目标中心取向、资源中心取向与无目标取向之间相关不显著;随意取向与无目标取向相关最高,达0.42;其余相关都较低,

说明4个因素之间具有相对独立性。由此可见,问卷的结构基本符合量表编制的要求。

表5-3 因素间的相关

	1	2	3	4	5
1. 家庭资源管理	1				
2. 目标中心取向	0.79**	1			
3. 随意取向	0.64**	0.16**	1		
4. 资源中心取向	0.39**	0.23**	0.13*	1	
5. 无目标取向	0.52**	0.07	0.42**	0.04	1

注: * $p<0.05$, ** $p<0.01$, p 为机率值(Prob-value)。

4. 家庭资源管理量表的验证性因素分析

低收入单亲女性家庭资源管理量表以目标中心取向、随意取向、资源中心取向、无目标取向4个维度为其基本结构。测量模型如图5-3所示。

将经过以上项目分析和探索性因素分析保留下来的21个项目组成正式量表,在苏州市低收入单亲女性中进行施测。对施测结果进行验证性因素分析。低收入单亲女性家庭资源管理的理论模型:目标中心取向、随意取向、资源中心取向、无目标取向4个因子间的相关由一个二阶因子(家庭资源管理)所取代,二阶因子在4个一阶因子之上。运用协方差结构模型中的测量模型,验证测验的理论构想。样本为297人,原理论模型的拟合指数见表5-4。由表5-4可知,$x^2/df=2.59$,适配度指标GFI=0.87,标准拟合指数NFI=0.78,比较适配指数CFI=0.85,渐进残差均方和平方根RMSEA=0.07,说明模型的拟合程度可以接受。

再根据AMOS 7.0的输出结果中所提供的模型修正指数对原模型进行修正,以寻求更为拟合的模型。主要是改变一些观测变量的路径,并且删除因素负荷较低的观测变量(F20)。修正后的模型拟合指数见表5-4所示。调整后的模型数据的各项拟合指数分别是: $x^2/df=1.63$,小于2;适配度指标GFI为0.93,绝对吻合指数AGFI为0.90,标准拟合指数NFI为0.89,比较适配指数CFI为0.95。可以看出GFI、AGFI、CFI等拟合指数的值几乎都大于0.9; RMSEA为0.05,说明模型的指标较好地拟合4因素模型,可见本量表具有理想的建构效度。

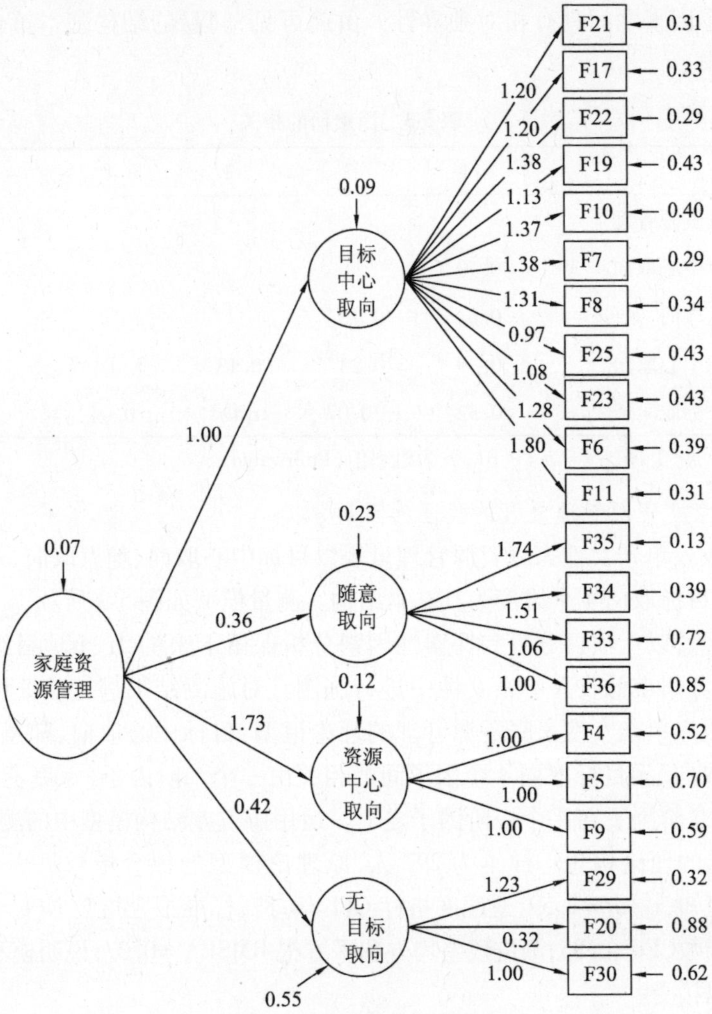

图 5-3　验证性因素分析模式

表 5-4　模型拟合指数

模型	x^2	df	x^2/df	GFI	AGFI	RMR	NFI	CFI	IFI	RMSEA
修正前	478.21	185	2.59	0.87	0.84	0.08	0.78	0.85	0.86	0.07
修正后	243.80	150	1.63	0.93	0.90	0.08	0.89	0.95	0.95	0.05

（三）量表的信度检验

本研究采用同质信度和分半信度两个指标鉴定低收入单亲女性家庭资源管理量表的信度。而本家庭资源管理量表的同质信度和分半信度大部分都在 0.60 以上，表明本量表具有良好的信度，如表 5-5 所示。

表 5-5　家庭资源管理量表的信度系数表

因　素	同质信度	分半信度
目标中心取向	0.89	0.90
随意取向	0.78	0.63
资源中心取向	0.67	0.57
无目标取向	0.62	0.64
家庭资源管理总量表	0.3	0.55

（四）编制低收入单亲女性的家庭资源管理量表的必要性

人的生命与自然资源都是有限的，受到个人时间及资源获取的限制，管理的知识及技巧是影响个人生活需求能够得到满足的重要因素。有效的管理可增强个人对自身和环境的了解、善用有限的资源、做明智的决策、达成目标及实现个人期望的生活（黄迺毓，林如萍，唐先梅，陈芳如，2001）。“家庭管理”（Home Management）这一概念和理论最早于 1880 年提出，Buehler 和 Hogan（1980）在研究离婚女性单亲家庭资源管理行为及压力时发现，在面对成为单亲的压力时，离婚女性会采用三种家庭管理方式：维持生存的方式，增加资源的方式及综合方式。家庭资源管理的方式影响单亲女性能否利用有限的资源满足生活需求。国外对家庭资源管理研究较多，但国内研究很少，本量表立足于中国文化背景，详细了解我国低收入单亲女性家庭资源管理状况，从而使随后的相关研究具有明显的科学性和有效性。

（五）低收入单亲女性的家庭资源管理量表的有效性

本研究参考 Buehler 和 Hogan（1986）对家庭资源管理的定义及分类，提出我国低收入单亲女性的家庭资源管理的结构模型。对预测结果的探索性因素分析发现，低收入单亲女性的家庭资源管理的 4 个因素结构清晰，项目的因素负荷均大于 0.5，总方差解释量为 56.101%，每一个因素项目含义清楚、可解释性强，表明问卷的结构效度较好。另外，表 5-3 显示的结果表明，所编制的低收入单亲女性家庭资源管理量表中各因素之间的相关在 0.04—0.42 之间，而各因素与总分之间的相关在 0.518—0.788 之间。因素之间的相关明显小于因素与总分之间的相关，这表明量表各个维度之间相对独立，量表具有一定的构想效度。对正式测试结果的验证性因素分析研究表明，低收入女性单亲家庭资源管理的 4 个因素结构模型较好地拟合了观测数据，支持了探索性因素分析的研究结果。同时，本研究考察各因素的内部一致性信度，均达到可接受的水平。因此，本研究编制的家庭资源管理量表具有较好的信度和效度，适合用于测量我国低收入单亲女性家庭资源管理状况。

上述探索性因素分析表明，所抽取的因素结构和当初假设的家庭资源管理理论结构基本吻合，低收入单亲女性家庭资源管理量表结构包含 4 个维度：目标中心取向、随意取向、资源中心取向、无目标取向。本研究编制的低收入单亲女性家庭资源管理量表，具有较高的信度和效度，可以作为测量低收入单亲女性家庭资源管理状况的工具。

第六章　低收入单亲女性的家庭资源管理调查

家庭结构与家庭经济状况有直接的联系(许艳丽,董维龄,2008),单亲家庭不仅要面对家庭结构的重大变化,还须面对经济困境。女性单亲家庭由于女性在就业、岗位竞争、提职及加薪方面均处于弱势,因此单亲女性的经济状况一般比男性更差,落入贫困的风险一般也比男性单亲要高(刘美惠,2000)。部分贫困女性单亲家庭不能摆脱贫困可能不在于资源的缺乏,而是对家庭资源管理不当所造成的(陆田,陈正峰,2005)。本章将通过分析访谈研究结果及问卷调查结果,详细介绍低收入单亲女性的家庭资源管理状况。研究结果有助于扩大我国对家庭资源管理的相关研究,也可以进一步分析贫困女性单亲家庭资源管理的现状,为后续的研究提供基础,进而提出具有针对性的政策措施。

一、低收入单亲女性的家庭资源管理的现状分析

家庭资源管理是有效运用资源以满足家庭需求、达成家庭目标的活动,其过程是一连串评估及决策过程,而从另一个角度考察资源管理,则包括创造资源、装换资源、选择资源、决定资源的最大利益(Goldsmith, 2005; Buehler&Hogan, 1980)。贫困单亲女性若是能提高家庭资源管理效果,有利于提高其生活适应能力及改善其生活状况。为此,本研究采用深度访谈及问卷调查法,以苏州地区低收入单亲母亲为调查对象,探讨单亲女性的家庭资源管理现况,帮助其摆脱贫困,适应家庭结构的转变。

(一)低收入单亲女性的家庭资源管理访谈报告

本研究访谈部分主要通过询问低收入单亲女性的每月最大支出、月收入的计划情况、增加收入受阻原因、"节流"技巧及家庭生活需求满足情况,来了解低收入单亲女性的家庭资源管理状况。访谈结果可为问卷调查做铺垫。

1. 低收入单亲女性每月的支出情况

收入低是单亲母亲在成为单亲后遇到的主要问题,访谈中单亲母亲都会选择"能省则省",除了因子女长身体会买些有营养的食物或者衣服外,在自己身上尽量不花钱。尽管如此,她们的生活还是很拮据,26.09%的单亲母亲明

确表示收入不能满足各项支出，而47.83%的单亲母亲则表示“紧紧巴巴，稍微手头松一点就不够了”。单亲母亲每月较大支出包括以下几个方面(图6-1)：

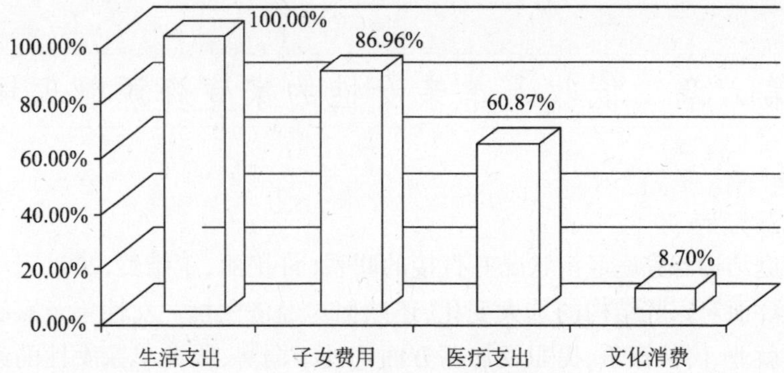

图6-1　每月最大支出情况

(1) 生活必要支出

访谈中许多单亲母亲提到目前每月最大的支出是生活上的必要费用。此外，物价上涨过快，日常的吃穿对单亲母亲来说也是负担。比如有的单亲母亲就提到“主要就是水费，电费，煎药也要很多煤气的”，或者“总要给小孩买些有营养的东西吃的”。还有部分单亲母亲没有房子，需要租住房屋，每个月的租金也是笔不小的开支，如O女士提到“现在租金都是付三押一，压力很大”。

(2) 子女费用支出

访谈中大部分单亲母亲的子女都是在上学，她们提到子女学费及其他杂项费用是每个月较大的支出。如W女士的女儿正在读中专，她提到“女儿的学费挺贵，还有她考证，每次都要几百几千的”。还有的单亲母亲的子女正在读中小学，虽然属于九年义务教育，但是学校平时“还会以各项名义收取费用”。此外，也有单亲母亲提到现在很多别人的孩子都在上辅导班，但是家庭的经济状况不允许她们对子女有过多的教育投入，对她们来说这也是一笔不小的负担。

(3) 医疗支出

访谈中许多单亲母亲或其子女患有疾病，需要长期吃药或者入院治疗，较高的医疗支出对她们来说是巨大的经济负担。如D女士的儿子患有脑血管瘤，开刀动手术后每月都需检查，“花费很大，医保也报不了多少”。H女士患有风湿病，需要长期吃药，她提到“吃西药吃不起的，我就自己花钱买中药”。

(4) 文化支出

访谈中大部分单亲母亲坦言对于文化支出较少，但也有少数单亲母亲提到每月都会“省下一部分钱买书”，如V女士提到“我一直都要买书的，以前不知道可以借,现在可以借了,不用花太多钱了”。

可见,家庭中的日常开销或子女教育费用的支出是一项较重的负担,以至于单亲母亲为维持家庭生活,尽量减少支出,刻意减少娱乐、文化及外出等活动,造成可用资源、与社会或朋友的接触也日益减少(徐安琪,2003;莫济榕,2006;Lefler, Hudson, Crossman, Fleck & Westfall,2004),最终不利于她们进行有效的家庭资源管理。并且本研究中的不少单亲母亲是丧偶者,在家庭结构发生变化时不能获得任何补助,丈夫患病欠下的债务、社会活动的减少,使她们可利用的资源更是少之又少。

2. 低收入单亲女性月收入计划情况

Buehler 与 Hogan(1980)以单亲家庭为对象,并比较男、女性单亲家庭资源管理方式,将单亲家庭资源管理定义为:目标设定和执行过程,其强调管理过程中的计划。单亲母亲的月收入是有限的,资源也是有限的,有效的管理可增强个人对自身和环境的了解、善用有限的资源、做明智的决策、达成目标及实现个人期望的生活(黄迺毓,林如萍,唐先梅,陈芳如,2001;李玲,2008)。因此,懂得一些管理技巧和知识是影响需求能否得到满足的重要因素。

大部分访谈对象对目标中心取问的认知度较高,她们时常会注意商品打折的信息,比如通过发放的传单了解信息等,或在商品换季时购买;也会针对每个月的消费情况做计划或建立一个财务档案,让自己了解使用资源的恰当时机,同时了解家庭每月的支出情况,使自己在遭遇特殊情况时能应急处理,以避免盲目的消费,从而实现人类资源及经济资源的最大利用等(Indira,2006)。计划内容一般包括以下两个方面:

(1) 分配计划

访谈中47.83%的单亲母亲会在月初做好计划,将收入分为几个部分,作为各项开支。例如,“先把工资的一半作为生活费,留出来一部分作为孩子的学费和流动资金”,有的单亲母亲也提到“首先家里的柴米油盐都要满足,然后再规划一下吃的、用的等费用”。

可见,由于资源的限制,低收入单亲母亲首先会规划生活的基本需求,但根据访谈内容可知,大部分单亲母亲的计划是十分粗糙的,她们不会记录每项支出情况或可利用资源,而是粗略的进行估计,并没有根据家庭收入予以合理的比例分配。因此很多时候,其计划并没有帮助她们进行有效的管理。

(2) “节流”计划

研究发现,52.17%的单亲母亲倾向以随意取向管理家庭资源,她们并没有明确的计划,只是凭自身的直觉管理,“平日里节省一点来满足家庭及孩子学习的各项支出了”,将每月比较固定的开支预留下。这些单亲母亲在紧急情况出现时，时常会没有足够的资源来应对。

有的单亲母亲提到“不计划，但租金、水电费计划好的，伙食费也要留出来的，但一般都会记录各项支出”，虽然能记录每月的消费情况，但在消费前并没有详细了解家庭资源或家庭物品的增减情况，因此可能造成不必要的消费开支。

3. 低收入单亲女性的“开源”方法

访谈中几乎所有的单亲母亲都希望通过“多做几份工作”或者“多加班”来实现增加收入，但由于各种原因而无法实现，她们只能依靠减少生活开支以保障日常生活。具体原因有一下几个方面（图 6-2）：

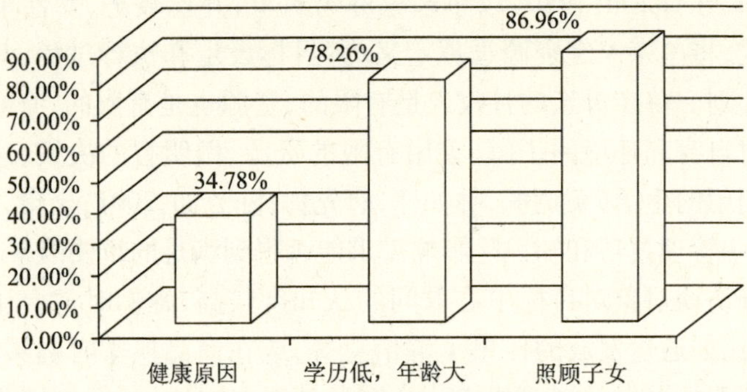

图 6-2　无法“开源”原因

（1）身体不好，无法工作

访谈中一半的单亲母亲都患有疾病，如 I 女士因患有严重心脏病而丧失劳动力，P 女士、H 女士也身患残疾，她们原本因为身体原因已不能工作，更不可能在成为单亲后再去工作来增加收入。有的母亲就说：“想过，但是我到厂里去吧，人家也不要我的；要是我去做家政，人家也不要我的——我的一只手不好的。”

（2）学历低，年龄大，没有工作单位肯要

访谈中的单亲母亲年龄大多在 40 岁以上，教育程度多为初中，“因为我也没什么文化，也不能出去工作，只能靠省着花了。”即使现在有工作的母亲，由于她们多在服务型行业的私人单位工作，她们会担心随着年龄的增长或者单位倒闭而失去现在的工作。正如北京市单亲母亲家庭调查结果表明，约 2/3 的单亲母亲年龄处在 41—45 岁和 46—50 岁两个年龄段，绝大多数单亲母亲的文化程度为初中或高中，达 81%（李玲，2008）。单亲母亲的年龄和学历水平使她们处于劳动力市场的不利地位。

（3）需照顾孩子，现无时间工作

有一半的单亲母亲其子女还在上小学，她们的孩子需要照顾，她们没有精力或时间去工作以增加收入。E女士就兼职问题提到“想过的，只是现在孩子还小，等他上高中了，不用我管了，我可能会多做份工作”。M女士也提到“我要是去厂里做一个月也有两三千，可若这样，我就把孩子丢了”。

4. 低收入单亲女性的“节流”技巧

在访谈中，所有的受访者都表示，在花钱买东西的时候会货比三家再决定花钱。比如，有的单亲母亲说：“当然会比较，选便宜的买了。像有看好的东西，如果比较贵，我会等他打折便宜的时候再买，一般换季的时候东西比较便宜。”这类单亲母亲可谓采用目标中心取向型管理方式，即采取最少的资源，满足家庭最大需求的方式（Buehler & Hogan，1980）；也有的单亲母亲则干脆没有需要就不出家门，这样可以减少不必要的花费，只买家庭需要的东西。这样的单亲母亲就采用满足优先需求的管理方式，即在排定家庭生活标准及实现需求的顺序上，能具体地描绘家庭生活的标准及满足需求的优先顺序，在做计划时，生活标准与需求实现顺序之间的弹性很大（Deacon & Firebaugh，1988）。

5. 低收入单亲女性生活需求满足情况

虽然绝大部分的低收入女性单亲家庭均采用目标中心取向型及资源中心取向型管理方式，这有利于在有限的资源下管理家庭资源，但访谈内容显示，单亲母亲的家庭资源管理效果一般都较差，生活需求满足情况不一。生活需求的满足度一般依靠单亲母亲的期望来判断，有的单亲母亲的期望值很低，只要“吃饱”就行，而有的单亲母亲觉得“和别人比，永远无法满足”。受访对象生活需求满足主要有以下两种情况（图6-3）：

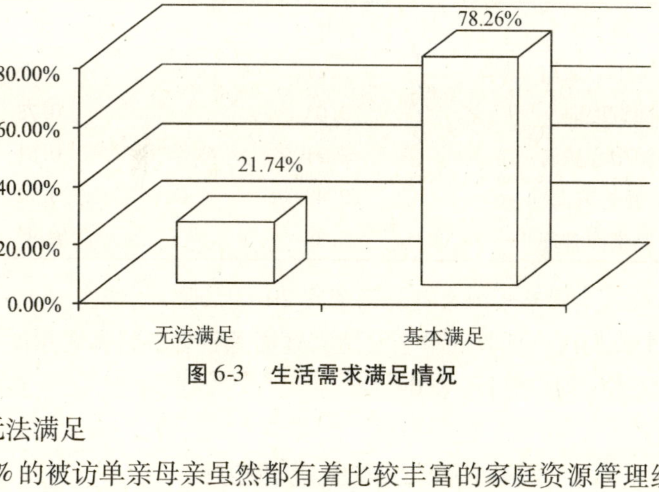

图6-3　生活需求满足情况

（1）无法满足

21.74%的被访单亲母亲虽然都有着比较丰富的家庭资源管理经验，但由于她们多数只有初中文化,其学历水平较低,家庭资源管理的技巧及技能知识也极其有限,造成生活需求不能得到满足,家中若是有大项支出更是无法承受。比如,有的单亲母亲认为"住房需求无法满足,家里人多根本不够住,想买一个大点的房子,但是经济实力不够"。而有的单亲母亲由于子女的身体不好,或自身身体健康状况的下降(孙莹,2005),"经常要去医院,开销较大,以至于生活中的很多东西都不能购置","只能尽量不让孩子生病,医疗费少支出一点,这样有可能满足生活的其他需求"。

(2) 基本满足

在没有重大生活困境的单亲家庭中,78.26%的单亲母亲表示当前的生活需求还是基本能满足,并且对于生活的期望值很低,只要吃饱穿暖,她们就已觉得生活需求得到了基本满足。单亲母亲 W 就提到"应该是基本满足,或者说是勉强满足,过着紧巴巴的日子,基本上每个月都不能余钱";单亲母亲 S 表示"基本满足,但也就是生活上正常的开支可以维持,基本的温饱问题是可以保证的,其他的我就不能保证了。"

(二) 低收入单亲女性的家庭资源管理问卷调查分析

1. 低收入单亲女性的家庭资源管理分量表分析

由表 6-1 显示,低收入单亲女性的家庭资源管理及生活适应均处于中上水平(中等为 2.5 分),其平均值为 3.32,标准差为 0.36。在家庭资源管理方面,以目标中心取向的认知最高(M = 3.81,SD = 0.55),其次为资源中心取向(M = 3.21,SD = 0.51)和随意取向(M = 3.03,SD = 0.51),而对"无目标取向"的认知最低(M = 2.43,SD = 0.73)。

表 6-1 低收入单亲女性的家庭资源管理基本叙述分析

量表	*M*	*SD*
目标中心取向	3.81	0.55
随意取向	3.03	0.73
资源中心取向	3.21	0.51
无目标取向	2.43	0.73
家庭资源管理	3.32	0.37

2. 低收入单亲女性的家庭资源管理 20 项之现况分析

接下来我们讨论低收入单亲女性家庭资源管理各目标题项的平均数和标准差在分量表中列出分析(表 6-2)。

表 6-2 低收入家庭资源管理之分析

家庭资源管理	题　目	平均数（*M*）	标准差（*SD*）
目标中心取向	1. 在孩子上学前，我常会制定一个关于学费的积累计划	3.65	0.78
	2. 我会让孩子了解到家里的状况，以使他不会提出超过我能够负担的要求	3.79	0.76
	3. 在进行消费时，我会先满足家庭中必须支出的消费	4.09	0.75
	4. 一般情况下，我制定的家庭开销计划是固定的，不太会变化	3.57	0.80
	5. 购物时，我会顺便教导子女，如何选择以买到实际需要的物品	3.98	0.77
	6. 一般情况下，我不会随意的改变计划中各项支出所分配的金额	3.55	0.81
	7. 我常能运用有限的金钱（只够完成一件事）去处理两项以上的事务	3.69	0.78
	8. 对于自己的某些需求，我能够避免就避免	3.91	0.87
	9. 对于家中能够以废品出卖的东西，我会尽量收集不会随意丢弃的	3.93	0.81
随意取向	10. 我常在不知所措的情况下才发现没有人能为我提供一些建议	2.85	0.93
	11. 我常因收入不稳定或时间不够，无法满足孩子的需求	3.04	1.00
	12. 我常在心情不好需要找人倾诉时发现没有人能够让我得到安慰和鼓励	2.87	0.97
	13. 当家中有人患有重大疾病时，我常常会没有足够的金钱支付	3.35	1.01
	14. 我常在小孩生病或成绩下降严重的情况下才发现我对他照顾得不够	2.98	1.12
资源中心取向	15. 有时候，我会多做几份工作来补贴家用	3.53	1.00
	16. 当孩子比较大时，我希望他们能够提早就业，增加家庭收入	3.45	1.09
	17. 孩子小的时候我会选择兼职的工作，孩子大了以后再做全职工作	2.63	0.98
无目标取向	18. 在消费时，不会去考虑价格的高低	2.14	0.94
	19. 家中的电器或家具，常因我不会（或没钱）维修，坏了以后就直接丢掉	2.30	0.89
	20. 我不会去对家庭生活中的各项支出作一个预算	2.72	0.89

(1) 目标中心取向

在此分量表中,低收入单亲女性对“进行消费时,会先满足家庭中必须支出的消费”的认同度最高($M=4.09$,$SD=0.75$);其次是“购物时,会顺便教导子女,如何选择以买到实际需要的物品”($M=3.98$,$SD=0.77$);再次是“家中能够以废品出卖的东西,会尽量收集不会随意丢弃的”($M=3.93$,$SD=0.81$);接下来分别是“自己的某些需求,我能够避免就避免”($M=3.91$,$SD=0.87$),“让孩子了解到家里的状况,以使他不会提出超过我能够负担的要求”($M=3.79$,$SD=0.76$),“常能运用有限的金钱(只够完成一件事)去处理两项以上的事务”($M=3.69$,$SD=0.78$),“在孩子上学前,常会制定一个关于学费的积累计划”($M=3.65$,$SD=0.78$),“一般情况下,我制定的家庭开销计划是固定的,不太会变化的”($M=3.57$,$SD=0.80$);而低收入单亲母亲对“一般情况下,不会随意地改变计划中各项支出所分配的金额”的认同度最低($M=3.55$,$SD=0.88$),其平均数明显低于其他八项。

(2) 随意取向

在随意取向分量表中,以“当家中有人患有重大疾病时,常常会没有足够的金钱支付”最为受访的低收入单亲女性所认同($M=3.35$,$SD=1.01$),其次是“常因收入不稳定或时间不够,无法满足孩子的需求”($M=3.04$,$SD=1.00$),再次是“常在小孩生病或成绩下降严重的情况下才发现我对他照顾得不够”($M=2.98$,$SD=1.12$),然后是“常在心情不好需要找人倾诉时发现没有人能够让我得到安慰和鼓励”($M=2.87$,$SD=0.97$),而低收入单亲女性对“常在不知所措的情况下才发现没有人能提供一些建议”的认同度最低($M=2.85$,$SD=0.93$),其平均数较之其它四项都低。

(3) 资源中心取向

在此量表中,低收入单亲女性对“有时候,我会多做几份工作来补贴家用”的认同度较高($M=3.53$,$SD=1.00$),其次是“当孩子比较大时,希望他们能够提早就业,增加家庭收入”($M=3.45$,$SD=1.09$),而“孩子小的时候选择兼职的工作,孩子大了以后再做全职工作”($M=2.63$,$SD=0.98$),其认同度明显最低。

(4) 无目标取向

在此量表中,以“不会去对家庭生活中的各项支出作一个预算”最为受访的低收入单亲女性所认同($M=2.72$,$SD=0.89$),其次是“家中的电器或家具,常因不会(或没钱)维修,坏了以后就直接丢掉”($M=2.30$,$SD=0.89$),而以“在消费时,不会去考虑价格的高低”最不为低收入单亲女性认同,其平均数最低($M=2.14$,$SD=0.94$)。

二、低收入单亲女性的家庭资源管理在其人口变量上的差异分析

本研究对低收入单亲女性的家庭资源管理状况进行描述性统计分析;其次以低收入单亲女性的基本个人背景属性为独立变量,而以单亲母亲之家庭资源管理为依变量,进行方差分析(The One - Way ANOVA)及 MANOVA 分析,其统计之分析流程图如图 6-4 所示。

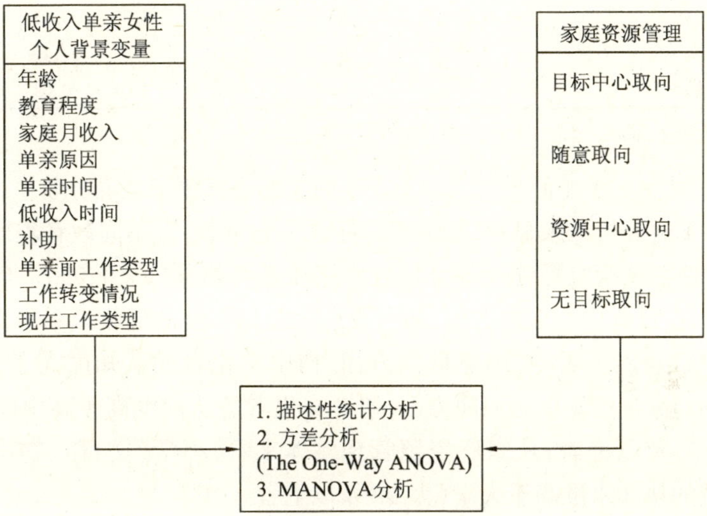

图 6-4　统计假设之分析流程图

(一) 低收入单亲女性人口变量在家庭资源管理构面的差异分析

接下来主要探讨不同低收入单亲女性的人口变量在家庭资源管理方面是否有显著差异。其中,低收入单亲女性的人口变量分别为年龄、教育程度、家庭月收入、单亲原因、单亲时间、低收入时间、补助、成为单亲前工作类型、工作转变情况以及现在工作类型等 10 项。由于家庭资源管理的构面彼此相关极高,因此使用 MANOVA 分析;而对于整体家庭资源管理则使用单因子 ANOVA 分析,以检验其差异性,最后进行 Scheffe 比较(即事后比较或鉴定)。

1. 不同年龄之低收入单亲女性的家庭资源管理差异分析

研究发现,低收入单亲女性因年龄不同而在目标中心取向、资源中心取向分量表及家庭资源管理总量表上产生显著差异($p < 0.05$)(表 6-3)。事后鉴定的分析结果表明,41—45 岁的单亲女性比 35 岁以下者更倾向于选择目标中心取向管理家庭资源。

表 6-3 不同年龄的低收入单亲女性在家庭资源管理上之差异分析

因素名称	年	龄			F 值	P 值	Scheffe 比较
	a:35 岁以下 $N=71$	b:36—40 岁 $N=63$	c:41—45 岁 $N=82$	d:46 岁以上 $N=55$	Wilks'Lambda $=0.89, p=0.003$		
目标中心取向	3.63	3.88	3.94	3.80	4.57	0.004	a < c
随意取向	3.09	3.05	3.11	2.82	2.07	0.11	
资源中心取向	3.06	3.27	3.26	3.30	3.39	0.02	◎
无目标取向	2.56	2.57	2.46	2.36	1.83	0.14 *	
家庭资源管理	3.25	3.25	3.40	3.26	3.01	0.03	◎

注：◎表示经 Scheffe 鉴定，任意两个群体间皆无显著差异。

2. 不同教育程度的低收入单亲女性的家庭资源管理差异分析

表 6-4 的分析结果显示，除了无目标取向分量表外，不同教育程度的低收入单亲女性在家庭资源管理各分量表皆存在显著差异（$p<0.05$）。经事后鉴定之分析，在目标中心取向方面，初中及高中文化程度的低收入单亲女性高于大学（大专）及以上者；在随意取向方面，初中文化者的认知度高于大学（大专）及以上者；在资源中心取向方面，初中文化者的认知度高于高中（中专）或大学（大专）及以上者；从家庭资源管理整体来看，小学（文盲）、初中与高中（中专）者的认知水准高于大学（大专）及以上者。

表 6-4 不同教育程度的低收入单亲女性在家庭资源管理上之差异分析

因素名称	教育程度				F 值	P 值	Scheffe 比较
	a:小学（文盲） $N=45$	b:初中 $N=127$	c:高中（中专） $N=72$	d:大学（大专）及以上 $N=26$	Wilks'Lambda $=0.86, p=0.000$		
目标中心取向	3.76	3.87	3.86	3.49	3.92	0.009	b > d, c > d
随意取向	3.07	3.17	2.90	2.70	4.15	0.007	b > d
资源中心取向	3.28	3.32	3.08	2.99	5.55	0.001	b > c, b > d
无目标取向	2.56	2.35	2.47	2.51	1.19	0.316	
家庭资源管理	3.33	3.38	3.30	3.07	5.54	0.001	a > d, b > d

3. 不同家庭月收入的低收入单亲女性的家庭资源管理差异分析

研究结果表明（详见表 6-5），除了无目标取向无显著差异产生外，其余三个分量表及总量表皆存在显著差异（$p<0.05$）。经事后鉴定发现，在目标中心取向、资源中心取向及家庭资源管理整体方面，家庭月收入 500—1000 元的低收入单亲女性的认知度皆高于月收入为 1001—2000 元者。

表 6-5　不同月收入低收入单亲女性在家庭资源管理上之差异分析

因素名称	月收入				F 值	P 值	Scheffe 比较
	a:500 元以下 N=29	b:501—1000 元 N=115	c:1001—2000 元 N=91	d:2001 元以上 N=29	Wilks'Lambd =0.88,p=0.001		
目标中心取向	3.96	3.90	3.68	3.74	3.51	0.016	◎
随意取向	3.04	3.16	2.93	2.79	2.93	0.034	◎
资源中心取向	3.30	3.32	3.10	3.08	4.17	0.007	b>c
无目标取向	2.27	2.39	2.46	2.67	1.67	0.173	
家庭资源管理	3.37	3.39	3.23	3.24	4.55	0.004	b>c

注:◎表示经 Scheffe 鉴定,任意两个群体间皆无显着差异。

4. 不同单亲原因之低收入单亲女性的家庭资源管理差异分析

表 6-6 的结果显示,不同单亲原因的低收入单亲女性在目标中心取向、随意取向及家庭资源管理整体方面存在显著差异,而其他量表均无显著差异存在。经事后鉴定发现,在目标中心取向方面,婚姻状况为丧偶的低收入单亲女性的认知度高于离婚者;在随意取向方面,分居的低收入单亲女性的认知度高于离婚与未婚者;从家庭资源管理整体来看,分居的低收入单亲女性的认知度同样优于未婚及离婚者。

表 6-6　不同单亲原因低收入单亲女性在资源管理上之差异分析

因素名称	单亲原因				F 值	P 值	Scheffe 比较
	a:离婚 N=152	b:丧偶 N=99	c:分居 N=12	d:未婚 N=6	Wilks'Lambda =0.89,p=0.001		
目标中心取向	3.72	3.95	4.03	3.57	4.42	0.005	b>a
随意取向	2.95	3.12	3.72	2.70	5.29	0.001	a<c,c>d
资源中心取向	3.20	3.23	3.39	2.89	1.36	0.255	
无目标取向	2.48	2.36	2.67	2.06	1.47	0.223	
家庭资源管理	3.26	3.39	3.65	3.02	7.28	0.000	a<c,c>d

5. 不同单亲时间的低收入单亲女性的家庭资源管理差异分析

表 6-7 的研究结果表明,不同单亲时间的低收入单亲女性在家庭资源管理及各分量表上不存在显著差异($p>0.05$)。从平均数来看,不同单亲时间的低收入单亲女性对家庭资源管理的认知皆处于中上水平,其中对目标中心取向的认知度最高,其次为资源中心取向、随意取向,对无目标取向的认知最低。

表 6-7　不同单亲时间低收入女性在资源管理上之差异分析

因素名称	单亲时间				F 值	P 值	Scheffe 比较
	a:2 年以下 $N=36$	b:2—4 年 $N=101$	c:5—7 年 $N=54$	d:8 年以上 $N=68$	Wilks'Lambda $=0.97$, $p=0.71$		
目标中心取向	3.71	3.81	3.90	3.89	1.21	0.306	
随意取向	3.08	3.07	3.14	2.94	0.81	0.488	
资源中心取向	3.15	3.19	3.27	3.29	0.90	0.443	
无目标取向	2.43	2.43	2.42	2.40	0.02	0.995	
家庭资源管理	3.27	3.32	3.39	3.33	0.81	0.491	

6. 不同低收入时间的单亲女性的家庭资源管理差异分析

由表6-8 可知，不同低收入时间的单亲女性在家庭资源管理及各分量表上皆不存在显著差异($p>0.05$)。就平均数而言，不同低收入时间的单亲女性对家庭资源管理的认知皆处于中上水平，其中对目标中心取向的认知度最高，其次为资源中心取向、随意取向，对无目标取向的认知最低。

表 6-8　不同低收入时间的低收入女性在资源管理上之差异分析

因素名称	低收入时间			F 值	P 值	Scheffe 比较
	a:2 年以下 $N=28$	b:2—5 年 $N=98$	c:6 年以上 $N=44$	Wilks'Lambda $=0.97$, $p=0.71$		
目标中心取向	3.83	3.85	3.95	0.58	0.559	
随意取向	2.87	3.08	3.13	1.11	0.329	
资源中心取向	3.21	3.23	3.33	0.67	0.505	
无目标取向	2.38	2.42	2.25	0.75	0.476	
家庭资源管理	3.28	3.35	3.40	0.86	0.426	

7. 不同补助的低收入单亲女性的家庭资源管理差异分析

由表6-9 的研究结果可知，不同补助的低收入单亲女性在资源中心取向上存在显著差异，而在其他分量表及家庭资源管理总量表上不存在显著差异($p>0.05$)。经事后鉴定发现，补助金额 200 元以下的低收入单亲女性对资源中心取向的认知度高于无补助的低收入单亲女性。

表 6-9　不同补助的低收入女性在资源管理上之差异分析

因素名称	补助金额			F 值	P 值	Scheffe 比较
	a:无 N = 94	b:200 元以下 N = 98	c:201 元以上 N = 44	Wilks'Lambda = 0.92, p = 0.03		
目标中心取向	3.70	3.83	3.92	2.94	0.055	
随意取向	3.00	3.04	3.12	0.49	0.611	
资源中心取向	3.16	3.42	3.19	3.26	0.041	b > a
无目标取向	2.52	2.20	2.37	2.55	0.081	
家庭资源管理	3.27	3.33	3.38	1.73	0.180	

8. 单亲前不同工作类型的低收入单亲女性家庭资源管理的差异分析

由表 6-10 可知，单亲前不同工作类型的单亲女性在家庭资源管理及各分量表上皆不存在显著差异（$p > 0.05$）。就平均数而言，单亲前不同工作类型的单亲女性对家庭资源管理的认知皆处于中上水平，其中对目标中心取向的认知度最高，其次为资源中心取向、随意取向，对无目标取向的认知最低。

表 6-10　单亲前不同工作类型的低收入女性在资源管理上之差异分析

因素名称	单亲前不同工作类型		F 值	P 值	Scheffe 比较
	a:兼职 N = 209	b:全职 N = 56	Wilks'Lambda = 0.97, p = 0.71		
目标中心取向	3.83	3.76	0.10	0.750	
随意取向	3.02	3.09	0.77	0.381	
资源中心取向	3.22	3.23	0.35	0.554	
无目标取向	2.44	2.40	0.02	0.887	
家庭资源管理	3.33	3.30	0.13	0.721	

9. 工作转变情况不同的低收入单亲女性的家庭资源管理差异分析

由表 6-11 可知，不同工作转变情况的单亲女性在家庭资源管理及各分量表上皆不存在显著差异（$p > 0.05$）。就平均数而言，不管工作类型是否有转变，低收入单亲女性对家庭资源管理的认知皆处于中上水平。其中，工作类型有转变的低收入单亲女性对目标中心取向的认知最高，其次为随意取向、资源中心取向，而对无目标取向的认知最低。工作类型无转变者对目标中心取向的认知也最高，其次为资源中心取向、随意取向，而对无目标取向的认知最低。

表 6-11　不同工作转变情况的低收入女性在资源管理上之差异分析

因素名称	工作转变情况		F 值	P 值	Scheffe 比较
	a:有 N=54	b:没有 N=160	Wilks'Lambda =0.97, p=0.71		
目标中心取向	3.81	3.83	0.01	0.906	
随意取向	3.15	2.97	2.77	0.098	
资源中心取向	3.11	3.24	2.46	0.118	
无目标取向	2.44	2.42	0.04	0.840	
家庭资源管理	3.34	3.31	0.21	0.650	

10. 现在不同工作类型的低收入单亲女性的家庭资源管理差异分析

由表 6-12 可知，现在不同工作类型的单亲女性在家庭资源管理及各分量表上皆不存在显著差异（$p>0.05$）。就平均数而言，不管何种工作类型的低收入单亲女性对家庭资源管理的认知皆处于中上水平，并且对目标中心取向的认知皆最高，其次为资源中心取向、随意取向，而对无目标取向的认知最低。

表 6-12　现不同工作类型的低收入女性在资源管理上之差异分析

因素名称	现工作类型			F 值	P 值	Scheffe 比较
	a:无工作 N=59	b:兼职 N=138	c:全职 N=59	Wilks'Lambda =0.98, p=0.640		
目标中心取向	3.93	3.76	3.81	2.07	0.129	
随意取向	3.05	3.08	3.13	0.60	0.551	
资源中心取向	3.24	3.20	3.23	0.22	0.801	
无目标取向	2.37	2.46	2.40	0.404	0.668	
家庭资源管理	3.37	3.28	3.33	1.21	0.299	

（二）家庭月收入与教育程度对低收入单亲女性的家庭资源管理交互作用分析

有关研究发现，教育程度及收入对其管理家庭资源具有影响（Hendriks &Green, 2000），所以，接下来探讨月收入与教育程度对家庭资源管理的交互作用。

如表 6-13 所示，低收入单亲女性的家庭月收入的主效应显著（$F=4.18$，$p<0.01$），同时低收入单亲女性的家庭月收入与教育程度交互作用也显著（$F=2.94$，$p<0.01$），即表示月收入与教育程度对其家庭资源管理具有交互作用。

表 6-13　月收入与教育程度对低收入单亲女性的家庭资源管理之变异数分析摘要

变异来源	平方和(*SS*)	自由度(*df*)	均方(*MS*)	*F* 检定
月收入	1.54	3	0.51	4.18**
教育程度	0.35	3	0.12	0.96
月收入×教育程度	2.89	8	0.36	2.94**
误差	30.42	248	0.12	
总和	2935.40	263		

注：** $p<0.01$，p 为机率值(Prob-value)。

在交互作用的基础上，检验低收入单亲女性的教育程度的简单效应分析。图 6-5 显示，家庭月收入处于 1001—2000 元的低收入单亲女性中，低收入单亲女性在小学(文盲)教育程度的平均分为 3.38($SD=0.31$)，而在初中、高中、大学及以上的平均数依次为 3.36($SD=0.32$)，3.17($SD=0.26$)，3.0($SD=0.81$)。表 6-14 显示，家庭月收入 1001—2000 元的低收入单亲女性简单效应分析达到显著($F=7.96^{***}$)，大学(大专)及以上的单亲女性的家庭资源管理情况较小学(文盲)、初中以及高中(中专)文化者差，而文化程度为初中的家庭资源管理情况优于高中(中专)文化者。

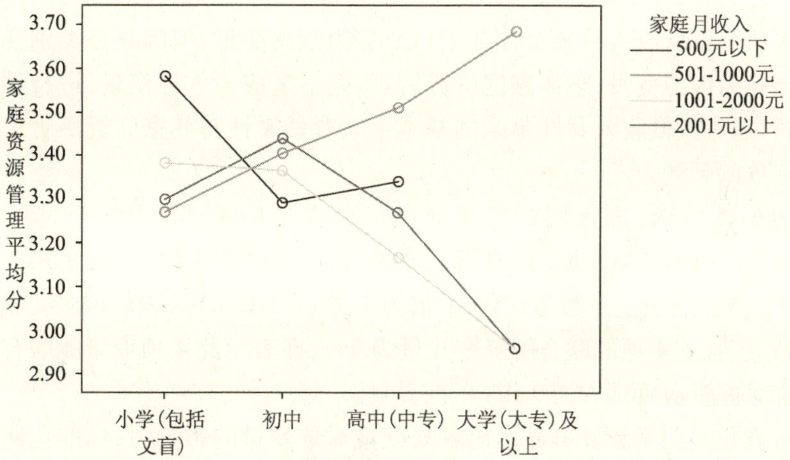

图 6-5　不同家庭月收入的单亲女性与其教育程度对家庭资源管理之认知差异分析

表 6-14 亦表示，低收入单亲女性的家庭月收入的简单效应分析显著。就高中文化的低收入单亲女性而言，简单效应分析达到显著($F=4.64^{**}$)，家庭月收入处于 500—1000 元的低收入单亲女性($M=3.51$，$SD=0.42$)的家庭资源管理情况优于家庭月收入 1001—2000 元($M=3.17$，$SD=0.26$)及 2001 元

以上者($M=3.27$, $SD=0.17$)。

表 6-14 月收入与教育程度对家庭资源管理之单纯主要效果分析摘要表

变异来源	平方和(SS)	自由度(df)	均方(MS)	F 检定	Scheffe
教育程度(E 因子)					
500 以下(c1)	0.46	2	0.23	1.48	
500—1000 元(c2)	0.90	3	0.30	2.35	
1001—2000 元(c3)	2.09	3	0.70	7.96***	e1 > e4, e2 > e3, e2 > d4, e3 > e4
2001 元以上(c4)	0.89	3	0.30	1.54	
月收入(C 因子)					
小学(文盲)(e1)	0.6	3	0.2	1.39	
初中(e2)	0.20	3	0.07	0.76	
高中(中专)(e3)	1.46	3	0.49	4.64**	c2 > c3, c2 > c4
大学(大专)及以上(e4)	1.40	2	0.70	2.13	

注:** $p<0.01$, *** $p<0.001$, p 为机率值(Prob-value)。

(三)低收入单亲女性人口变量对其家庭资源管理的预测力分析

本研究以低收入单亲女性各人口变量为预测变量,但因其是类别变量故将其转化为虚拟变量,整体家庭资源管理、生活适应为效标变量,进行逐步回归分析,以考查低收入女性单亲的基本个人背景属性对其家庭资源管理与生活适应度的预测力。

表 6-15 显示,进入回归方程式的显著变量为单亲原因(分居)、收入(1001—2000 元)、单亲原因(丧偶)、年龄(41—45 岁)4 项,其多元相关系数为 0.33,调整后决定系数为 0.09,F 值为 7.97($p<0.001$),表示该多元相关系数可成立,且此 4 项的联合解释变异量为 9%,即表示此 4 项变量能联合解释整体在家庭资源管理方面 9.4% 的变异量。

标准化回归系数β可显示出各自变量对依变量的影响力,标准化回归系数越大,其影响力越高,表示自变量在解释依变量的变异量时重要性越高,因此就个别变量的标准化回归系数来看,其中以单亲原因(分居)的标准化回归系数最大,表示在诸多影响力的自变量中,其影响力最大,其 β 系数为 0.21 ($t=3.59$, $p<0.001$)。其次是月收入(1001—2000)、单亲原因(丧偶),影响力最小是年龄(41—45 岁),β 系数为 0.13($t=2.15$, $p<0.05$)。

从表 6-15 也可知,单亲原因为分居、单亲原因为丧偶及年龄为 41—45 岁等3项，与家庭资源管理的关系为正相关，这代表单亲原因为分居或丧偶者对比未婚的低收入女性而言、年龄为41—45岁对比46岁以上而言，对家庭资源管理具有正向预测力。但预测力一般，表示这些值越高，其家庭资源管理效果越好。而月收入为1001—2000元对比2001元以上而言，对整体家庭资源管理具有反向预测力，此项与家庭资源管理呈负相关，代表月收入为1001—2000元者的整体家庭资源管理越差。

表6-15　低收入单亲女性基本人口变量对其家庭资源管理的回归分析摘要表

选出变量顺序	多元回归系数 R	调整后决定系数 R^2	增加解释量 ΔR	F 值	标准化回归系数(β)	T 值
单亲原因(分居)	0.19	0.03	0.04	10.24**	0.21	3.59***
月收入(1001—2000元)	0.26	0.06	0.03	9.84***	-0.15	-2.54***
单亲原因(丧偶)	0.30	0.08	0.02	8.97***	0.14	2.30*
年龄(41—45岁)	0.33	0.09	0.02	7.97***	0.13	2.15*

注：* $p<0.05$，** $p<0.01$，*** $p<0.001$，p 为机率值(Prob-value)。

三、低收入单亲女性的家庭资源管理之讨论

(一)低收入单亲女性的家庭资源管理处于中上程度

低收入单亲母亲的家庭资源管理及生活适应度均处于中上水平。其中，她们对家庭资源管理的目标中心取向的认知度最高，对无目标取向认知度最低，此结果与贺正贞(2002)的研究结果相同。一般而言，低收入单亲母亲获得的社会支持资源、金钱等较少(Ciabattari，2007；徐安琪，2003)，在有限的资源下，她们只能对家庭资源进行计划式管理，在消费时会先满足家庭中的必要支出，使家庭生活得以维持下去，因此其对目标中心取向的认知度最高，而对无目标取向的认知度较低。

(二)不同个人背景变量下的低收入单亲女性的家庭资源管理存在显著差异

本研究结果表明，不同年龄、教育程度、月收入、单亲原因的低收入单亲女性，其家庭资源管理情况存在显著差异。此结果与贺正贞(2002)的研究结果相同，即低收入单亲母亲的背景因素会直接影响其家庭资源管理。

本研究发现，41—45岁的单亲母亲对目标中心取向的认知度高于35岁以下者，这可能是由于年龄较高者有丰富的家庭资源管理经验，除制定家庭开支计划外，还会根据家庭情况做出调整，因此她们更能以最少的资源满足最大需求。而学历较低者对目标中心取向、资源中心取向、随意取向及家庭资源管理整体的认知较高，这与Rosen及Granbois(1983)认为教育水平影响家庭资源管

理效果及管理方式的研究结果相同,但与 Weigt 和 Solomon(2008)认为教育水平较高者的家庭资源管理效果较好的结果相反。这表示学历较低的单亲母亲,不仅能运用最少的资源满足最大的需求,且能开源节流,根据直觉反应调整资源以备紧急需求。学历较低的单亲母亲其接触社会时间较长,有较丰富的社会常识和理财经验,懂得将家庭资源作灵活运用;且因其在社会竞争中处于弱势,家庭资源较少(徐安琪,2003;王爱丽、初智巍,2009;Lefler, Hudson, Crossman, Fleck & Westfall, 2004),为了维持家庭生活,她们会对家庭支出做详细的计划,尽量减少支出,或增加工作收入等(Azara, Naughtonb & Joseph, 2009;Brian & Daniel, 2004;Omar, Ahmad & Sarimin, 2009);若无法开源,也能乐天知命,生活过得简单安逸,所以她们对家庭资源管理的认知较高。

此外,月收入 500—1000 元者对资源中心取向及整体家庭资源管理的认知高于 1001—2000 元者。一般而言,收入低者其社会支持与家庭资源缺乏,她们会评估家庭状况,以了解现有资源是否能维持家庭生活。在家庭资源无法满足日常需求时,她们会想办法增加资源,如向他人求助、做兼职等(Romich & Weisner, 2000)。而部分收入较高者可能认为自己有能力维持家庭生活,对家庭资源的管理没有计划和目标,将部分收入花在不必要的需求上,导致家庭应急能力不足,因此其家庭资源管理效果较差。

在单亲原因方面,丧偶者对目标中心取向认知度高于离婚者;分居者对随意取向及整体的认知度高于离婚及未婚者,此结果与 Buehler 与 Hogan(1986)的研究结果相似,即家庭资源管理方式及效果受到单亲原因的影响。一般情况下,离婚者在离异时能够得到男方的补偿及财产(徐安琪,2003),可丧偶者可能没有任何补助,其可利用资源较少(Cancian & Reed, 2009),因此她们会尽量采用最少的资源满足家庭最大需求以使生活继续下去,所以对目标中心取向的认知度较高。而分居者因为仍保持着婚姻关系,社会支持、经济水准及生活状况未发生本质变化,资源相对较多,还可从夫家父母或亲属处获得资源及管理建议,因此其家庭资源管理效果较好。

在补助金额方面,补助金额 200 元以下者对资源中心取向的认知高于没有补助者。每月能收到 200 元以下补助的单亲母亲,大多是无工作者,由于家庭月收入低于城市最低标准,且因身体原因无法找到工作,即使每月都有不到 200 元的补助,也是无法满足日常生活需求的。此类单亲母亲为了维持生活,需要寻找"开源节流"的方法尽量减少支出,并寻求能够增加收入的方法,因此,补助金额 200 元以下者资源中心取向的认知较高。

（三）家庭月收入与教育程度对低收入单亲女性的家庭资源管理具有显著的交互作用

研究结果显示，月收入处于1001—2000元单亲女性中，大学（大专）及以上的单亲女性家庭资源管理情况与其他学历者相比较差，而初中文化者的家庭资源管理情况优于高中（中专）文化者，这可能是因为高学历的单亲女性对自身评价过高，一般不会对家庭支出作预算，其家庭资源管理情况较差，而初中文化者较高中文化者已认识到自身文化水平在社会竞争中所处的不利位置，她们会尽量使用可利用资源。

高中文化的单亲女性中，月收入处于500—1000元者的家庭资源管理情况优于月收入1001—2000元及2001元以上的女性，可能是由于前者收入较低，她们常会避免自身的需求或尽量运用有限的资源去处理两项以上的事情，并且在家庭资源管理过程中制定一个稳定的家庭开销计划以满足家庭不可或缺的消费支出。

（四）低收入单亲女性不同人口变量对家庭资源管理具有显著预测力

研究结果表明，影响低收入单亲女性家庭资源管理的因素有单亲原因、月收入及年龄等3类，此结果与Buehler与Hogan（1986）的研究结果相同。一般情况下，理财常识较多的人其家庭资源管理情况较好（Steven，Min & Jeff，2006），离婚或丧偶的低收入女性相对未婚者而言具有丰富的家庭资源管理的经验，她们能够根据家庭资源的变化进行调整性管理；年龄较高的低收入单亲女性，其家庭资源管理效果较好，年龄较低者，可能缺少家庭资源管理经验，影响了其家庭资源管理的效果，因此，对于一些年龄较低的单亲女性，相关组织应为其提供免费的家庭资源管理知识或技能培训等；而月收入方面，其月收入的增加能够提高单亲女性家庭资源管理效果，因此须提高其收入水平，但是提高的幅度是一个值得探讨的问题。

本章小结

（1）访谈发现，大部分单亲母亲月收入基本满足家庭日常生活，但当家中出现大的变故，如生病、需要大量学费时，其收入则无法满足，即处理应急事件的能力不足。

（2）访谈中47.83%的单亲母亲都有明确计划，计划的首要原则就是满足家庭日常所需；即使没有，也会先规划家中几项固定支出。但其计划较为粗糙，缺少相关的技巧。

（3）单亲母亲增加收入的可能及方法。当无力负担开支时，单亲母亲都想通过工作增加收入，但“开源”的方法较为传统，仅局限于提高其工作量，影响家庭资源的增加。但由于子女的束缚、自身身体状况不佳等，部分单亲母亲根本不能工作或从事兼职。

(4) 单亲母亲“节流”技巧。几乎所有的单亲母亲消费时都会货比三家,这样才不会造成不必要浪费,而有些则会根据商品价格波动规律购买商品,表示低收入单亲母亲对于家庭资源管理还是有一定的技巧,但较为单一。

(5) 单亲母亲生活需求满足情况。本研究结果发现,21.74%的单亲家庭生活需求无法满足,主要是由于欠债或生病等原因,而大部分单亲母亲认为当前的生活需求还是基本满足的,但这也仅仅局限于家庭无重大开支的情况下。

(6) 问卷调查发现,低收入单亲母亲倾向目标中心取向管理家庭资源且生活适应度较高。家庭资源管理中,低收入单亲母亲对目标中心取向的认知度最高,而无目标取向认知度最低。单亲母亲在资源有限的情况下进行消费,会随商品价格变动,调整购买的数量,并会试着增进事物的利用价值或延长使用年限,因此对“目标中心取向”倾向较高。

(7) 问卷分析结果表明,不同年龄、教育程度、家庭月收入和单身原因的单亲女性对家庭资源管理的认知存在差异性。年龄较高和学历较低者更倾向于目标中心取向,家庭月收入较低者更倾向于资源中心取向,且管理效果较好。面对单亲生活,丧偶者相比离婚者更为被动,一般没有能力照顾家庭,只能降低生活水准以满足日常需求;同时,分居者相比离婚和未婚者家庭资源来源较广,因此管理效果较好。

(8) 问卷调查结果显示,教育程度与家庭月收入对低收入单亲女性对家庭资源管理具有交互作用。月收入处于1001—2000元的单亲女性中,大学(大专)及以上的单亲女性家庭资源管理情况与其他学历者相比较差。而高中文化的月收入处于500—1000元者的家庭资源管理情况优于月收入1001—2000元及2001元以上的女性。

(9) 问卷分析结果说明,低收入单亲女性的单亲原因、月收入及年龄可以影响其家庭资源管理状况,其中单亲原因为丧偶或离婚对比未婚及年龄41—45岁对比46岁以上对家庭资源管理具有正向预测力,而月收入1001—2000元对比2001元以上具有反向预测力。

第七章 生活适应理论与探索分析

自20世纪50年代起，关于生活适应理论的探讨与研究日益丰富和深入，在应用上的研究也不断服务于更多的社会群体，并且卓有成效。但在我国，对生活适应的研究多以儿童及学生为研究对象，鲜有研究低收入单亲女性的生活适应状况的。每一位单亲女性由于家庭结构的转变，面对情绪问题及经济困境时，必须调整自己以适应生活，但因个人的特质及能力等因素不同，有些单亲女性能很快调适过来，有些则需要经过一段时间。要了解及提高低收入单亲女性的生活适应状况，首先必须了解生活适应的相关理论。

一、生活适应理论的历史回顾

低收入女性单亲家庭会随时间的推移以及人与环境互动情况的不同，而产生多重家庭问题，不仅包括一般单亲的生活困难问题，还有贫穷人口的人格与适应问题（诸如经济、子女教养、身心适应、社会关系及角色负荷等问题），其中经济问题及子女教养问题是单亲家庭普遍面临的问题。而低收入单亲女性的生活调适，大多呈现出单亲初始阶段的第一、二年是难熬的；单亲后的现阶段调适过程中，随着时间的推移，自我调适及外在资源介入的支持与协助，是影响贫穷单亲生涯调适的重要因素；对未来的计划，则呈现出消极的宿命观，大多抱持着悲观的态度面对未来，并且不再婚，同时将希望寄托子女身上，另有少数发展出未来报复社会的动机。

（一）适应的概念

适应的概念可分为狭义和广义。狭义的适应更多地表现为一种无意识的适应过程，是指经历心理创伤后的个体采用自我防卫机制来减轻压力，恢复心理平衡的过程；而广义的适应是指当外部环境发生变化时，个体有意识的通过自我调节系统做出有效反应，使自己的潜能得以充分发挥，使内外环境重新恢复平衡的心理过程，带有更明显的自主性。此外，适应还可从生物学、心理学及社会学领域来解释。

1. 生物学的适应观

适应（Adaptation）一词最早起源于 Darwin 在 1959 所提出的生物进化理论

(二) 生活适应的界定及评估指标

罗杰斯认为一个能充分发挥功能的个人,是适应良好的最佳指标。因此,一个人若能做到自我意识觉醒、富有创造力、不为僵化标准所束缚、能充分地活在当下、让天赋潜能充分的表露、信任自己、有稳定的自我同一感、不矫揉造作、而价值观又与自己的言行相统一,并将生活视为一种历程或连续蜕变的状态去经验,且随着时间的转移,个人能获得充分的发展,如此就是最佳的生活适应状况(魏敏丽,黄德祥,1995)。

Livson 和 Peskin(1967)指出良好的生活适应具有以下几方面的特征:(1)有亲切感,富有同情心;(2) 了解自己的动机与行为;(3) 行为合乎道德标准;(4) 对广泛的人际关系具有社会性的知觉;(5) 可靠负责;(6) 具有生产性,凡事都能成功;(7) 在乎他人对自己的行为印象;(8) 能以积极的态度与他人相处(汤梅英,1984)。

Arkoff(1968)亦将生活适应分为个人、家庭及婚姻适应等方面,并指出评估生活适应状况的指标包括 4 个方面:(1) 生活的感受:个人对目前所处情境能维持和谐关系,同时有幸福、满足的快乐感觉。(2) 自我关切:包括自我认同、自我接纳、自我尊重及自我开放等。(3) 自我实现:包括个人成长、个人成熟等。(4) 现实环境的适应:能够参加社会活动,并能从中获益,达到自身的期望。

吴武典(1978)认为一个具有良好生活适应的人,通常具有正向的自我概念,能适当的表示对他人的认同却又不因此失去自我,且能够面对并接受现实。而刘焜辉(1982)指出良好的生活适应必须符合两个条件:(1) 个体的需求得到满足,压力和紧张情绪得到消除;(2) 个体满足自身需求的方式或行为是社会所认可的。他又进一步指出衡量适应的 3 项标准具体为:(1) 行为是否有利于目标的达成;(2) 其行为是否积极而富有建设性;(3) 所产生的行为是否合乎社会要求。简单说来,若为满足自身所产生的行为是被社会所认可的,有利于达成目标,具有建设性意义,就是良好的适应。

国外学者 Kaplan 和 Stein(1984)则指出健康的适应必须能了解自己的需求;能尊重他人的需求;并富有弹性及对挫折的忍受力,能够了解自身所做选择的影响力。

综上所述,生活适应状况主要是从 4 个方面来评估:(1) 个人适应及生活适应是评价生活适应的两个维度。(2) 以心理健康标准作为生活适应的评价指标,其中包括正向及负向指标,前者包括亲密的人际关系、人际交往技巧、社会参与、工作满意、娱乐及适当的目标等;后者包括行为的不成熟、感情的不稳定、焦虑倾向、自卑倾向及神经症候群。(3) 从行为来评价生活适应状况,其中包括攻击、退缩、过度活动、自我中心行为、忧虑及反社会行为等。(4) 以认知及心理成熟度来评估个人的生活适应状况,主要涉及问题解决能力和决策力、家庭与朋友交往关系、个人胜任技巧、学习适应力、情绪适应力及价值判断力(蔡美淑,2003)。

而单亲女性的生活适应问题主要从以下几个层面进行评估:个人层面、社会层面及亲子沟通层面。其中,个人层面主要涉及个人评价、情绪困扰、经济问题以及与前夫及其家人交往等问题;社会层面主要包括与亲属、邻里以及社会的互动等问题;亲子沟通层面包括子女照顾、子女教养以及亲子互动关系等问题(贺正贞,2002)。

低收入单亲母亲是双重弱势群体,当生活发生改变,她们比一般家庭更难调整自己、适应生活。若能根据生活适应的衡量指标,了解低收入单亲母亲的生活适应状况,以提出相关的建议或政策,那样应该能够协助其改善生活适应状况。

二、低收入单亲女性生活适应研究的现实意义

全球的城市化进程,不仅影响了社会结构的改变,更影响了人们的日常生活及文化观念。其中,婚姻观念发生的变化最为明显(Adams & Coltrane, 2006; Ahmed, 2008),人们维持婚姻的压力减少,婚姻关系的解除也变得相对自由(Chun & Sohn, 2009),以至于各国的离婚率逐年增加(Ducanto, 2010)。而中国随着改革开放的深入与西方思潮的涌入,家庭及婚姻观念也发生了巨大的变化,加之社会的转型、社会舆论的宽松、女性教育水平的提高等等,皆不同程度促使离婚率上升。

近40年来,美国家庭结构逐渐发生了变化,离婚和未婚生育现象逐渐增多,其离婚率长期居高不下(汪国华,2007;Zhan & Pandey, 2004)。同时中国的离婚率也由2006年的1.37‰上升到1.46‰。虽然总体离婚率不高,但横向比较,差距较大,在经济发达的城市,如上海、北京、重庆等大城市,离婚率高达2‰,与发达国家接近(陈雯,2009)。随着离婚率的上升,单亲家庭所占的比例也逐渐增加(Lino, 1994),其中女性单亲家庭数量多于男性单亲家庭。对青岛市496个单亲家庭调查发现女性户主占有绝大多数,有433户,而男性户主仅有63户(姜志荣,夏禹波 & 纪丽华,2008);佛山市的统计数据也显示,女性单亲家庭占单亲家庭总数的79.05%(颜农秋,2004)。

单亲家庭是经历剧烈的家庭内部变化后形成的,其家庭内外关系发生了根本性的变化。在此过程中,每一位家庭成员的身心均已疲惫不堪,尤其是精神上受到了沉重的打击,出现了各种生活适应问题。社会学专家李银河认为,离婚对当事人的影响主要是精神、心理方面的,对经济与健康等方面的影响则在其次。离婚解除了夫妻间恶化的婚姻关系，但对于多数当事人来说，并没有因此减轻心理负担。相反，由于婚姻失败及社会挫折，心理压力增大而导致部分人心理失衡。同样，因丧偶而形成的单亲家庭，也经历着生活经验中最感压力及最难适应的事件。此外，因社会传统的婚姻及价值观念，未婚生育而形成的单亲家庭承受着社会给予的许多非议及猜忌。因此，不管何种原因形成的单亲家庭，其家庭成员特别是单亲母亲，由于需要单独面对各种生活上的困难，可能会陷入沉重的精神困境及情绪障碍中，紧张、焦虑、沮丧是他们的共同特征。

家庭结构与家庭的经济状况有直接的联系（许艳丽，董维龄，2008），单亲家庭不仅要面对家庭结构的变化，还可能面临家庭经济状况的变化。单亲家长由于情绪、家务等多种因素会直接影响工作，一方面，工作业绩受影响，可能导致下岗；另一方面，下岗后再就业也很困难，尤其是下岗的单亲女职工。下岗势必对家庭的经济状况产生影响，并进而影响到家庭生活和家庭关系。上海市对单亲家庭的研究显示：单亲家庭的年均收入为10534元，是双亲家庭收入的70%，而离异家庭即使加上所获得的年均子女抚养费，其家庭收入也仅为双亲家庭的62%，整体的收入水准较低（徐安琪，2003）。国内研究也指出单亲家庭中74.4%的单亲母亲面临着经济困难（王爱丽，初智巍，2009），且在成为单亲后的最初5年里最易陷入贫困（许艳丽，董维龄，2008）。因此，单亲女性不仅要面对家庭结构的重大变化，还可能面临家庭经济状况的变化，据调查，单亲女性经济状况相比男性处于劣势，因此，落入贫困的风险也比男性单亲要高。

除经济问题外，单亲家庭还需要面对子女教养问题。单亲家庭里只有父母中的一方，所有的事情都要一人承担，既要工作，又要照顾孩子，时间和精力都有限，因此很难有较多的时间和精力去教育孩子。此外，单亲家长有时会把工作中的烦恼、怨恨及焦躁情绪带回家中，拿孩子当出气筒，对孩子大吼大叫，甚至动手打孩子。一般来说，单亲家长更希望自己的孩子将来比其他孩子有出息，所以在学习方面对孩子的要求更高，甚至近于苛刻。然而，有些单亲子女因为心灵受到创伤，精神不振，情绪不高，在行为上可能会变得无所适从；对于学习，精神不集中或不感兴趣，成绩不理想，这样就会遭到单亲家长的训斥，从而增加了孩子的心理压力，不利于他们的健康成长，容易使他们走向极端。而有的单亲家长认为家庭的变故是由于自身的原因，把责任都揽在自己身上，设法给孩子多一些感情上的补偿，他们把所有的爱和希望都放在孩子身上，孩子要什么他们就给什么，对孩子提出的要求尽量给予满足，这种偿其厚爱的教育方法实际是溺爱孩子。因此，采用何种教育方式教育子女是单亲家长普遍遇到的问题。

国外对单亲母亲家庭的研究涉及范围较广，例如子女适应问题、经济问题、单亲母亲的适应问题等等；而国内对单亲母亲家庭的研究大部分都只涉及单亲家庭的经济问题、生活问题等，在其他方面涉及的内容较少，特别是单亲母亲的生活适应问题更少。因此，了解我国低收入单亲女性的生活适应问题极为重要。对低收入单亲女性生活适应的调查能让研究者系统地了解她们的经济状况、子女教养、亲子互动及社会适应等。研究结果不仅能为我国测量低收入单亲母亲生活适应情况提供测量工具，而且能丰富我国对低收入单亲母亲生活适应的相关研究，并促进社会与家庭联手，共同营造有利于单亲母亲生活的环境，进而构建和谐社会。

三、生活适应的测量工具

生活适应的相关研究与测量因研究对象及研究内容的不同，而发展出不同的生活适应评估量表。纵观国内外的相关文献，生活适应量表主要集中于教育领域，本节将详细介绍部分普遍使用的生活适应量表。

（一）儿童社会生活适应量表

儿童社会生活适应量表由王永丽、林崇德及俞国良（2005）编制，该量表从亲社会行为、居家能力、情绪监控、生活自我管理、社会交往 5 个维度来测量儿童社会生活适应的发展，共计 34 道题目。该量表采用李克特（Likert）5 级评分法：完全不符合（0 分）——比较不符合（1 分）——不确定（2 分）——比较符合（3 分）——完全符合（4 分）。

该量表因素载荷在 0.36—0.76 之间，符合测验的要求，具有良好的结构效度。总量表的内部一致性系数为 0.85；亲社会行为、居家能力、情绪监控、生活自我管理、社会交往各维度的内部一致性系数分别为 0.87、0.86、0.78、0.58、0.56。从总体上看，该量表的信度是可以接受的。

（二）中学生社会适应型量表

中学生社会适应型量表由陈建文及黄希庭（2004）编制，亦为李克特五点量表。该量表由心理优势感、心理能量、人际适应性和心理弹性 4 个维度构成，共计 70 个题项。其中，心理优势感包括自信心、控制感和自主性 3 个成分；心理能量包括动力、能量和活力 3 个成分；人际适应性由乐群性、信任感、社会接纳性和利他倾向 4 个成分构成；而心理弹性则由自控性、灵活性、挑战性和乐观倾向 4 个成分构成。该量表的内部一致性的 Cronbach's α 系数及重测信度皆在 0.6 以上，说明具有良好的信度。

（三）学校生活适应量表（LASS　高中版）

张克文，李占江和邱炳武（2002）编制的学校生活适应量表（LASS 高中版)由5个维度构成,分别为:集体适应、自我接纳、同伴关系适应、学业适应和师生关系适应,共计40道题。该量表采用4级记分方式,“从来没有”记1分,“很少如此”记2分,“常常如此”记3分,“总是如此”记4分,得分越高,表明个体的学校生活适应状况越好。总量表及各维度的内部一致性系数介于0.71～0.84之间,分半信度介于0.73～0.85之间。这说明该量表具有较好的信度。

(四)学校生活适应量表(大学生版)

学校生活适应量表大学生版由邓颖琦与顾海根(2007)编制,所有项目均采用4级记分法,1分表示“从来没有”,2分表示“很少如此”,3分表示“常常如此”,4分表示“总是如此”,分数越高表明大学生学校生活适应越好。经项目分析及探索性因素分析,该量表包含4个维度,分别为:集体适应、师生关系适应、同学关系适应及学业适应,共计31个题目。该问卷的内部一致性系数在0.75～0.87之间,表明问卷的同质性较好;问卷的重测信度在0.76～0.81之间,表明问卷跨时间的稳定性较好。

(五)中国大学生心理适应量表(CCSAS)

2004年国家教育部组织专家方晓义、沃建中及蔺秀云编制的中国大学生心理适应量表(China College Student Adjustment Scale,CCSAS),包含人际关系适应、学习适应、校园生活适应、择业适应、情绪适应、自我适应和满意度7个因子;该量表由60个题目组成,以标准分值反映受测者的适应状况,分值越高越佳。总量表的内部一致性系数高达0.93,人际关系适应为0.81,学习适应为0.82,校园生活适应为0.67,择业适应为0.74,情绪适应为0.74,自我适应为0.72,满意度为0.65,说明此量表具有良好的信度。

(六)大学生生活适应量表(SACQ)

Baker和Siryk(1984)编制的大学生生活适应量表(Student Adjustment College Questionnaire,SACQ)由4个维度构成,分别是:社会适应、情绪适应、学校适应及制度依赖,共计67道题。

(七)大学生适应型量表(CAS)

大学生适应型量表(College Adjustment Scale,CAS)由Anton和Reed于1991年编制,此量表为4点量表,采用从0分(完全不正确)到4分(完全正确)的4级记分法,用于评估大学生的焦虑、抑郁、自杀倾向、物质滥用、自尊问题、人际关系问题、家庭问题、学业问题及职业问题9个方面的问题,共计108道题。该量表的内部一致性系数及9个维度的内部一致性系数介于0.80和0.92之间,平均为0.86。这表明该量表具有良好的信度。

（八）单亲女性生活适应量表

单亲女性生活适应量表由吕美红（2001）编制，该量表包含个人适应、社会适应及家庭适应3个维度，采用李克特（Likert）5级评分方式，依序为：非常符合（1分）、不大符合（2分）、不确定（3分）、大部分不符合（4分）、非常不符合（5分），得分越低表示生活适应情况越好，反之则表示生活适应不良。该量表内部一致性系数为0.87，分量表之个人适应的信度系数为0.65，社会适应的信度系数为0.66，家庭适应的信度系数为0.89，说明该量表具有良好的信度。

四、低收入单亲女性生活适应量表的编制

为调查低收入单亲女性的生活适应状况，本研究自编生活适应量表——主要根据以往对单亲女性生活适应的研究，并结合半结构式访谈所获得的资料，编制低收入单亲女性生活适应量表。

（一）初始问卷的编制

低收入单亲女性生活适应问卷按如下程序编制：

1. 文献检索

本研究首先对国内外关于生活适应的文献进行较全面的检索，并且结合现阶段我国对低收入单亲女性的系列研究，初步确定我国低收入单亲女性生活适应的理论维度。

2. 半结构式访谈

在文献检索的基础上，结合对苏州市23名低收入单亲女性的半结构式访谈，重点关注其生活适应的具体内容，同时注意其描述自己生活适应状况所用的词汇等，并对这些信息进行归纳整理。

3. 预试问卷的编制

通过访谈与文献检索，了解低收入单亲女性生活适应的基本情况与特点，并根据Arkoff（1968）及贺正贞（2002）的研究结果编制。该量表采用李克特（Likert）5级计分方式，即同意为5分，较同意为4分，不确定为3分，较不同意为2分，不同意为1分，反向题计分则相反，要求低收入单亲女性根据自己的实际情况对问卷中涉及的问题进行回答。

为保证问卷的可读性，特别请有关语言学方面的学生与个别低收入单亲女性仔细阅读问卷的各个题目，将不易理解或存在歧义的题目标注出来，然后根据反馈结果将标注出的题目进行修改或删除。另外，请心理学有关专家对问卷的项目进行逐一审核，对意义相近或者重复的项目进行合并，确保各个项目间的相对独立性。最后确定问卷结构由35道题组成。

（二）正式量表的编制

1. 被试

本研究通过苏州市妇联及儿童福利基金会的协助，获得大苏州地区低收入户及单亲家庭的信息，并根据江苏省 2009 年家庭月收入最低标准，从中选取人均家庭月收入低于 850 元的单亲女性户主为调查对象。由于低收入单亲女性处于双重弱势，她们对于外界的评价非常敏感，一般不愿意暴露在公众面前，所以大部分不愿接受调查。研究者经由苏州市妇联协助，通过妇联与这些低收入单亲女性进行联系，取得她们的信任，说服她们接受调查。

（1）初测被试

本研究先进行了小规模的预试。以 35 个测题组成的测试问卷，对苏州地区的 200 名低收入单亲女性进行测试，回收问卷 188 份（回收率 85.5%），其中有效问卷 181 份（有效回收率 82.2%）。受访者中，年龄 41—45 岁者最多，占总数的 31.5%；在教育程度方面，初中文化者最多，大学（大专）及以上者最少，仅 16 人；且大部分单亲女性的家庭月收入处于 501—1000 元之间；单亲原因方面，以未婚者最少，仅占 2.2%（4 人）；40.3% 的低收入女性单亲时间为 2—4 年；被试中44.3% 的低收入单亲母亲没有得到补助；大部分低收入单亲女性单亲前都从事兼职工作，全职工作者较少，仅占 18.8%（34 人）；部分单亲母亲在成为单亲后工作类型发生了转变，但全职工作者的比例仍然较小，仅占 22.1%，表 7-1。

（2）正式施测被试

本研究在苏州市妇联的协助下共发放 400 份问卷进行正式施测，实际回收 312 份（回收率 78%），剔除无效问卷后，回收有效问卷 271 份（有效回收率 67.8%）。填答者中，年龄以 41—45 岁的人最多，有 82 人（占 30.3%），46 岁以上仅有 55 人（占 20.3%）；在教育程度方面，初中文化者最多（占 46.9%）；在家庭月收入方面，大部分都处于 501—1000 元之间（占 42.4%），其收入水平较低；在单亲原因方面，以离婚者最多，共计 152 人（占 56.1%）；大部分单亲女性的单亲时间较久，处于 2—4 年；被试中 34.7% 的低收入单亲母亲没有得到补助，说明我国政府对低收入单亲女性的经济扶持力度较小；大部分低收入单亲女性单亲前都从事兼职工作（占 77.1%），全职工作者较少，仅为 56 人（占 20.7%）；部分单亲母亲在成为单亲后工作类型发生了转变，全职工作的低收入单亲母亲有所增加，共计 138 人（占 50.9%），详见表 7-1。

表 7-1 低收入单亲女性基本资料

项目	选项	初测		正式施测	
		人数	百分比(%)	人数	百分比(%)
年龄	35 岁以下	45	24.9	71	26.2
	36—40 岁	48	26.5	63	23.2
	41—45 岁	57	31.5	82	30.3
	46 岁以上	31	17.1	55	20.3
	总计	181	100.0	271	100.0
教育程度	小学(文盲)	35	19.3	45	16.6
	初中	78	43.1	127	46.9
	高中(中专)	51	28.2	72	26.6
	大学(大专)及以上	16	8.8	26	9.6
	遗漏项	1	0.6	1	0.4
	总计	181	100.0	271	100.0
家庭月收入	500 元以下	23	12.7	29	10.7
	501—1000 元	69	38.1	115	42.4
	1001—2000 元	63	34.8	91	33.6
	2001 元以上	22	12.2	29	10.7
	遗漏项	4	2.2	7	2.6
	总计	181	100.0	271	100.0
单亲原因	离婚	101	55.8	152	56.1
	丧偶	66	36.5	99	36.5
	分居	9	5.0	12	4.4
	未婚	4	2.2	6	2.7
	遗漏项	1	0.6	2	0.7
	总计	181	100.0	271	100.0
单亲时间	2 年以下	21	11.6	36	13.3
	2—4 年	73	40.3	101	37.3
	5—7 年	31	17.1	54	19.9
	8 年以上	48	26.5	68	25.1
	遗漏值	8	4.4	12	4.4
	总计	181	100.0	271	100.0
补助金额	无	80	44.2	94	34.7
	200 元以下	40	22.1	34	17.6
	201 元以上	56	30.9	65	33.7
	遗漏值	5	2.8	78	28.8
	总计	181	100.0	271	100.0

续表

项目	选项	初测		正式施测	
		人数	百分比(%)	人数	百分比(%)
单亲前工作类型	兼职	142	78.5	209	77.1
	全职	34	18.8	56	20.7
	遗漏值	5	2.7	6	2.2
	总计	181	100.0	271	100.0
工作转变情况	有	36	19.9	54	19.9
	无	110	60.8	160	59
	遗漏值	35	19.3	57	21
	总计	181	100.0	271	100.0
工作情况	无	40	22.1	59	21.8
	全职	92	50.8	138	50.9
	兼职	39	21.5	59	21.8
	遗漏值	10	5.5	15	5.5
	总计	181	100.0	271	100.0

2. 结果与分析

(1) 正态分布检验

对初测数据进行峰态及偏态的检验,参考 Noar(2003)建议,将偏态绝对值大于 1 或峰度绝对值大于 2 的题项删除,本测验的第 4 题未达到偏态绝对值大于 1 的标准,故删除;第 6 题未达到峰度绝对值大于 2 者,将其删除,详见表 7-2。

(2) 项目分析

首先,计算各题的 CR 值(Critical Ratio,临界比率值),即将各题得分从高到低排列,选取前 27% 为高分组,后 27% 为低分组,对两者平均数进行差异显著性检验,得到 CR 值,经统计,本测验的第 21 及 35 题的 CR 值未达到显著水平,其他题项均达到显著,表示鉴别力良好。

其次,计算各项与总分的相关,分析结果显示,本测验的第 6 题一项与总分的相关性较低,相关系数均低于 0.2,且本测验的第 35 题未达到 0.05 的显著性水平,因此这 3 题优先删除(详见表 7-2),共计删除 4 题,最终形成由 31 道题组成的低收入单亲女性生活适应问卷。

(3) 探索性因素分析

为了检验调查数据是否适合做因素分析,对数据进行 Bartlett 球形检验,检验值为 1388.62,$p=0.000$,说明各项目间有共享因素的可能性。同时,样本 KMO 为 0.73,说明样本大小适合进行因素分析。在因素分析部分,采用自主分群的方法，将旋转后因素负荷量未小于0.5者删除，共计删除8题，剩余23道题，分成六个维度，将其分别命名为“子女照顾”、“社会活动”、“人际关系”、“自身能力评价”、“个人适应”，“亲子沟通”，累积解释率为61.57%，详见表7-2。

表7-2　低收入单亲女性生活适应量表题目分析与效度分析结果

构面	题目	偏态	峰度	鉴别度	题总相关系数	因素载荷量	解释变异量
子女照顾	L17. 孩子放假时，无法配合假日活动。	−0.48	−0.42	8.18**	0.56**	0.80	13.93
	L15. 因工作关系，不能按时接送小孩上学、放学。	−0.63	−0.57	7.92**	0.56**	0.74	
	L16. 子女下课后的安排，常造成我的困扰。	−0.08	−1.12	8.65**	0.55**	0.77	
	L9. 因为工作关系，常无法抽出时间和孩子好好的相处。	−0.40	−0.64	9.75**	0.56**	0.61	
	L18. 即使孩子生病时，也因工作或经济状况不佳，无法好好地照顾他们。	−0.47	−0.70	9.32**	0.62**	0.68	
社会活动	L33. 会经常参加政府或民间单位组织的活动。	−0.28	0.17	2.12*	0.15*	0.85	10.88
	L32. 经常参加社区或妇联举办的各项活动。	−0.32	0.10	1.89*	0.15*	0.82	
	L31. 经常参加孩子学校举办的活动。	−0.39	−0.26	2.45*	0.16*	0.70	
	L34. 经常参加工作单位举办的活动。	−0.68	0.51	3.61**	0.30**	0.70	
人际关系	L24. 会与亲属经常保持联系。	−0.12	0.90	2.76**	0.32**	0.79	9.25
	L23. 常与父母联系；相互了解对方情况。	−0.55	1.05	4.97**	0.41**	0.74	
	L25. 我与街坊邻居常有往来。	−0.28	0.82	2.34*	0.34**	0.67	
自身能力评价	L2. 有能力负担家中的所有开销。	−0.11	−0.19	1.78*	0.25**	0.84	10.17
	L3. 我能够改变现况，让生活过得更好。	−0.57	−0.23	4.02**	0.38**	0.81	
	L11. 成为单亲后，烦恼减少，能更好地面对生活。	0.29	−0.49	2.42*	0.25**	0.70	
	L5. 可以通过自己的努力去解决单亲的困境。	−0.80	0.57	4.66**	0.40**	0.52	

构面	题目	偏态	峰度	鉴别度	题总相关系数	因素载荷量	解释变异量
个人适应	L1. 身为单亲又是低收入户,会觉得很丢脸。	0.45	-0.21	4.24**	0.34**	0.72	8.87
	L8. 因为双重弱势,常会情绪低落,觉得人生无望。	0.45	-0.01	4.43**	0.38**	0.69	
	L10. 会接受亲属在经济方面的支助,使生活过下去。	-0.60	-0.58	4.40**	0.48**	0.60	
	L14. 因经济能力欠佳,没有足够的能力照顾好子女。	-0.44	-0.91	7.18**	0.42**	0.62	
亲子沟通	L20. 觉得自己越来越不了解孩子心里在想什么。	-0.24	-0.55	5.90**	0.49**	0.79	8.48
	L19. 常会担心孩子在学校的表现及与同学的交往情况。	-0.83	0.63	6.13**	0.52**	0.71	
	L22. 成为单亲后,亲子之间的困扰增加了。	0.15	-0.76	4.97**	0.39**	0.67	
生活适应总量表							61.57

注: * $p<0.05$, ** $p<0.01$, *** $p<0.001$, p 为机率值(Prob-value)。

(4) 验证性因素分析

在探索性因素分析的基础上,为了进一步考察构想模型与实际模型的拟合度,本研究用最大似然法估计,依据删除后剩余的题目进行验证性因素分析,因子结构模型及标准化路径系数如图 7-1 所示。

在众多的拟合指标中,x^2 是最常报告的一个,它与自由度一起使用可以说明模型的正确率,x^2/df 是直接检验样本协方差矩阵和估计的协方差矩阵之间的相似程度的统计量,它的理论期望值是 1。x^2/df 越接近 1,表示协方差矩阵和估计的协方差矩阵之间的相似程度越大,模型的拟合性越好(冯廷勇,苏缇,胡兴旺,李红,2006)。在实际研究中,x^2/df 接近于 3,则认为模型的拟合性较好。在本研究中,x^2/df 的值为 2.21,小于 3,但 $p=0.00$,不符合适合度大于 0.05 的要求。同时,本研究中的 GFI、CFI、AGFI 的值分别是 0.86、0.86、0.82,未达到大于 0.9 的标准;且 RMSEA 的值为 0.07,也未达到小于 0.05 的标准,见表 7-3,说明该模型需进一步修正。

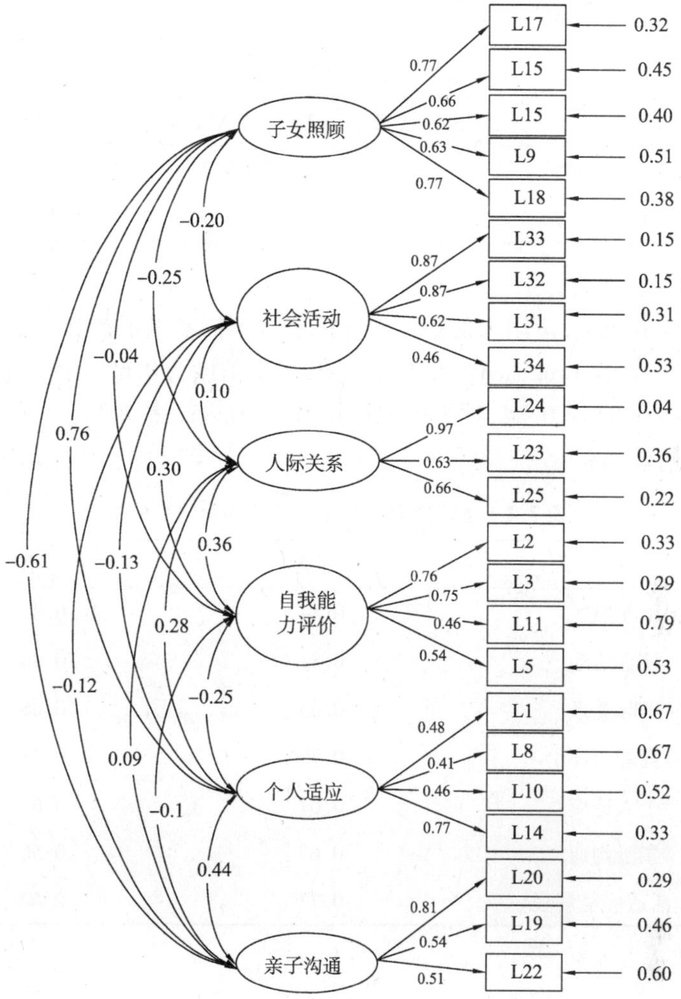

图 7-1　低收入单亲女性生活适应的五因素的标准化路径图

再根据 AMOS 7.0 的输出结果中所提供的模型修正指数对原模型进行修正，以寻求更为拟合的模型。修正后的模型拟合指数见表 7-3。调整后的模型数据的各项拟合指数分别是：x^2（N = 271）= 245.148（p = 0.004），x^2/df = 1.297，小于 2，虽然 p 值没有大于 0.05，但 x^2 会随着样本人数而波动，一旦样本数很大，几乎所有的模式都有可能被拒绝（张高宾，2009），且卡方值与自由度的比值若低于 3，则可视为适配。因此继续评估其他指标，结果显示适配度指标 GFI = 0.93，大于 0.9，绝对吻合指数 AGFI 为 0.90，比较适配指数 CFI 为 0.97，标准拟合指数 NFI 为 0.90，可以看出 GFI、AGFI、CFI 等拟合指数的值大都大于或等于 0.9；RMSEA 为 0.02，小于 0.05，见表 7-3，说明模型的指标较好地拟合6因素模型,可见本量表具有理想的建构效度。

表7-3　模型拟合指数

模型	x^2	df	x^2/df	GFI	AGFI	NFI	CFI	IFI	RMSEA
修正前	438.79	199	2.21	0.86	0.82	0.78	0.86	0.86	0.07
修正后	194.66	171	1.297	0.93	0.90	0.90	0.97	0.99	0.02

5. 问卷的信度分析

在信度分析上,运用内部一致性分析及折半信度以了解其信度水平,结果发现:内部一致性Cronbach's系数为0.77,折半信度为0.62。各分量表的α系数的范围在0.67至0.84,折半信度在0.56至0.85(表7-4)。说明该量表达到良好的信效度。

表7-4　生活适应之总量表及各构面信度分析

	α系数	折半信度
子女照顾	0.84	0.85
社会活动	0.81	0.84
人际关系	0.83	0.66
自我能力评价	0.73	0.71
个人适应	0.67	0.63
亲子沟通	0.67	0.56
生活适应总量表	0.77	0.62

(三)讨论

1. 编制低收入单亲女性生活适应问卷的必要性

国内外关于生活适应的量表大部分都是为测试学生的生活适应而编制的,而关于低收入者,尤其低收入单亲女性生活适应的量表是少之又少。因此,编制一份关于低收入单亲女性生活适应的量表是十分必要的。为了解我国低收入单亲女性生活适应情况,量表的编制必须立足于我国文化及低收入单亲女性的特点。低收入单亲女性量表的编制能够为日后相关的研究提供有效保障和科学依据。

2. 低收入单亲女性生活适应量表的有效性

本研究根据国内外有关单亲女性生活适应的理论维度及访谈内容,提出了关于低收入生活适应的3个维度,即个人适应、亲子适应及社会适应。探索性因素分析的结果显示,本量表可分为6个因素,即为子女照顾、社会活动、人际关系、自我能力评价、个人适应和亲子沟通。其中，子女照顾与亲子沟通综合反映了低收入单亲母亲的亲子关系；社会活动、人际交往综合反映了低收入单亲母亲与亲属、邻里及社会间的互动；而自我能力评价及个人适应则综合反映了其个人评价、情绪困扰及对生活的忧虑。具体而言，子女照顾反映了低收入单亲母亲与子女的互动及对子女的关注；亲子沟通反映了低收入单亲母亲与子女间思想及感情的传递；社会活动反映了低收入单亲母亲参加政府、社会福利机构及工作单位所组织的活动情况；人际交往情况则反映了低收入单亲母亲与亲友、邻居等的互动；自我能力评价反映的是低收入单亲母亲对自己的能力、状态和发展趋势的评价；个人适应指低收入单亲母亲对自己的身心状况以及自己所处的地位的认识和评价。

虽与构想的结构有所区别，但原先预想的大部分题目仍归结在一起，各题项的因素负荷量均大于0.50，总方差解率为61.57%，每一个因素含义清楚，解释性强，表示该量表具有较好的结构效度。并且总量表及各分量表的同质信度及分半信度均在0.6以上，说明量表具有较好的信度。对测试结果的验证性因素分析结果表明，低收入单亲女性生活适应的6因素结构模型较好的拟合了观测数据，支持了探索性因素分析的研究结果。因此，本量表具有较好的信度与效度，适合测量我国低收入单亲女性的生活适应情况。

本章小结

本研究详细介绍了国内外普通使用的生活适应量表。具体而言，有儿童社会生活适应量表、中学生社会生活适应量表、学校生活适应量表（LASS 高中版）、学校生活适应量表大学生版、中国大学生心理适应量表（CCSAS）、大学生生活适应量表（SACQ）、大学生适应型量表（CAS）及单亲女性生活适应量表等。

本研究自编的低收入单亲女性生活适应量表用于评估低收入单亲女性的生活适应情况，该量表包括子女照顾、社会活动、人际关系、自身能力评价、个人适应及亲子沟通六个维度。总量表及各分量表的内部一致性信度及折半信度均在0.6以上，说明量表具有较好的信度。

第八章　低收入单亲女性生活适应调查

女性单亲家庭的经济状况与男性单亲家庭的相比更为困难，陷于贫困境地的风险也比单亲男性要高（许艳丽，董维龄，2008）。除经济问题外，低收入单亲母亲因其女性角色，还会在就业、子女教养、住房等方面遭遇诸多困难和负担，客观上使其成为社会上急需救助的群体。面对生活困境，当社会救助不够时，低收入单亲母亲难免会出现生活适应问题，不利于其家庭的稳定与发展。可见，了解低收入单亲母亲的生活适应状况是非常重要、非常迫切的。为此，本章将着重介绍低收入单亲母亲的生活适应状况。低收入单亲母亲的生活适应问题包括个人适应、亲子适应及社会适应问题。其中，个人适应包括自我评价、情绪困扰、经济问题、工作适应、角色负荷、与前夫或异性交往、择偶及再婚适应等问题；亲子适应涉及子女照顾、子女教养及亲子互动关系等问题；社会适应包含与亲属、邻里、社会间的互动等问题。

一、低收入单亲女性生活适应现状分析

本研究采用自编的《生活适应量表》对低收入单亲女性生活适应状况进行量化研究，并以前期对苏州市 23 名低收入单亲女性访谈内容为量化研究的依据，从而了解其生活适应的状况。

（一）低收入单亲女性生活适应访谈报告

本研究通过深度访谈探讨低收入单亲母亲个人适应、亲子关系、社会人际关系的适应状况。

1. 低收入单亲母亲单亲后个人适应状况分析

绝大部分低收入单亲母亲表示她们能够坦然面对自己是贫困单亲母亲的事实。她们中的大部分人表示自始至终都是能适应的。比如单亲母亲 C 说：“我离婚是我自己提出来的，原来那个样子过还不如单亲好呢。”单亲母亲 B 也提到：“可以适应，在别人面前提到也不会觉得丢脸。”单亲母亲 U 也提到：“我一点也不，不会的，反而我觉得我比别人还更充实一点，更自信吧。”其中有小部分单亲母亲表示一开始并没有适应，会觉得不好意思，现在已经能适应了。比如单亲母亲 E 提到：“不会，没什么不好意思，习惯了就好了，刚开始会有点

不好意思，现在不会了。”

小部分单亲母亲表示她们不能适应，会觉得不好意思。比如单亲母亲 D 提到：“感觉自己没什么收入，总感觉比别人低一等的，总会感觉不好意思。”可见，大部分单亲母亲无法适应单亲后的生活并不是因为单亲，而是因为低收入。

2. 低收入单亲女性个人能力突破现况分析

只有小部分低收入单亲母亲认为能够通过自己的能力改善目前的生活，如单亲母亲 F 提到：“能，我相信以后会更好的。”单亲母亲 U 同样自信的说道：“靠自己的头脑和能力，一定能够改变我目前的生活状况。”

而大部分单亲母亲认为靠自己的能力是不能够突破现状的，突破现状只能靠子女。比如单亲母亲 A 提到：“总归是想过好日子的，但不会好过的，将来只能够等小孩大了。”单亲母亲 C 提到：“我不是很乐观，就希望以后女儿过得好的话，可以把我接过去享享福，对女儿的希望比较大。”单亲母亲 J 也认为：“蛮吃力的，过不上好的生活了，要是儿子以后能够出人头地，那以后的日子可能会过得好一点；要是我儿子不能够出人头地，那肯定没有好日子过的。”单亲母亲 P 也提到：“靠自己改变生活是不可能的，我只能靠靠女儿了，让她读书好一点，找个好工作来养我。”大部分低收入单亲母亲认为目前生活状况不能改变的原因具体有以下两个方面：

(1) 低收入单亲女性存在健康问题

部分低收入单亲母亲都患有疾病，医药费支出较大，且不能工作以增加收入。单亲母亲 A 提到：“现在我身体的情况不太可能改变。而且现在样样都要花钱买的。”单亲母亲 D 也提到：“我现在就是找不到合适的工作，再加上身体也不好，如果身体好的话，出去做一点事，对家里总归会好一点。”

(2) 低收入单亲女性的年龄问题

被调查的低收入单亲母亲中，部分单亲母亲因年龄太大而被用人单位拒绝。比如，单亲母亲 L 提到：“估计不行，现在这么大年龄了，没有工作可做，你让我怎么去突破呢?”单亲母亲 N 提到：“年龄大了，可能没办法了。”

3. 单亲对工作的影响分析

绝大部分单亲母亲认为单亲对工作没有影响。比如单亲母亲 A 提到：“我觉得没有什么关系的。”单亲母亲 L 也说道：“没有的，别人也没有因为这个而不要我工作的。”访谈中单亲母亲 O 也提到：“工作单位一般也不会因为单亲这个问题而不录用我的。”

小部分单亲母亲表示单亲对她们工作有影响。单亲母亲 R 提到：“要说影响也就是没有配合我时间的工作，若我出去工作了，就没有时间照顾孩子了。”

单亲母亲 T 也提到:“单亲,我觉得如果出去找工作,他们会有一点歧视的。”

4. 低收入单亲女性在单亲后的情绪适应

大部分单亲母亲认为单亲后她们很不快乐。比如单亲母亲 D 提到:“我好多年都不快乐了,前面我老公虽然没死,可是身体一直不好,再加上家里两个小孩,这么小,也要照顾,压力很大。”单亲母亲 J 提到:“他爸爸走了,也带走了我们全家的欢乐。”单亲母亲 K 说:“他走了生活怎么会快乐呢?这是不可能的!自己一个人带着孩子,当然会很辛苦的。”

(1) 大部分单亲女性认为自己很不快乐的具体原因如下:

① 照顾孩子,生活压力大。

很多低收入单亲母亲皆表示,成为单亲后,照顾家庭和孩子的负担加重了。比如,单亲母亲 Q 提到:“抚养儿子的责任没有人与我共同承担了,那时候我加班,我老公会在家里烧烧饭啊;不用像现在这样,我还要赶回来给儿子烧饭。关键就是现在一个人照顾孩子,里里外外都是一个人,挺辛苦的。”单亲母亲 P 也提到:“他爸爸走了,我负担重了。”

② 丈夫的离世。

除了面对单亲问题外,很多低收入单亲母亲表示丈夫的去世使她们更加痛苦,难以自我调节。Q、P、S 等单亲母亲表示在她们丈夫去世之后她们的烦恼更多了,因此她们现在很不快乐。比如单亲母亲 S 提到:“关键是遇事没有人商量,也没有人和我提那些建议了。”

而小部分低收入单亲母亲则认为,她们现在的生活比以前更快乐了。比如单亲母亲 C 提到:“我觉得比以前好,我觉得我更加开心了。”单亲母亲 F 说:“离婚前,夫妻关系不好,经常吵架,对小孩的发展不好;离婚以后,我的情绪、小孩的情况都比以前好了,我觉得离婚是对的。”

(2) 一部分单亲女性认为自己比以前快乐的具体原因如下:

① 部分低收入单亲女性的离异前压力较大,离异后,生活情况得到了改善。

比如,单亲母亲 R 说:“我丈夫以前赌博,高利贷或债主总会上门来闹事。离婚后,我就没有这些烦恼了,压力比较小,不用整天担惊受怕啦。”单亲母亲 C 也提到:“没离婚的时候,我三天两头就生气。离婚以后,不用每天都跟人吵架,精神也比以前好了,所以现在比较快乐。”

② 孩子的成熟。

随着孩子的成长,许多单亲母亲照顾孩子的压力也随之减少,所以她们的情绪适应也较好。比如,单亲母亲 T 提到:“孩子小的时候,感觉压力比较大,每天都有做不完的事情。现在孩子长大了,有的时候能够帮帮我,负担减轻了很多,也轻松了许多,所以现在的生活是比较快乐的。”

5. 单亲对亲子关系的影响

绝大部分单亲母亲认为单亲对亲子关系没有任何影响,与孩子之间的互动仍是非常多的。比如单亲母亲 E 提到:“影响倒没什么影响,沟通是经常沟通的,他爸爸在的时候也是经常沟通的,学校有什么事小孩都会告诉我的,自己的心事也会和我讲,从来不会不讲的。”单亲母亲 R 也提到:“这个没什么影响的,孩子都是我带大的,之前也没有怎么照顾孩子,孩子也是和我比较亲。有什么事情都会告诉我的,回到家里什么事情都会和我说的。”单亲母亲 S 说:“互动嘛,这点还好啊,小孩和我蛮亲的,经常聊聊天、说说话啊什么的。就是他不和我聊天说话,我也会找时间和他沟通,了解他的情况,像有时候考试有点失意的时候,我会找他散散步啊,谈谈心啊什么的,把他的忧虑给排解掉。”

小部分单亲认为单亲对亲子关系有一定程度的影响。比如单亲母亲 M 提到:“对我儿子影响太大了。单亲以后,我工作比较忙,而且我经常会在他休息的时候加班,我和孩子的互动、沟通比较少。”单亲母亲 P 也提到:“影响肯定是有的,生活过得太苦,不能给孩子提供比较好的条件。”

6. 单亲后的亲子交流分析

绝大部分单亲母亲表示自己的孩子会把学校的事情告诉自己。在访谈中,单亲母亲 H 提到:“孩子经常会把学校里发生的事情告诉我,如果平时忙的时候没来得及讲,到礼拜天都要和我讲,一直要讲一个多小时了,若不催他,他还要讲的。”单亲母亲 K 也提到:“我孩子回来就会把什么事情都跟我讲,像只小鸟一样在我身边叽叽喳喳个不停。”单亲母亲 U 说:“有时候开开玩笑,他们班级里发生什么事情、有什么笑话,孩子都会跟我说的。”

只有单亲母亲 A 与 Q 认为自己的孩子不会把学校的事情告诉自己。访谈中单亲母亲 A 提到:“现在,孩子不太会跟我讲学校里的事情。”单亲母亲 Q 也提到:“他现在大了,不怎么讲。”

7. 单亲后,低收入单亲女性对子女学习的关心程度

绝大部分单亲母亲表示她们会担心孩子的行为表现和学习成绩,而有的单亲母亲表示她们更担心孩子的健康问题。比如单亲母亲 B 提到:“现在孩子在外面上学,我会担心他,经常会问他学习怎么样啦,他的身体好不好等等。”单亲母亲 J 也说:“我比较担心她在学校不好好学习,上学、放学我一般都会接送她,我怕她在路上贪玩,磨时间。”单亲母亲 S 也提到:“我都会主动打电话联系老师,问问他的情况;或者有空的话,我也会去学校见见老师。这样,我就可以及时了解孩子的情况,看他哪个地方不足,及时去纠正他。”

只有单亲母亲 C、N 与 P 表示她们不会担心自己孩子在学校的成绩或行为

表现,但前提条件是她们子女的学习成绩或行为表现一直较好。比如,单亲母亲C提到:“这个我不怎么担心,孩子蛮乖的。读书,她自己很用功的,也不用我去管她的功课。”单亲母亲N说道:“我以前也没有担心过,不过我女儿属于那种开朗的人,发现单亲对她也没什么影响,所以现在也不担心。不过,我还是会打电话给老师了解情况的。”单亲母亲P也提到:“这个我不担心,他很乖巧的,很听话,性格也好,有什么事情也都会告诉我的。”

8. 单亲后亲子关系的变化情况分析

大部分单亲母亲表示在单亲前后,她们的亲子关系没有变化。比如单亲母亲G提到:“没有变化,离婚前后和女儿关系都蛮好的。”单亲母亲P也提到:“亲子关系没有变化,一直就蛮好的。”单亲母亲R也说道:“这个没有什么变化,我们一直这样,挺好的。”

只有四位单亲母亲表示单亲以后,她们与孩子之间关系比以前更加亲密了。比如单亲母亲B说:“比以前更好了。”单亲母亲E提到:“现在更好点了,沟通也挺好的,都会和我说。”单亲母亲I提到:“这只能说更近了点。”单亲母亲J也表示:“要说也就是关系更好了。”

9. 低收入单亲女性与自己父母、亲属的联系情况分析

绝大部分单亲母亲表示她们会与自己的父母、亲属保持联系,但主要是靠电话联系。

(1) 经常联系(每周1~2次)

其中绝大部分单亲母亲表示她们经常会与自己的父母与亲属联系。单亲母亲D提到:“我的兄弟姐妹每个星期都会跟我联系,了解一下我的生活情况;父母一般过一周会打个电话,不然我也会主动给他们(父母)打电话的,让他们了解我的近况,免得他们担心。”单亲母亲E说:“隔两三天就会跟我的父母或姐妹打一次电话。”单亲母亲F也提到:“我们常常联系的,一个星期最起码要打好几次电话,我哥我姐他们都要打的。”

(2) 偶尔联系(每月1~2次)

其中部分单亲母亲表示她们与自己的父母或亲属是偶尔联系的。访谈中单亲母亲J提到:“我父母都不在本地,也就是打电话联系,但也只是偶尔会打打电话。”单亲母亲O说:“亲属有联系的,他们偶尔会来我家里坐坐,看看我跟孩子的情况。”单亲母亲R也提到:“平时就打电话联系,一个月能打个两三次吧,他们也忙的,过年过节电话联系会多一点,一到过年都会叫我们回去。”

(3) 很少联系(好几个月一次)

有一小部分单亲母亲表示她们与自己的父母或亲属很少联系。比如单亲母亲A提到:“父母和亲戚比较忙,他们有空的时候才过来看我,一年最少五六

次。”单亲母亲 M 也提到:“我父母在外地,一年会来个一两趟,平时没什么大事也不联系的。”甚至还有两位单亲母亲表示她们不会与自己的父母与亲属联系。单亲母亲 P 提到:“我的亲戚家境都比较好,我家境不好,在家里没地位的,他们瞧不起我的,所以都不跟我联系的。一般情况下家里只有我和女儿,没有人来看我们的。”单亲母亲 Q 也提到:“我们单亲之后,他们和我们更不来往了。”

10. 与前夫的父母或其亲属的联系情况分析

被调查的低收入单亲女性中,绝大部分与前夫或其亲属不联系;只有部分低收入单亲母亲仍与前夫或其亲属保持联系,但联系的频率相对较少。这是非常不利于低收入单亲母亲扩大家庭资源的获取渠道,也不利于她们适应生活。

(1) 经常联系(每周 1 ~2 次)

被访对象中有小部分单亲母亲表示她们与前夫的父母或其亲属是经常联系的。访谈中,单亲母亲 B 提到:“孩子爸爸的亲戚每个月都会来看我们的,但主要是看老人和小孩。”单亲母亲 K 也提到:“我和孩子他爸的父母还有兄弟是住在一起的,基本上天天都有联系,平时他们也会照顾我们的。”单亲母亲 N 也提到:“他爸爸有姐妹八个,有两个就住在我们家隔壁,天天都能见的;其他的兄弟姐妹也会时常过来看我们的。”

(2) 很少联系(好几月一次)

但也有部分低收入单亲母亲表示她们好几个月才会与前夫的父母或其亲属联系。比如单亲母亲 D 提到:“我老公那边,隔几个月才会打电话来,联系的比我自己家的亲戚少一点。”单亲母亲 E 也提到:“他爸爸的妹妹也在苏州,所以平时联系得多一点,其他的亲戚都在江阴乡下的,平时不怎么联系,一年也就一两次,过年会见面。”

(3) 不联系

绝大部分单亲母亲表示她们与自己前夫的父母或亲属已经断绝联系。比如单亲母亲 A 说:“反正自从他们爸爸死了之后,他们那边的亲戚也没有来看过,看见我他们也不跟我打招呼。”单亲母亲 C 也提到:“从来就不联系。离婚以后,我们跟他爸爸那边的亲戚就不联系了,也没有见过面。”单亲母亲 O 也表示:“孩子生下来不久,我就跟他爸爸分开了,跟他们那边的亲戚没有什么感情,所以跟他们不联系的。”

11. 与邻居、朋友的联系情况分析

大部分单亲母亲表示她们会与自己的邻居、朋友或同事保持联系,但是其联系的情况各不相同。

(1) 经常联系

大部分单亲母亲表示她们与自己的邻居经常保持联系。比如单亲母亲A提到:"我们家的邻居蛮好的,一直要来看看我,而且跟他们说话的时候,他们也不会欺负我。"单亲母亲B说:"邻居联系的多一点。"单亲母亲N也提到:"我和邻居关系蛮好的,他们会经常过来串串门,关心一下我们。"

大部分单亲母亲表示她们会经常联系自己同事或朋友。比如单亲母亲C提到:"差不多一个月左右,我就会在网上或者打电话联系朋友和同事。"单亲母亲E也说:"我与同事或朋友联系比较多的,但主要是同事。"单亲母亲G也表示:"那都常联系的,平时也要在一起说说笑笑的,我们都住在这里,经常见面,经常联系的。"

(2) 很少联系

但也有小部分单亲母亲表示她们与自己的邻居很少联系。比如单亲母亲N提到:"我们家附近的邻居年龄都比较大,有时候很难沟通,所以不怎么联系。"单亲母亲E也提到:"邻居就只是见面打个招呼。"单亲母亲K表示:现在邻里的关系都很淡漠,都不怎么说话,顶多见面打个招呼,联系不是很多。

其中小部分单亲母亲表示她们偶尔会联系自己的同事与朋友。访谈中,单亲母亲R提到:"与朋友和同事是偶尔有来往,各人都有各人的家庭的,不可能经常联系的。"单亲母亲D也提到:"同事来自四面八方的,很少会有联系,朋友联系的也是比较少的。"

(3) 没有联系

部分单亲母亲表示她们与自己的邻居、同事或朋友不联系。比如单亲母亲R提到:"邻居嘛,苏州这边的人有些挺排外的,关系不怎么样。"单亲母亲S说:"住在宿舍,基本上都没有什么邻居的,现在都是家里面房门一关,外面的人基本上都不认识。"

12. 低收入单亲女性参加子女学校活动的情况

大部分单亲母亲表示她们经常会参加学校活动,但主要是学校举办的家长会。比如单亲母亲G提到:"我们参加的学校活动,除了家长会,没有别的了。"单亲母亲M说:"学校有什么活动都会参加,但一般需要我参加的也就是家长会,其他没什么活动。"单亲母亲N也提到:"像家长会我是要去参加的,除了这个也没有什么活动的。"只有单亲母亲C表示她不会参加学校的活动:"一般都是叫我姐去的。"

13. 低收入单亲女性参加社区活动的情况分析

只有部分单亲母亲表示她们会参加社区组织的活动。比如单亲母亲P提到:"我经常会去参加社区举办的活动,像去给老人泡泡茶,夏天去草地上拔拔草，有时候还要帮社区看垃圾桶。"大部分单亲母亲表示不会参加社区举办的活动。比如单亲母亲S提到："我基本上都没有参加过，是因为时间不够。"单亲母亲Q也说："我是不去的，我没有时间去参加。"单亲母亲F也说："这个我们都不参加的。"不参加活动的原因主要有以下几种：

（1）小区没有活动

大部分单亲母亲表示社区没有举办任何她们可参加的活动。比如单亲母亲A提到："小区没有活动。"单亲母亲R也提到："社区好像没有什么活动，我都不怎么参加的。"单亲母亲T也说："没有叫过我参加活动。"

（2）没有足够的时间

部分单亲母亲表示她们没有足够的时间去参加社区举办的活动。比如单亲母亲M提到："我一般都不去的，因为这些活动都是在节假日举办，而我们都要上班的。"单亲母亲S也提到："我基本上都没有参加过，时间不够。"

14. 有需要时寻求政府帮忙的情况分析

部分单亲母亲表示她们在遇到困难会主动找相应的政府机关帮忙。单亲母亲F提到："当家里碰到什么重大的自己不能克服的事情的时候，我就会去找政府——不过现在也没什么事情要去找他们。"单亲母亲N也提到："我如果困难的话，我肯定会找他们的。那天还跟他们说，我失业的话就要找他们（政府）了，不过现在家里的生活还过得去。"

大部分单亲母亲表示她们遇到困难时不会找相应的政府机关帮忙的。访谈中，单亲母亲A提到："我不去的，找他们也没有什么用处的。"单亲母亲B说："一般不会，觉得找他们也没有用的，而且这些事情等他批下来也要好久了。"单亲母亲C也提到："这个我不会去的，我觉得没有必要去找他们。"

15. 参加各种活动的变化情况分析

大部分单亲母亲表示她们参加各种活动的情况没有任何的变化。在访谈中，单亲母亲C提到："没有，以前怎么过，现在还是怎么过的。"单亲母亲K也提到："这个没有什么变化的，一直都是这样的。"单亲母亲L也说："没有什么变化，我以前参加什么活动，我现在还参加。"单亲母亲P也认为："没有什么变化，一直参加很少的。"

也有部分单亲母亲认为他们的活动与单亲前相比减少了。访谈中，单亲母亲R提到："这个肯定是很少了，关键是没有钱啊，现在我一心就是想照顾好女儿，希望她以后生活得好一点，也就没有时间去参加其他的活动了。"单亲母亲S也认为："肯定是少了。因为以前我的社交活动圈子也不大，现在的话我都得考虑，主要我是单亲的，我要顾虑到别人的感受，我不管人家在不在乎，我要自己考虑到，能不参加就不参加。有可能别人不会往这方面想，但我要想到，除非是非常要好的同事、朋友聚会我会参加，其他的我都基本上不参加。”单亲母亲U也提到：“社交活动肯定减少，聚会啊什么的会减少一点；有还是有的，但是要照顾孩子，没有那么多时间，工作也挺忙的。”

（二）低收入单亲女性生活适应问卷调查分析

1. 低收入单亲女性生活适应现况分析

本研究采用的是五点式计分方式，因此，根据问卷填答者在调查问卷中的得分，将平均数部分的表现水平区分为四组：平均数1～1.99为“低”、2～2.99为“中下”、3～3.99为“中上”、4～4.99为“高”。由表8－1得知，低收入单亲女性的生活适应23项总平均数为3.22，标准差为0.34；各分项之平均数及标准差分别为：“子女照顾”的平均数为3.17，标准差为0.73；“社会活动”的平均数为3.35，标准差为0.66；“人际关系”的平均数为3.73，标准差为0.64；“个人适应”的平均数为3.08，标准差为0.66；“自我评价”的平均数为2.94，标准差为0.63；“亲子关系”的平均数为3.21，标准差为0.68。六个分量表中，低收入单亲女性的“人际关系”最好，而低收入单亲女性的“自我评价”最低；这表示低收入单亲女性生活适应以“人际关系”最高，而对于“自我评价”这一点是值得仔细观察和推敲的。

表8-1　低收入单亲女性生活适应的基本叙述分析

研究变项	平均值 M	标准差 SD
（一）子女照顾（5）	3.17	0.73
（二）社会活动（4）	3.35	0.66
（三）人际关系（3）	3.73	0.64
（四）个人适应（4）	3.08	0.66
（五）自我能力评价（4）	2.94	0.63
（六）亲子关系（3）	3.21	0.68
低收入单亲母亲生活之总量表（23）	3.22	0.34

2. 低收入单亲女性生活适应各题项具体分析

现将分别探讨低收入单亲女性生活适应各目标题项的平均数及标准差，分述如下（参阅表8-2）。

（1）“子女照顾”之分量表

在此分量表中，低收入单亲女性对“因为工作关系，不能按时接送小孩上学、放学”的认同度最高（$M=3.26$，$SD=0.91$），其次是“孩子放假时，经常无法配合他们的假日活动”（$M=3,24$，$SD=0.90$），再次是“孩子生病时，也因工作或经济状况不佳，无法好好地照顾他们”（$M=3.16$，$SD=0.99$），接下来是“因

社会。

二、低收入单亲女性生活适应在人口变量上的差异

为进一步了解低收入单亲女性的生活适应情况，本研究统计检验以低收入单亲女性基本背景属性为独立变项，同时以单亲女性的生活适应为依变项，进行方差分析(The One-Way ANOVA)及 MANOVA 分析，其统计假设之分析流程如图 8-1 所示。

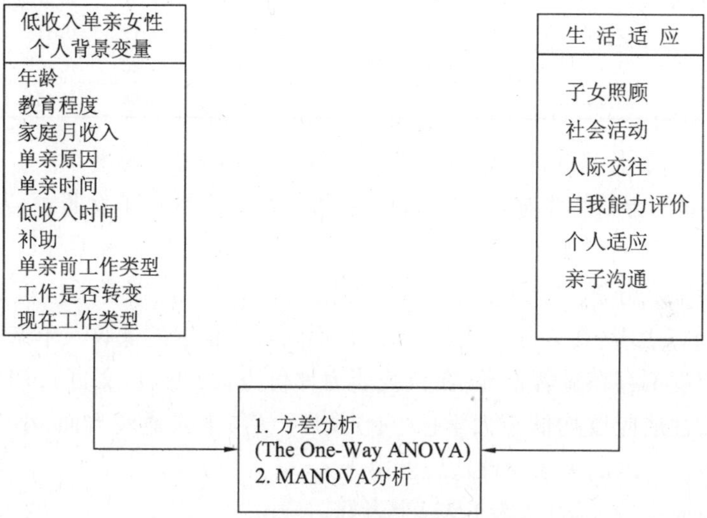

图 8-1 统计假设之分析流程图

(一) 低收入单亲女性人口变项在家庭资源管理构面的 MANOVA 分析

本段主要探讨不同低收入单亲女性的人口变项在生活适应各方面是有否显著差异。其中，低收入单亲女性的人口变项分别为年龄、教育程度、家庭月收入、单亲原因、单亲时间、低收入时间、补助、单亲前工作类型、工作转变情况以及现在工作类型等 10 项。由于生活适应的构面彼此相关极高，因此使用 MANOVA 分析；而对于整体生活适应则使用单因子 ANOVA 分析，以检验其差异性，最后进行 *Scheffe* 比较。

1. 不同年龄之低收入单亲女性生活适应的差异分析

研究发现，低收入单亲女性因不同的年龄在社会活动分量表上产生显著差异($p<0.05$)，详见表 8-4。事后检验的分析结果表明，41—45 岁的单亲女性比 35 岁以下者社会活动参与的适应度要高。

表 8-4　不同年龄的低收入单亲女性在生活适应上的差异分析

因素名称	年	龄			F 值	P 值	Scheffe 比较
	a:35 岁以下 $N=71$	b:36—40 岁 $N=63$	c:41—45 岁 $N=82$	d:46 岁以上 $N=55$	Wilks'Lambda $=0.887, p=0.023$		
子女照顾	3.23	3.27	3.14	3.15	0.50	0.686	
社会活动	3.18	3.27	3.49	3.43	4.02	0.008	a < c
人际交往	3.63	3.62	3.73	3.73	0.06	0.638	
自我能力评价	3.21	3.08	2.99	3.15	1.51	0.212	
个人适应	2.84	2.96	3.01	3.01	1.19	0.313	
亲子沟通	3.12	3.25	3.27	3.19	0.80	0.495	
生活适应	3.19	3.23	3.25	3.26	0.54	0.655	

2. 不同教育程度的低收入单亲女性生活适应的差异分析

表 8-5 的分析结果显示，不同教育程度的单亲女性在子女照顾、人际交往、自我能力评价、个人适应和亲子沟通方面的适应度存在显著差异（$p<0.05$）。经事后检验之分析，在子女照顾适应方面，初中教育程度者适应度高于大学（大专）及以上者；在人际交往适应方面，不同教育程度的低收入单亲女性人际交往适应度不存在显著差异；在自我能力评价方面，小学（文盲），初中和高中的单亲女性适应度均低于大学（大专）及以上者；个人适应方面，小学（文盲）及初中教育程度的单亲女性适应度由于大学（大专）及以上者；亲子沟通方面，初中者适应度较大学（大专）及以上者好。

表 8-5　不同教育程度的低收入单亲女性在生活适应上的差异分析

因素名称	教育程度				F 值	P 值	Scheffe 比较
	a:小学（文盲）$N=45$	b:初中 $N=127$	c:高中（中专）$N=72$	d:大学（大专）及以上 $N=26$	Wilks'Lambda $=.803, p=0.000$		
子女照顾	3.10	3.36	3.08	2.90	4.82	0.003	b > d
社会活动	3.34	3.32	3.38	3.38	0.15	0.932	
人际交往	3.50	3.79	3.65	3.54	3.02	0.030	◎
自我能力评价	2.97	3.01	3.16	3.62	7.43	0.000	a < d, b < d, c < d
个人适应	3.07	3.05	2.88	2.56	5.73	0.001	a > d, b > d
亲子沟通	3.26	3.29	3.15	2.87	3.21	0.024	b > d
生活适应	3.19	3.29	3.19	3.13	2.43	0.066	

注：◎表示经 Scheffe 检验，任意两个群体间皆无显著差异。

3. 不同家庭月收入的低收入单亲女性生活适应的差异分析

研究结果表明（表 8-6），不同家庭月收入的低收入单亲女性在生活适应总量表及子女照顾、自我能力评价和个人适应分量表上均存在显著差异（$p<0.05$）。经事后鉴定发现，在子女照顾方面，家庭月收入 501—1000 元的低收

入单亲女性适应度高于家庭月收入2001元以上者；在自我能力评价方面，家庭月收入500元以下者的适应度低于其他月收入者；个人适应方面，501—1000元者生活适应相比月收入1001—2000元者生活适应度高。但在生活适应总量表方面，不同家庭月收入的低收入单亲女性生活适应情况经事后检验不存在显著差异。

表8-6　不同月收入低收入单亲女性在家庭资源管理上的差异分析

因素名称	月收入				F值	P值	Scheffe比较
	a:500元以下 N=29	b:501—1000元 N=115	c:1001—2000元 N=91	d:2001元以上 N=29	Wilks'Lambd =0.801, p=0.000		
子女照顾	3.30	3.34	3.08	2.88	4.91	0.002	b>d
社会活动	3.34	3.40	3.25	3.48	1.51	0.211	
人际交往	3.62	3.74	3.70	3.41	2.29	0.079	
自我能力评价	2.61	3.09	3.26	3.20	7.87	0.000	a<b,a<c,a<d
个人适应	3.16	3.06	2.82	2.72	5.28	0.002	b>c
亲子沟通	3.17	3.30	3.16	3.10	1.11	0.347	
生活适应	3.19	3.31	3.19	3.11	3.86	0.010	◎

注：◎表示经Scheffe检验，任意两个群体间皆无显著差异。

4. 不同单亲原因的低收入单亲女性生活适应的差异分析

表8-7的结果显示，不同单亲原因的低收入单亲女性在社会活动、自我能力评价和亲子沟通方面的适应度存在显著差异（$p<0.05$）。经事后比较发现，在社会活动方面，离婚的单亲女性的适应度较丧偶者差；在自我能力评价方面，离婚者的适应度高于丧偶者和未婚者；在亲子沟通方面，离婚、丧偶和分居的单亲女性适应度高于未婚单亲母亲。

表8-7　不同单亲原因的低收入单亲女性在资源管理上的差异分析

因素名称	单亲原因				F值	P值	Scheffe比较
	a:离婚 N=152	b:丧偶 N=99	c:分居 N=12	d:未婚 N=6	Wilks'Lambda =0.78,p=0.001		
子女照顾	3.19	3.20	3.517	2.70	1.81	0.15	
社会活动	3.24	3.52	3.22	3.29	4.63	0.00	a<b
人际交往	3.67	3.75	3.44	3.33	1.62	0.19	
自我能力评价	3.26	2.88	3.13	2.63	8.30	0.00	a>b,a>d
个人适应	2.90	3.02	3.21	2.96	1.39	0.25	
亲子沟通	3.18	3.27	3.44	2.56	2.80	.041	a>d,b>d,c>d
生活适应	3.22	3.25	3.33	2.90	2.38	0.07	

5. 不同单亲时间的低收入单亲女性生活适应差异分析

表8-8的研究结果表明，不同单亲时间的低收入单亲女性在个人适应和亲子沟通方面均存在显著差异（$p<0.05$）。经事后比较检验，在个人适应方面，单亲时间2年以下的单亲女性适应度较2年以上者差；在亲子沟通方面，单亲5—7年的单亲母亲适应度高于2年以下及8年以上者，同时，单亲2—4年者适应度优于8年以上者。

表8-8　不同单亲时间的低收入女性在生活适应上的差异分析

因素名称	单亲时间				F值	P值	Scheffe 比较
	a:2年以下 $N=36$	b:2—4年 $N=101$	c:5—7年 $N=54$	d:8年以上 $N=68$	Wilks'Lambda $=0.85$, $p=0.002$		
子女照顾	3.24	3.24	3.39	3.05	2.52	0.058	
社会活动	3.44	3.28	3.33	3.38	0.77	0.513	
人际交往	3.69	3.72	3.69	3.64	0.21	0.891	
自我能力评价	3.35	3.09	3.00	3.05	2.56	0.056	
个人适应	2.72	2.95	3.10	3.06	3.64	0.013	a<b,a<c,a<d
亲子沟通	3.13	3.29	3.41	3.04	4.02	0.008	a<c,b>d,c>d
生活适应	3.25	3.24	3.30	3.18	1.31	0.273	

6. 不同低收入时间的单亲女性的生活适应差异分析

由表8-9可知，不同低收入时间的单亲女性在个人适应方面存在显著差异（$p<0.05$）。经事后比较可知，低收入时间2年以下者个人适应较2年以上者更差，可知低收入时间越短，其个人适应越差。

表8-9　不同低收入时间的单亲女性生活适应差异分析

因素名称	低收入时间			F值	P值	Scheffe 比较
	a:2年以下 $N=28$	b:2—5年 $N=98$	c:6年以上 $N=44$	Wilks'Lambda $=0.89$, $p=0.074$		
子女照顾	3.18	3.18	3.25	0.13	0.876	
社会活动	3.43	3.44	3.37	0.20	0.819	
人际交往	3.70	3.69	3.71	0.02	0.979	
自我能力评价	2.96	3.01	2.91	0.31	0.736	
个人适应	2.77	3.08	3.20	4.55	0.012	a<b,a<c
亲子沟通	3.26	3.29	3.05	1.87	0.158	
生活适应	3.19	3.26	3.24	0.38	0.684	

7. 不同补助的低收入单亲女性生活适应的差异分析

由表8-10的研究结果可知，不同补助的低收入单亲女性在生活适应的社会活动、自我能力评价和个人适应方面存在显著差异（$p<0.05$）。经事后检验

发现，没有补助的低收入单亲女性在社会活动和个人适应方面的适应度低于有 201 元以上补助者，而在自我能力评价方面，无补助的低收入单亲女性适应度优于有补助者。

表 8-10　不同补助的低收入女性在资源管理上的差异分析

因素名称	补助金额			F 值	P 值	Scheffe 比较
	a:无 N = 94	b:200 元以下 N = 98	c:201 元以上 N = 44	Wilks'Lambda = 0.73, p = 0.000		
子女照顾	3.23	3.14	3.21	0.18	0.836	
社会活动	3.19	3.40	3.53	6.20	0.002	a < c
人际交往	3.60	3.71	3.70	0.50	0.607	
自我能力评价	3.24	2.78	2.91	8.99	0.000	a > b, a > c
个人适应	2.86	3.09	3.20	6.48	0.002	a < c
亲子沟通	3.20	3.30	3.25	0.31	0.734	
生活适应	3.20	3.21	3.28	0.95	0.387	

8. 单亲前不同工作类型的低收入单亲女性生活适应的差异分析

由表 8-11 可知，单亲前不同工作类型的低收入女性在生活适应的人际交往和自我能力评价方面存在显著差异($p < 0.05$)。经事后比较发现，单亲前兼职工作的单亲女性在人际交往的适应度均优于全职工作者，但其自我能力评价相对后者较差。

表 8-11　单亲前不同工作类型的低收入女性在资源管理上的差异分析

因素名称	单亲前不同工作类型		F 值	P 值	Scheffe 比较
	a:兼职 N = 209	b:全职 N = 56	Wilks'Lambda = 0.92, p = 0.001		
子女照顾	3.20	3.14	0.39	0.532	
社会活动	3.35	3.31	0.25	0.620	
人际交往	3.72	3.50	5.25	0.023	a > b
自我能力评价	3.18	2.77	18.61	0.000	a < b
个人适应	2.93	3.05	1.74	0.188	
亲子沟通	3.21	3.26	0.24	0.622	
生活适应	3.25	3.15	3.41	0.066	

9. 工作是否转变的低收入单亲女性生活适应的差异分析

由表 8-12 可知，工作转变情况的单亲女性在生活适应及各分量表上皆不存在显著差异($p > 0.05$)。就平均数而言，工作有转变的单亲女性在子女照顾和个人适应方面的适应度优于无转变者，而在社会活动、人际交往、自我能力评价、亲子沟通及整体生活适应方面适应度较无转变者差。

表 8-12　不同工作转变情况的低收入单亲女性在资源管理上的差异分析

因素名称	工作转变情况		F 值	P 值	*Scheffe* 比较
	a：有 $N=54$	b：没有 $N=160$	Wilks'Lambda =0.95，$p=0.080$		
子女照顾	3.28	3.17	1.03	0.312	
社会活动	3.30	3.37	0.45	0.504	
人际交往	3.62	3.72	1.04	0.308	
自我能力评价	3.01	3.20	3.54	0.061	
个人适应	3.07	2.89	3.25	0.073	
亲子沟通	3.07	3.20	1.31	0.254	
生活适应	3.22	3.24	0.10	0.749	

10. 现在不同工作类型的低收入单亲女性的生活适应差异分析

由表 8-13 可知，现不同工作类型的单亲女性在生活适应的自我能力评价和个人适应方面存在显著差异（$p<0.05$）。事后比较检验发现，在自我能力评价方面，现在无工作的单亲女性比兼职工作和全职工作者适应度差，同时兼职工作者适应度又高于全职工作者；在个人适应方面，无工作者适应度高于兼职工作者。

表 8-13　不同工作类型的低收入女性在资源管理上的差异分析

因素名称	现工作类型			F 值	P 值	Scheffe 比较
	a：无工作 $N=59$	b：兼职 $N=138$	c：全职 $N=59$	Wilks'Lambda =0.88，	$p=0.001$	
子女照顾	3.11	3.20	3.22	0.47	0.626	
社会活动	3.38	3.33	3.37	0.19	0.824	
人际交往	3.70	3.68	3.66	0.06	0.946	
自我能力评价	2.89	3.27	2.99	8.65	0.000	a < b，a < c，b > c
个人适应	3.12	2.86	2.94	3.85	0.023	a > b
亲子沟通	3.15	3.20	3.25	0.38	0.687	
生活适应	3.20	3.24	3.22	0.22	0.800	

（二）低收入单亲女性人口变项对生活适应交互作用分析

1. 年龄与月收入对低收入单亲女性生活适应交互作用分析

单亲母亲的生活适应情况受到其年龄与收入的影响（林意绿，2002；Amato & Partridge，1987），因此本研究将进一步分析月收入与年龄对低收入单亲女性生活适应的交互作用。

如表 8-14 所示，低收入单亲女性的年龄与月收入交互作用 F 值为 2.30^{*}，达到显著,即表示年龄与月收入对其生活适应具有交互作用。

表 8-14　年龄与家庭月收入对低收入单亲女性生活适应的变异数分析摘要

变异来源	平方和(*SS*)	自由度(df)	均方(*MS*)	*F* 检验
年龄	0.25	3	0.08	0.75
家庭月收入	0.68	3	0.23	2.08
年龄×家庭月收入	2.24	9	0.25	2.30*
误差	26.85	248	0.11	
总和	2785.16	264		

注：$*p<0.05$,p 为机率值(Prob-value)。

在交互作用的基础上,检验低收入单亲女性的年龄的简单效应分析,见表 8-15 和图 8-2 所示。

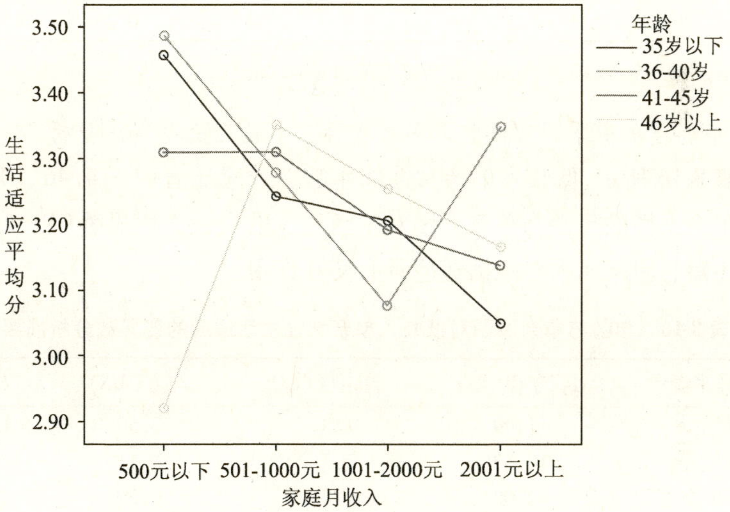

图 8-2　家庭月收入与年龄对生活适应交互作用图

年龄为 36 岁至 40 岁的低收入单亲女性中,家庭月收入 500 元以下的生活适应平均分为 2.94($SD=0.50$),而在 500—1000 元,1001—2000 元及 2001 元以上者的平均分依次为 3.29($SD=0.31$)、3.22($SD=0.20$)、3.0($SD=0.51$)。年龄为 36—40 岁低收入单亲女性的简单效应达到显著($F=2.88^{*}$),家庭月收入为 1000 元以下者生活适应优于家庭月收入 1001—2000 元者。而年龄为 41—45 岁的低收入单亲女性中,家庭月收入 500 元以下的生活适应平均分为 3.14($SD=0.31$),而在 500—1000 元,1001—2000 元及 2001 元以上者的平均分依次为 3.33($SD=0.29$),3.14($SD=0.38$),3.09($SD=0.32$)。年龄为 41—45 岁的低收入单亲女性其简单效应亦达到显著($F=6.81^{***}$),家庭月收入

500 元以下者生活适应较月收入 501 元以上者差。

表 8-15 月收入与年龄对低收入单亲母亲生活适应的单纯主要效果分析摘要表

变异来源	平方和(*SS*)	自由度(*df*)	均方(*MS*)	*F* 检验	*Scheffe* 比较
家庭月收入(C 因子)					
35 岁以下(a1)	0.49	3	0.16	1.41	
36—40 岁(a2)	0.93	3	0.31	2.88^{*}	c1 > c3, c2 > c3
41—45 岁(a3)	1.76	3	0.59	6.81^{***}	c1 < c2. c1 < c3
46 以上(a4)	0.24	3	0.08	0.58	
年龄(A 因子)					
500 以下(c1)	0.04	2	0.02	0.11	
500—1000 元(c2)	0.45	3	0.15	1.64	
1001—2000 元(c3)	0.09	3	0.03	0.31	
2001 元以上(c4)	0.23	3	0.08	0.35	

注：* $p<0.05$，*** $p<0.001$，p 为机率值(Prob-value)。

2. 年龄与单亲原因对低收入单亲女性生活适应交互作用分析

如表 8-16 所示,低收入单亲女性的年龄主效应显著($F=4.46^{**}$),同时,低收入单亲女性的年龄与单亲原因对生活适应的交互作用显著($F=2.58^{*}$),即表示年龄与单亲原因对生活适应具有交互作用。

表 8-16 年龄与单亲原因对低收入单亲女性生活适应的变异数分析摘要

变异来源	平方和(*SS*)	自由度(*df*)	均方(*MS*)	*F* 检验
年龄	1.49	3	0.50	4.46^{**}
单亲原因	0.32	3	0.11	0.95
年龄 × 单亲原因	2.02	7	0.29	2.58^{*}
误差	28.43	255	0.11	
总和	2837.55	269		

注：* $p<0.05$，** $p<0.01$，p 为机率值(Prob-value)。

在交互作用的基础上,检验低收入单亲女性的单亲原因的简单效应分析,如图 8-3、表 8-17 所示。

年龄为 35 岁以下的低收入单亲女性中,离婚者的生活适应平均分为 3.23 ($SD=0.29$),而丧偶、分居和未婚者的平均分依次为 3.23($SD=0.31$)、3.07 ($SD=0.13$)、2.48($SD=0.78$)。年龄在 35 岁以下的低收入单亲女性简单效应达到显著($F=5.91^{**}$),离婚、丧偶和分居的低收入单亲女性生活适应均优于未婚母亲。

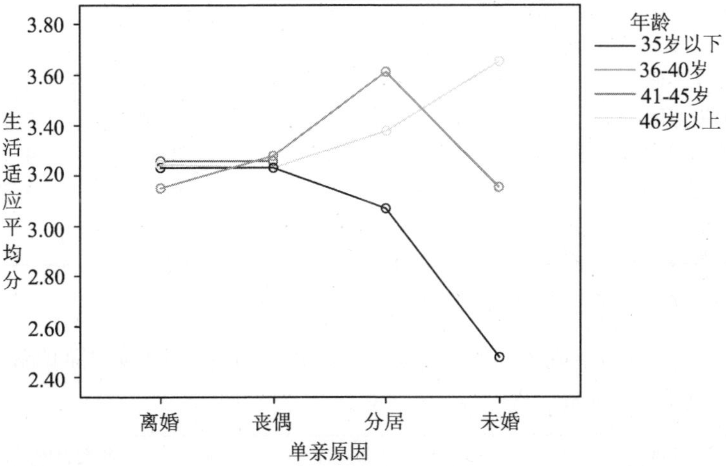

图 8-3 单亲原因与年龄对生活适应交互作用图

表 8-17 年龄与单亲原因对低收入单亲女性生活适应的单纯主要效果分析摘要表

变异来源	平方和(*SS*)	自由度(df)	均方(*MS*)	*F* 检验	Scheffe 比较
年龄(A 因子)					
离婚(m1)	0.22	3	0.07	0.70	
丧偶(m2)	0.03	3	0.01	0.09	
分居(m3)	0.66	2	0.33	3.85	
未婚(m4)	1.23	2	0.61	1.45	
单亲原因(M 因子)					
35 岁以下(a1)	1.70	3	0.57	5.91**	m1 > m4, m2 > m4, m3 > m4
36—40 岁(a2)	0.85	3	0.28	2.58	
41—45 岁(a3)	0.22	3	0.07	0.68	
46 以上(a4)	1.32E-005	1	1.32E-005	0.00	

注：** $p<0.01$，p 为机率值(Prob-value)。

3. 单亲原因与教育状况对低收入单亲女性生活适应交互作用分析

低收入单亲女性因单亲原因或教育状况的不同而产生不同的态度、感受或自身能力的评价，有关研究证明自身态度、评价等对生活适应有着重要影响，故在此分析单亲原因与教育状况对其生活的交互作用。

如表 8-18 所示，低收入单亲女性的单亲原因主效应显著($F=3.90^{**}$)，教育程度亦显著($F=4.38^{**}$)。同时，低收入单亲女性的单亲原因与教育程度对生活适应的交互作用显著($F=3.56^{**}$)，即表示单亲原因与教育程度对生活适应具有交互作用。

表 8-18　单亲原因与教育程度入对低收入单亲女性生活适应的变异数分析摘要

变异来源	平方和(*SS*)	自由度(*df*)	均方(*MS*)	*F* 检验
单亲原因	1.24	3	0.41	3.90**
教育程度	1.39	3	0.46	4.38**
单亲原因×婚姻程度	3.01	8	0.39	3.56**
误差	26.91	254	0.11	
总和	2837.55	269		

注：** $p<0.01$，p 为机率值(Prob-value)。

在交互作用的基础上，检验低收入单亲母亲的单亲原因的简单效应分析，如图 8-4、表 8-19 所示。

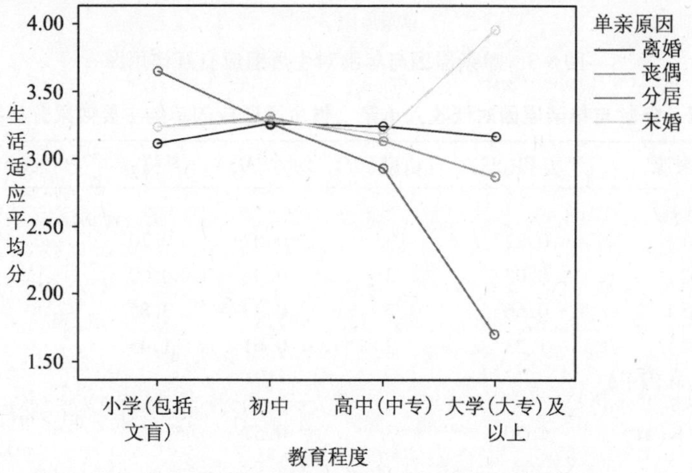

图 8-4　单亲原因与教育程度对生活适应交互作用图

表 8-19　单亲原因与教育状况对低收入单亲女性生活适应的单纯主要效果分析摘要表

变异来源	平方和(*SS*)	自由度(*df*)	均方(*MS*)	*F* 检验	Scheffe 比较
单亲原因(M 因子)					
小学(文盲)(e1)	0.40	2	0.20	1.18	
初中(e2)	0.04	3	0.01	0.14	
高中(中专)(e3)	0.37	3	0.12	1.33	
大学(大专)及以上(e4)	2.84	3	0.95	16.36***	m1<m3，m1>m4，m2<m3，m3>m4
教育状况(E 因子)					
离婚(m1)	0.48	3	0.16	1.53	
丧偶(m2)	0.55	3	0.18	1.72	
分居(m3)	0.48	2	0.24	2.28	
未婚(m4)	2.15	3	0.72	4.10	

注：*** $p<0.001$，p 为机率值(Prob-value)。

教育程度为大学(大专)及以上者中,离婚者的生活适应平均分为3.17($SD=0.24$),而丧偶、分居和未婚者的平均分依次为2.87($SD=0.00$)、3.96($SD=0.00$)、1.70($SD=0.00$)。教育程度为大学(大专)及以上的低收入单亲母亲的简单效应达到显著($F=16.36^{***}$),分居者的生活适应优于其他单亲原因者,而未婚者生活适应与其他单亲原因生活适应相比最差。

4. 家庭月收入与单亲原因对低收入单亲女性生活适应交互作用分析

如表8-20所示,低收入单亲女性的家庭月收入主效应显著($F=8.15^{***}$),单亲原因亦显著($F=6.59^{***}$),同时,低收入单亲女性的家庭月收入与单亲原因对低收入单亲女性的生活适应具有显著的交互作用($F=2.40^{*}$)。

表8-20 家庭月收入与单亲原因对低收入单亲女性生活适应之变异数分析摘要

变异来源	平方和(*SS*)	自由度(df)	均方(*MS*)	*F*检验
家庭月收入	2.60	3	0.87	8.15^{***}
单亲原因	2.10	3	0.70	6.59^{***}
家庭月收入×单亲原因	2.03	8	0.25	2.40^{*}
误差	26.23	247	0.11	
总和	2765.56	262		

注:$**p<0.01$,$***p<0.001$,p为机率值(Prob-value)。

接下来在交互作用的基础上,检验低收入单亲女性的单亲原因的简单效应分析如图8-5如、表8-21所示。

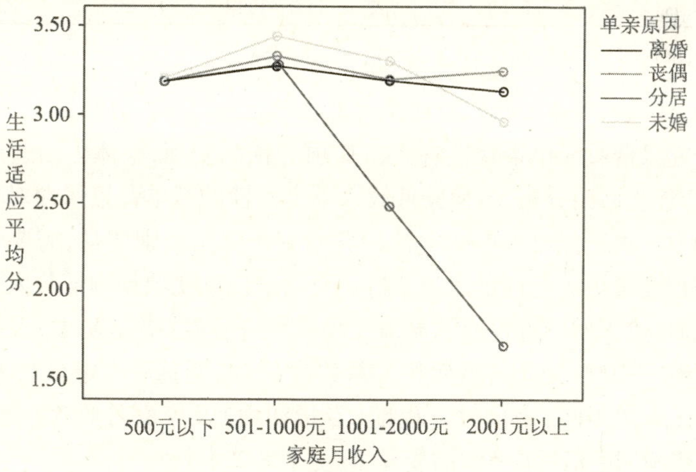

图8-5 家庭月收入与单亲原因对生活适应交互作用图

月收入为2001元以上的单亲母亲中,离婚者的生活适应平均分为3.13

($SD=0.35$)，而丧偶、分居和未婚者的平均分依次为 3.25($SD=0.45$)、2.96($SD=0.00$)、1.70($SD=0.00$)。月收入为 2001 元以上的低收入单亲女性的简单效应达到显著($F=5.00^{**}$)，其中离婚、丧偶和分居者生活适应度高于未婚者。

同时，检验低收入单亲女性的家庭月收入的简单效应分析，单亲原因为未婚的单亲母亲中，月收入 500 元以下者的生活适应平均分为 3.30($SD=0.27$)，而月收入为 501—1000 元、1001—2000 元、2001 元以上者的平均分依次为 2.48($SD=0.00$)、1.70($SD=0.00$)，2.90($SD=0.71$)。单亲原因为未婚的低收入单亲女性的简单效应达到显著($F=15.89^{*}$)，月收入 501—1000 元的单亲女性生活适应优于 1001—2000 元者。

表 8-21　家庭月收入与单亲原因对低收入单亲女性生活适应的单纯主要效果分析摘要表

变异来源	平方和(SS)	自由度(df)	均方(MS)	F 检验	Scheffe 比较
单亲原因(M 因子)					
500 以下(c1)	0.01	2	0.01	0.01	
500—1000 元(c2)	0.19	3	0.06	0.68	
1001—2000 元(c3)	0.55	3	0.18	1.98	
2001 元以上(c4)	2.20	3	0.73	5.00**	m1 > m4，m2 > m4，m3 > m4
家庭月收入(C 因子)					
离婚(m1)	0.37	3	0.12	1.16	
丧偶(m2)	0.45	3	0.15	1.45	
分居(m3)	0.25	3	0.08	0.58	
未婚(m4)	2.28	2	1.14	15.89*	c2 > c3

注：$*p<0.05$，$**p<0.01$，p 为机率值(Prob-value)。

(三) 低收入单亲女性人口变项对其生活适应的预测力分析

本研究以低收入单亲女性各人口变项为预测变项，整体生活适应为效标变项，进行逐步回归分析，以检验低收入单亲女性的基本背景属性对其生活适应的预测力。由于低收入单亲女性的背景变量都是类别变量，需要先将它们转换为虚拟变量再进行逐步回归分析。而六个预测变项预测低收入单亲女性生活适应时，进入回归方程式的显著变项有教育程度(专指初中)及家庭月收入(专指 501—1000 元)，其多元相关系数为 0.23，调整后决定系数为 0.05，F 值为 7.24($p<0.01$)，表示教育程度(专指初中)及家庭月收入(专指 501—1000 元)能预测生活适应 5% 的变异量(见表 8-22)。

以标准化回归系数 β 来看，家庭月收入(专指 501—1000 元)为 0.12($t=2.76$，$p<0.01$)达显著水平，表示家庭月收入 501—1000 元者对比家庭月收入

2001 元以上者，前者对低收入单亲女性的生活适应状况具有正向预测力；同时，教育程度（专指初中）为 0.08（$t = 1.97, p < 0.01$）达显著水平，代表教育程度为初中者对比教育程度为大学或大专及以上者，前者对于单亲女性的生活适应也具有显著的正向预测力，但两者预测力不高。

表 8-22 低收入单亲女性基本人口变项对其生活适应归分析摘要表

选出变项顺序	多元回归系数 R	调整后决定系数 R^2	增加解释量 ΔR	F 值	标准化回归系数(β)	T 值
家庭月收入（501—1000 元）	0.19	0.04	0.03	10.47	0.12	2.76**
教育程度（初中）	0.23	0.05	0.04	7.24	0.08	1.97*

注：$* p < 0.05$，$** p < 0.01$，p 为机率值（Prob-value）。

（四）本节讨论

1. 不同低收入单亲女性的背景变量对其生活适应情况存在显著差异

本研究结果表明，低收入单亲女性的生活适应状况因人口变量的不同而不同。此结果与林意绿（2002）及 Wang 与 Amato（2000）的研究结果相同，即单亲母亲的生活适应状况会因年龄、工作情况、经济情况及单亲原因而有所不同。

本研究发现，41—45 岁单亲母亲的社会活动优于 35 岁以下者。我国的政府机构或社会组织对于低收入单亲女性的关注度相对较高，时常举办一些针对这类人群的活动，而 41—45 岁单亲母亲由于年龄、教育程度、健康状况等问题，她们无正式工作或兼职工作，空闲时间较多，有较多的时间参加活动（徐安琪，2003；莫济榕，2006；Pamela, James & Andrew, 2009）。

教育程度方面，学历较高者的自我能力评价较高，而其子女照顾、亲子沟通及个人适应情况较差。学历较高者就业率较高，收入较高，拥有的资源也较多（Berry, Katras, Lee, Bauer & Sano, 2008；Jackson, Choi & Franke, 2009），能够正视并顺利应付生活中的困境，对将来的生活保持着乐观的态度，相信自身有能力改变现状，因此其自我能力评价较好（洪秀珍，2000；邹静宜，1993）。但同时受过大学教育者，因面临工作压力（Mcadoo，1995），在日常生活中时间有限（Blank, 2007），不能照顾子女，沟通时间较少，也不能接受家庭结构转变导致生活水平低于他人，因此其子女照顾、亲子沟通及个人适应情况较差。而学历较低者把希望寄托在子女身上，对子女的关注度较高（Indira, 2006），时常会向学校老师了解孩子的情况，因此其子女照顾情况较好，且她们对自身要求较低，生活状况有所改善就能满足，因此个人适应情况也较佳。

在月收入方面，收入较低者其自我能力评价较低，而子女照顾和个人适应较好，且交互作用分析结果显示，36—45岁低收入单亲女性中，家庭月收入越低者，生活适应情况越差；而在未婚的低收入单亲女性中，家庭月收入越低，生活适应情况却越好。此研究结果与Ihigher(1986)收入多寡与适应呈正比的研究结果部分相同。月收入较高者的自我认知较高，她们认为自己有能力改善生活，满足家庭需求，自我能力评价较好。而月收入较低者认为自己处于社会的底层，自认能力不足，且时常被他人歧视，自信心减弱(Son & Bauer, 2010)，导致其自我能力评价较低；36—45岁的单亲女性由于自身年龄较大，在社会竞争中处于劣势，造成该人群中的低收入者生活适应情况较差。但同时，月收入较高者对生活的期待较高，面对窘迫的生活，时常情绪低落(Smith, Broooks-Gunn, Klebanov & Lee,2008)；而收入较低者对生活的要求较低，存在一种“得过且过”的思想，心理压力较少，因此个人适应情况较好。并且收入低者因缺少工作机会(Carré, 2004)，有充分时间与子女进行沟通，能较好的配合子女的成长生活(Weigt & Solomon, 2008; Gibson-Davis, 2008)，所以子女及个人都较能适应家庭结构的转变；而收入高者可能因工作与照顾子女间存在冲突(Gemelli, 2008)，相对而言，其亲子关系也较差。

在单亲原因方面，离婚者的自我能力评价高于丧偶者，但社会活动参与度比丧偶者差。在知识经济社会中，女性的自我意识提升，除了经济独立外，她们更追求情感解放，当婚姻走到了尽头，她们会主动选择离婚(徐安琪,2007)，重新面对生活，融入社会，所以面对单亲生活，她们自我能力评价会较高(社会对离婚的评价)。生活适应与所受创伤的严重程度及恢复过程有关(Krumrei, Mahoney & Pargament, 2009)，丧偶者失去家庭主要劳动力后，经济来源减少，生活易陷入困境，且承受着巨大压力，在情感与物质双重缺乏的情况下，对自我能力评价较低。相对离婚者，丧偶者更能得到家人、亲属及社会的同情，而离婚者较易发生人际关系的冲突(Turner, 2006)，在婚姻关系结束后社交圈也相应变小，因此社会活动参与度较低。且交互作用分析显示，在35岁以下、教育程度为大学(大专)及以上的或家庭月收入2001元以上的低收入单亲女性中，未婚者的生活适应情况较差。而在教育程度为大学(大专)及以上者中，分居者的生活适应情况较好。

在单亲时间方面，单亲5—7年的女性较2年以下者个人适应较好，较8年以上者亲子沟通较好。单亲时间较久的母亲已适应单亲这一事实，并学会了如何排解不良情绪，自信心较佳，其生活压力也较小(陈惠君,1998)，因此个人适应情况较佳。而单亲8年以上者相比5—7年者亲子沟通情况较差，可能是因为单亲8年以上者其子女一般处于青春期，因青春期的孩子自我意识强，独立性逐渐增高，母亲对其支持降低，而同辈互动增加，相对而言与母亲的沟通减少（Hanna，Juarez，Lenss & Guthrie，2003；房超，方晓仪，2003），因此亲子关系会较差。

在低收入时间方面，低收入时间越短的单亲女性，其生活适应情况越差。相对低收入时间较长的单亲女性，低收入时间短者面对现况的心理承受能力相对较差，且短时间内不能适应现况，因此其适应情况较差。

在低收入补助方面，无补助的低收入单亲女性在社会活动和个人适应方面的情况较好，而在自我能力评价方面较差。此结果与Ihigher（1986）的研究发现不同，其研究结论是：生活适应状况与收入成正比。这可能是由于两者的调查对象及调查时间的不同造成的。

在单亲前不同工作类型方面，单亲前兼职工作的低收入女性的人际交往及自我能力评价优于全职工作者。单亲前兼职工作的低收入女性，工作较少，有较多的时间与他人进行交往，但其收入则相对较低，更是难以维持家庭生活，并逐渐对自身能力产生怀疑，因此其人际交往较好，自我能力评价较差。

在工作情况方面，全职工作者的自我能力评价高于无工作者或兼职者，而无工作者的个人适应优于全职工作者。社会支持及家庭资源的多少与工作有着密切的关系（Radey，2008），全职工作者因有稳定的收入，能负担家庭生活支出，养育子女，改善生活，所以对自我能力的肯定度较高，自我能力评价也较高。而无工作者能得到社会福利机构较多的情感关怀，有利于其改善情绪，积极面对生活，加之对自身的要求及评价较低，容易满足于目前的生活，因此个人适应较好。

2. 低收入单亲女性人口变量对其生活适应具有预测力

本研究发现低收入单亲女性的月收入与教育程度对其生活适应具有预测力。经济状况和受教育程度是影响单亲父母生活适应的最重要因素（Ihigner-Tallman，1986；Mcadoo，1995）。本研究中，月收入为500—1001元相比2001元以上者、教育程度为初中对比大学（大专）及以上者，每组对象的前者对贫穷单亲女性的生活适应更具有正向的影响力。这说明收入及学历越低者，生活适应度越好。学历与收入正相关（Steven，Zhan&Jeff，2006），学历低者收入也较低，她们在一定程度上能获得社会补助（Son & Bauer，2010），且她们生活要求较低，基本生活保障已能使她们得到满足，能够以积极乐观的态度面对生活，因此其适应情况较好。

三、家庭资源管理认知类型与生活适应关系分析

家庭结构与其经济状况有直接联系（Mondal，Khan，Chakma，& Hossain，2009；许艳丽，董维龄，2008），单亲家庭不仅要面对家庭结构的重大变化，还需

面临经济状况的变化,其中女性单亲家庭比男性单亲家庭经济资源的受损情况更严重(Martha & Yongwoo, 2006;王爱丽,初智巍,2009)。本节将详细介绍我国低收入单亲女性家庭资源管理类型和生活适应现况及其关系,扩大对家庭资源管理和生活适应的相关研究,并为后续的研究提供依据,也可为提高低收入单亲女性的生活适应提出相应的政策与建议。

(一)家庭资源管理类型

低收入单亲女性的家庭资源管理类型系根据一轴四类型法进行分类,系参考社会计量地位分类的概念(Coie & Dodge, 1988),使用“家庭资源管理的认知分数”(Family Resource Management, FRM)为分类的参考依据,这是家庭资源管理四个分量表分数的平均数。此法根据低收入家庭资源管理分数的z分数,把家庭资源管理的认知区分成四种程度,本法兼具使用便利、易于解析等优点,类型Ⅰ者(即对家庭资源管理的高认知者)所知觉的家庭资源管理能力最佳,类型Ⅳ者(为对家庭资源管理的低认知者)最差,详细分类标准和分类图见表8-23和图8-6。

表8-23　家庭资源管理认知“一轴四类型法”的分类及其标准

类型	标准	说明
Ⅰ	FRMz ≧ 1	对家庭资源管理的高认知者
Ⅱ	1 > FRMz ≧ 0	对家庭资源管理的中上认知者
Ⅲ	0 > FRMz > −1	对家庭资源管理的中下认知者
Ⅳ	FRMz ≦ −1	对家庭资源管理的低认知者

注:FRMz为FRM的z分数。

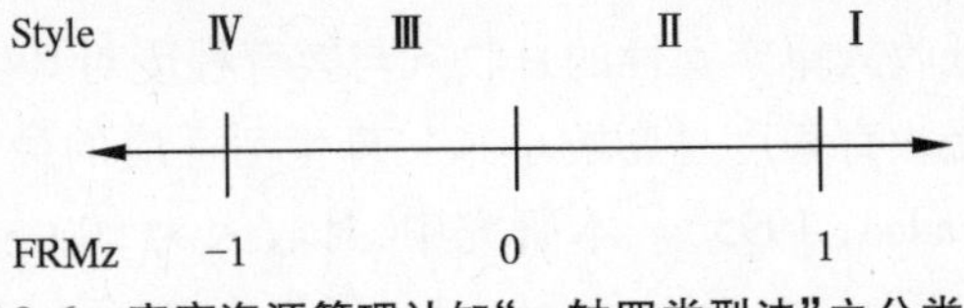

图8-6　家庭资源管理认知“一轴四类型法”之分类图

表8-24显示,低收入单亲女性其家庭资源管理类型分布上,以类型Ⅲ分布最多(42.8%),以类型Ⅳ分布最少(10.0%)。这表示,低收入单亲女性对家庭资源管理的认知处于中下程度者最多,而低认知者最少。

表 8-24　低收入单亲女性资源管理类型描述统计

类型	低收入单亲女性 $N=271$	
	人数(n)	百分比(%)
类型Ⅰ	37	13.7
类型Ⅱ	91	33.6
类型Ⅲ	116	42.8
类型Ⅳ	27	10.0

(二) 低收入单亲女性背景变量与其家庭资源管理类型之关系分析

由表 8-25 可知,不同教育程度、单亲原因的低收入单亲女性对家庭资源管理类型的认知存在显著差异。进一步分析可知,在教育程度方面,所有学历者皆以对家庭资源管理中下认知者(类型Ⅲ)最多。在单亲原因方面,离婚者主要为对家庭资源管理中下认知者(类型Ⅲ),而分居及丧偶者主要为中上认知者(类型Ⅱ),而未婚者主要是低认知者(类型Ⅳ)。

而不同年龄及收入水平的低收入单亲女性对家庭资源管理类型的认知无显著差异存在。在年龄方面,40 岁以下及 46 岁以上者多是对家庭资源管理处于中下认知者(类型Ⅲ),而 41—45 岁者主要为中上认知者(类型Ⅱ);在月收入方面,1001 元以上者主要集中为对家庭资源管理中下认知(类型Ⅲ),而 1000 元以下者多为中上认知者(类型Ⅱ)。

表 8-25　低收入单亲女性背景变量与其家庭资源类型卡方分析摘要表

		类型Ⅰ N	类型Ⅱ N	类型Ⅲ N	类型Ⅳ N	总和	X^2
年龄	35 岁以下	9	19	33	10	71	12.74
	36—40 岁	6	24	26	7	63	
	41—45 岁	17	32	29	4	82	
	46 岁以上	5	16	28	6	55	
教育程度	小学(文盲)	7	14	19	5	45	25.85*
	初中	18	48	55	6	127	
	高中(中专)	10	19	35	8	72	
	大学(大专)以上	2	3	13	8	26	
月收入	500 元以下	5	11	10	3	29	14.13
	501—1000 元	20	45	43	7	115	
	1001—2000 元	7	25	45	14	91	
	2001 元以上	2	10	15	2	29	

续表

		类型Ⅰ N	类型Ⅱ N	类型Ⅲ N	类型Ⅳ N	总和	X^2
单亲原因	离婚	15	44	74	19	152	19.43*
	丧偶	17	40	36	6	99	
	分居	4	5	3	0	12	
	未婚	1	2	1	2	6	

注：* $p<0.05$,p为机率值(Prob-value)。

(三)不同家庭资源管理类型下,低收入单亲女性生活适应差异分析

表8-26表明,低收入单亲女性家庭资源管理类型在生活适应总量表上,以及除“社会活动参与”、“自身能力评价”的分量表上皆存在显著差异(Wilks'Lambda =4.16, $p<0.001$)。在子女照顾部分,属于对家庭资源管理高认知(类型Ⅰ)的单亲母亲其子女照顾情况优于中下(类型Ⅲ)及低认知者(类型Ⅳ),而中上认知者(类型Ⅱ)优于低认知者(类型Ⅳ)。在社会交往方面,对家庭资源管理中上认知者(类型Ⅳ)优于低认知者(类型Ⅳ)。在个人适应方面,对家庭资源管理高认知者(类型Ⅰ)及中上认知者(类型Ⅱ)优于中下认知(类型Ⅲ)及低认知者(类型Ⅳ)。在亲子沟通方面,高认知者(类型Ⅰ)优于中下(类型Ⅲ)及低认知者(类型Ⅳ)。在生活适应整体方面,对家庭资源管理高认知者(类型Ⅰ)优于中下(类型Ⅲ)及低认知者(类型Ⅳ),且中上认知者(类型Ⅱ)及中下认知者(类型Ⅲ)优于低认知者(类型Ⅳ)。

家庭资源管理高认知(类型Ⅰ)和中上认知(类型Ⅱ)的低收入单亲女性中,其人际关系的适应度最高,而自我能力评价的适应度相对较低,但其整体及各层面的生活适应度都处于中上程度。家庭资源管理中下认知(类型Ⅲ)和低认知(类型Ⅳ)的低收入单亲女性中,其人际关系的适应度最高,而其个人适应较差,整体及各层面的生活适应处于中下程度。

表8-26 低收入单亲女性家庭资源管理类型与生活适应的差异分析

因素名称	家庭资源管理类型 类型Ⅰ $N=37$	 类型Ⅱ $N=91$	 类型Ⅲ $N=116$	 类型Ⅳ $N=27$	F值	Scheffe
子女照顾	3.60	3.26	3.11	2.79	8.33***	Ⅰ>Ⅲ,Ⅰ>Ⅳ,Ⅱ>Ⅳ
社会活动	3.28	3.34	3.40	3.28	0.50	
人际关系	3.70	3.76	3.70	3.32	3.46*	Ⅱ>Ⅳ
自身能力评价	3.11	3.05	3.17	2.99	0.85	

续表

因素名称	家庭资源管理类型 类型Ⅰ $N=37$	类型Ⅱ $N=91$	类型Ⅲ $N=116$	类型Ⅳ $N=27$	F 值	Scheffe
个人适应	3.39	3.16	2.74	2.60	20.74***	Ⅰ>Ⅲ,Ⅰ>Ⅳ,Ⅱ>Ⅲ,Ⅱ>Ⅳ
亲子沟通	3.48	3.29	3.12	2.96	4.39**	Ⅰ>Ⅲ,Ⅰ>Ⅳ
整体量表	3.42	3.29	3.18	2.97	11.89***	Ⅰ>Ⅲ,Ⅰ>Ⅳ,Ⅱ>Ⅳ,Ⅲ>Ⅳ
Pillai's Trace = 3.98***					Wilks'Lambda = 4.16***	

注：* $p<0.05$，** $p<0.01$，*** $p<0.001$，p 为机率值(Prob-value)。

（四）低收入单亲女性家庭月收入与家庭资源管理类型对生活适应的交互作用分析

家庭资源管理会因月收入不同而有所不同(Radey,2008)，而家庭资源管理也会影响生活适应状况(贺正贞,2002)，因此，本研究将分析月收入与家庭资源管理类型对生活适应的交互作用。

由表8-27可知，低收入单亲女性的家庭资源管理类型主效应显著($F_{(3,246)}=12.30$***)，同时，她们的家庭月收入与家庭资源管理类型对其生活适应交互作用显著($F_{(9,264)}=3.75$***)，即表示月收入与家庭资源管理类型对低收入单亲女性的生活适应具有交互作用。

表8-27　家庭月收入与家庭资源管理类型对低收入单亲女性生活适应的变异数分析

变异来源	平方和(SS)	自由度(df)	均方(MS)	F 值
家庭月收入	0.48	3	0.16	1.73
家庭资源管理类型	3.42	3	1.14	12.30***
月收入 & 家庭资源管理类型	3.13	9	0.35	3.75***
误差	22.99	248	0.09	
总和	2785.16	264		

注：*** $p<0.001$，p 为机率值(Prob-value)。

在交互作用基础上，我们来检验单亲女性家庭月收入的单纯主要效果分析。表8-28显示在家庭月收入501—1000元的单亲母亲中，低收入单亲母亲在类型的平均分为3.42($SD=0.30$)，而类型Ⅱ、类型Ⅲ和类型Ⅳ的平均分为3.41($SD=0.29$)、3.22($SD=0.21$)、2.84($SD=0.30$)。家庭月收入501—1000元的单亲女性的单纯主要效果分析显著($F(3.115)=12.21$***)，对家庭资源管理高认知（类型Ⅰ）、中上认知（类型Ⅱ）、中下认知（类型Ⅲ）相比低认知（类型Ⅳ）者，前三者生活适应越好，同时，对家庭资源管理中上认知（类型Ⅱ）者，其生活适应亦优于中下认知（类型Ⅲ）者。见表 8-28 和图 8-7。同时，在月收入 2001 元以上的单亲女性中，低收入单亲女性在类型Ⅰ的平均分为 3.67（$SD=0.46$），而类型Ⅱ、类型Ⅲ和类型Ⅳ的平均分为 2.97（$SD=0.45$）、3.25（$SD=0.20$）、2.22（$SD=0.74$）。且就家庭月收入 2000 元以上者，单纯主要效果分析亦显著（$F(3,29)=7.08^{**}$），对家庭资源管理高认知（类型Ⅰ）和中下认知（类型Ⅲ）者其生活适应优于低认知（类型Ⅳ）者。

表 8-28 亦表示低收入女性单亲家庭资源管理类型的单纯主要效果分析显著。就对家庭资源管理中上认知（类型Ⅱ）的低收入单亲女性而言，单纯主要效果分析显著（$F(3,90)=5.35^{**}$），家庭月收入 501—1000 元者（$M=3.41$，$SD=0.29$）其生活适应优于 2001 元以上者（$M=2.97$，$SD=0.45$）；而对家庭资源管理低认知（类型Ⅳ）者而言，月收入 5001 元以下者其生活适应平均分为 3.13（$SD=0.53$），而月收入 501—1000 元、1001—2000 元及 2001 元以上者生活适应平均分为 2.84（$SD=0.30$）、3.11（$SD=0.22$）、2.22（$SD=0.74$）。单纯主要效果分析显著（$F(3,26)=5.19^{**}$），其中月收入 500 元以下、501—1000 元及 1001—2000 元者的生活适应优于 2001 元以上者。

表 8-28　月收入与家庭资源管理类型对低收入单亲女性生活适应的单纯主要效果分析

变异来源	平方和（*SS*）	自由度（*df*）	均方（*MS*）	*F* 检定	*Scheffe* 比较
类型					
500 以下（c1）	0.31	3	0.10	0.64	
501—1000（c2）	2.62	3	0.87	12.21^{***}	Ⅰ>Ⅳ，Ⅱ>Ⅲ，Ⅱ>Ⅳ，Ⅲ>Ⅳ
1001—2000（c3）	0.56	3	0.19	2.07	
2001 元以上（c4）	2.69	3	0.90	7.08^{**}	Ⅰ>Ⅳ，Ⅲ>Ⅳ
月收入					
类型Ⅰ	0.19	3	0.06	0.45	
类型Ⅱ	1.84	3	0.61	5.35^{**}	c2>c4
类型Ⅲ	0.28	3	0.09	1.51	
类型Ⅳ	1.60	3	0.53	5.19^{**}	c1>c4，c2>c4，c3>c4

注：$^{*}p<0.05$，$^{**}p<0.01$，$^{***}p<0.001$，p 为机率值（Prob-value）。

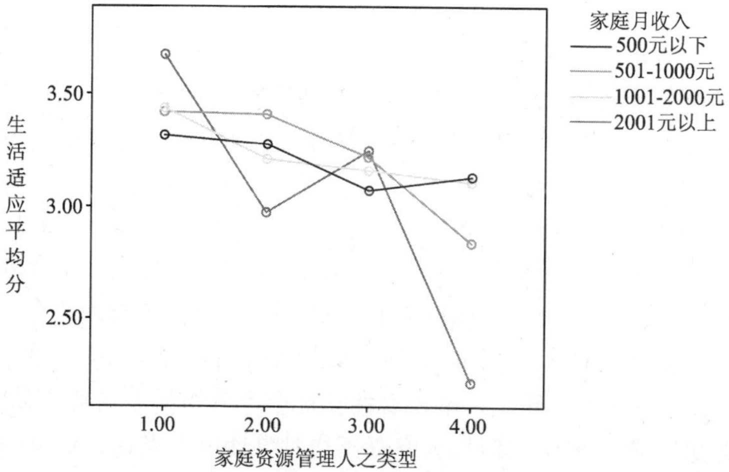

图 8-7　不同月收入的单亲女性与其家庭资源管理类型对生活适应的认知差异分析

（五）家庭资源管理类型对生活适应的预测力分析

本研究以低收入单亲女性的背景变量及其家庭资源管理类型为自变项，预测其生活适应情况，在进行多元逐步回归分析前将背景变量及家庭资源管理类型转换成虚拟变量。

由表 8-29 可知，进入回归方程式的显著变项有家庭资源管理类型Ⅰ、家庭资源管理类型Ⅱ、家庭资源管理类型Ⅲ及月收入（500—1000 元）等四项（$R = 0.37, R^2 = 0.14, F = 10.55, p < 0.001$），联合解释变异量为 14.0%，代表此四项对生活适应有预测力，但预测力一般。家庭资源管理类型（类型Ⅰ）对比类型Ⅳ（$t = 5.19, p < 0.001$）、家庭资源管理类型（类型Ⅱ）对比类型Ⅳ（$t = 4.20, p < 0.001$）及家庭资源管理类型（类型Ⅲ）对比类型Ⅳ（$t = 3.01, p < 0.01$）而言，对生活适应具有正向预测力。同时月收入 500—1000 元对比 2001 元以上，对生活适应亦具有正向预测力。

表 8-29　低收入单亲女性背景变量与家庭资源管理类型对生活适应的预测力

选出变项顺序	多元回归系数 R	调整后决定系数 R^2	增加解释量 ΔR	F 值	标准化回归系数(β)	t 值
家庭资源管理类型（类型Ⅰ）	0.22	0.05	0.05	13.82	0.43	5.19***
家庭资源管理类型（类型Ⅱ）	0.29	0.09	0.08	12.47	0.41	4.20***
家庭资源管理类型（类型Ⅲ）	0.34	0.12	0.11	11.89	0.30	3.01**
月收入（500—1000 元）	0.37	0.14	0.12	10.55	0.14	2.43*

注：* $p < 0.05$，** $p < 0.01$，*** $p < 0.001$，p 为机率值（Prob-value）。

（六）本节讨论

1. 低收入单亲女性家庭资源管理以中下认知最多

对家庭资源管理的认知，中下者最多，可见大部分低收入单亲女性对家庭资源管理的认识度及重视度不高。因此这些低收入单亲女性需要主动掌握管理的技巧与知识，经常与家庭成员进行沟通，了解每位家庭成员的特殊性及需求，并依据家庭资源性质及种类，运用不同的管理技巧满足各项需求。

2. 不同背景的低收入单亲女性对家庭资源管理类型的认知存在显著差异

本研究结果表明，在教育程度方面，所有学历的单亲女性对家庭资源管理中下认知最多，此结果与 Dennis 及 Donald（1983）的教育水平会影响家庭资源管理的研究发现相似。低收入单亲女性在社会竞争中处于弱势，家庭资源管理的专业知识及技巧比较有限，家庭资源相对男性单亲家庭也较少（徐安琪，2003；王爱丽，初智巍，2009），且本研究中大部分单亲女性的单亲时间相对较短，管理经验也相对有限，在一定程度上限制了单亲女性对家庭资源管理的认知，因此不同学历的单亲女性主要集中于中下认知，低认知相对较少。

本研究结果显示，在单亲原因方面，离婚者对家庭资源管理主要处于中下认知水平，分居及丧偶者主要分布于中上认知类型，而未婚者主要分布于低认知类型。离婚，代表着家庭关系的结束，它给女性带来心理、经济、身体及社会交往的伤害是难以估计的（易松国，2006）。在对低收入单亲女性的访谈也发现，离异后，女性的经济地位及心理等皆出现了大幅下降的趋势，因此单亲女性需较长的时间适应家庭结构改变后的生活。但本研究的大部分女性单亲时间较短，适应时间有限，使她们在管理家庭资源时“有心无力”，管理效果一般，因此对家庭资源管理具有中下水平的认知。丧偶者可用资源较少（Cancian & Reed, 2009），她们会尽量采取用最少的资源来满足家庭最大需求。分居者因仍保持着婚姻关系，社会支持、经济水平及生活状况未发生本质变化，资源相对较多，还可从丈夫的父母或亲属处获得资源及管理建议，因此两者主要分布于中上认知。但中国传统文化还不能接受未婚先孕的事实，使其社会支持及资源相对较少，家庭资源管理经验相对较少，因此其主要集中于家庭资源管理低认知。

在提高低收入单亲女性家庭资源管理认知的同时，我们也呼吁社会大众关注这个特殊群体。社会的积极关注可以增加低收入单亲家庭的可利用资源，也可以提高单亲女性对家庭资源的利用率，并可以使贫困女性单亲家庭在一定程度上了解到有效的家庭资源管理的作用，进而让她们在日后的生活中自觉地、有效地运用家庭资源管理的技巧，从而提高其生活适应情况。

3. 不同家庭资源管理类型下，低收入单亲女性生活适应存在显著差异

研究结果显示，家庭资源管理认知度较高者，生活适应情况越好。在子女照顾及亲子沟通方面，家庭资源管理认知度较高者的适应情况较好。对家庭资源管理具有高认知的单亲女性，能有效地创造资源、转换资源、选择资源、决定资源的最大利益（Goldsmith，2005），从而提高家庭经济状况。家庭经济地位或家庭结构与积极的亲子关系有着密切的关系（方晓义，徐洁，孙莉，张锦涛，2004），家庭经济状况的改善，有利于满足子女的衣、食、住、行等方面的要求，且能促进其发展。认知较高的单亲女性，能合理分配时间，有更多的时间关心子女，及时与子女进行交流沟通，因此在与子女照顾和沟通方面的生活适应情况较好。

在社会交往方面，家庭资源管理认知度较高者的适应情况也越好。Foa & Foa（1993）指出家庭资源管理之爱是指情感方面的支持，家庭资源管理较好者，懂得如何缓解压力，释放心中的郁闷情绪，她们会通过社会交往主动寻找情感上的支持，因此社会参与情况适应较好。

在个人适应及整体适应方面，家庭资源管理认知度较高者适应情况较好。认知度较高的单亲女性能够坦然面对目前的生活状况，并对未来的生活充满希望，因此其个人适应也较好。中国妇女在权益上的缺乏集中体现在资源和机会上，如物质资源及社会参与机会等（王婧，2003），低收入单亲女性则更少。且单亲女性会因婚姻关系的破裂而产生巨大的压力和消极情绪（许艳丽，董维龄，2008），但家庭资源管理认知度高的单亲女性，资源管理效果极好，能合理安排时间，扩大资源，维持家庭生活，且能妥善处理自己的情绪，因此生活适应情况较好。

对家庭资源管理高认知和中上认知的低收入单亲女性，其人际关系的适应度最高，而自我能力评价的适应度相对较低，且整体生活适应情况较好。对家庭资源管理认知较高的单亲女性，懂得利用身边可以利用的资源改善生活现状，并且会积极主动的参与社会活动以增加家庭资源，提高生活质量（Noryati，Aminah & Maznah，2009）。同时，对家庭资源管理的高认知使她们能够清楚地了解家庭资源的状况，对目前的生活状况评价较为客观，也就能够认识到目前家庭的不足，因此自我评价较低。

家庭资源管理中下认知和低认知的低收入单亲女性中，其人际关系的适应度最高，而其个人适应较差，整体及其他各层面的生活适应处于中下程度。这一类的单亲女性，虽然对家庭资源管理没有较高的认知度，但她们不会因为家庭结构的转变而减少社交活动，因此人际关系较好。而由于对家庭资源管理认知度较低，可能导致其常常出现入不敷出的状态，进而降低其个人适

应度。

4. 低收入单亲女性的生活适应度因不同家庭资源管理类型及月收入而存在显著差异

本研究结果表明,不同月收入和家庭资源管理认知类型的单亲女性对其生活适应的交互作用显著。本研究结果表明,家庭月收入501—1000元的单亲女性中,对家庭资源管理高认知、中上认知和中下认知者其生活适应比低认知者更高;同时,对家庭资源管理中上认知者其生活适应亦优与中下认知者。说明家庭月收入较低的单亲女性中,对家庭资源管理认知越高其生活适应越好。月收入较低的单亲女性,若能采用最有效的管理方法管理家庭资源,尽可能地开源节流,以增加收入、节约支出,则其生活适应程度必然优于对家庭资源管理认知较低者。

家庭月收入2000元以上者,对家庭资源管理高认知和中下认知者其生活适应优于低认知者,说明在较高收入的单亲母亲中,对家庭资源管理较高认知有利于其适应生活。月收入较高的单亲母亲可利用的家庭资源相对丰富,面对家庭结构的转变,能够适时调整心态。若对家庭资源管理有较高认知,可以采用较科学的储蓄增值方式增加家庭资源,不至于因经济更加贫困而影响其适应新的生活。因此月收入较高且对家庭资源管理认知较高的单亲母亲其生活适应较好。

对家庭资源管理中上认知者中,家庭月收入501—1000元的低收入单亲女性其生活适应优于2001元以上者,说明月收入较低者的生活适应情况较好。对家庭资源管理中上认知者能扩大生活圈,创造及维持有意义的人际关系,保持与原生家庭的联系,以增加人力资源,也能对家庭资源进行有效规划等。家庭月收入较低的单亲女性,往往由于家庭变故和收入低下受到更多人的同情和关注,在对家庭资源管理较高认知的情况下,她们懂得如何利用资源,增加家庭资源,改善目前的生活。而月收入较高的单亲母亲经济来源较多,但其工作时间较长,在面对紧张的生活及年幼的子女时,她们往往会忽视本身的心理需求,间接地增加了精神和心理负担,因此中上认知者中,月收入低者生活适应度较好。

对家庭资源管理低认知者中,月收入500元以下、501—1000元及1001—2000元者的生活适应优于2001元以上者,说明月收入较高者的生活情况较差。月收入较高者的自尊心较强(Jelani, Jamie, Noryati, Aminah & Maznah, 2008),面对自身窘迫的生活,她们还不能正视自己、正视自己的生活,时常情绪低落,觉得人生无望。且由于对家庭资源管理的低认知,家庭资源管理效果较差,在家庭出现紧急事件时不能成功的解决,这在一定程度上也增加了单亲家庭的生活压力，因此低认知者中，月收入较高者的生活适应情况较差。

5. 家庭资源管理类型和月收入对生活适应具有显著预测力

本研究结果表明，家庭资源管理类型对低收入单亲女性生活适应具有显著预测力。对家庭资源管理高认知、中上认知及中下认知者相对于低认知的单亲女性，对生活适应皆具有正向预测力，表示家庭资源管理认知度越高，生活适应情况越好。对家庭资源管理具有较高认知度的低收入单亲女性，能对家庭支出做详细的计划，尽量减少支出（Azara, Naughtonb & Joseph, 2009），去除非必要需求，降低生活的质量；或增加工作收入（Omar, Ahmad & Sarimin, 2009），以增加可使用资源，满足家庭成员的各种需求，适应家庭结构的变化。并且高认知者懂得将家庭资源灵活运用，能根据家庭情况调整资源以备紧急需求或处理应急事件的发生。在家庭资源相对有效的管理下，高认知的低收入单亲，生活负担及照顾子女的压力等相对较小，以至其生活适应情况较好。因此，家庭资源管理类型对单亲母亲生活适应具有正向预测力，对家庭资源管理的认知越高者，其生活适应越好。

低收入单亲女性的家庭月收入 501—1000 元者对比家庭月收入为 2001 元以上者，更能正向预测其生活适应度，说明家庭月收入低者其生活适应反而越好，相反，收入高者生活适应较差。这与 Rani（2006）研究发现相同，即收入较低的单亲母亲更多的关心子女生活，亲子沟通较好，生活适应较佳；月收入高的女性将生活重心放在工作上，较少关心子女，亲子关系紧张，影响其生活适应。Carolyn（2007）也发现“福利效应”，即福利政策在家庭结构的变化中有重要影响，福利政策有利于单亲家长适应家庭结构的转变。Gazso（2007）研究发现，单亲母亲经历家庭危机后，如何适应生活取决于她们的职业身份和月收入，对于工作的女性一般不提供援助。家庭月收入低于 1000 元的单亲母亲，一般可以领取政府低保补助，子女亦可以在附近学校免费入学，政府及社会福利机构也会给予她们较多关怀，帮助其适应生活，所以生活适应度也较高。

可见家庭资源管理对低收入单亲女性生活适应的重要性，低收入单亲女性对家庭资源有整体的规划，对各项支出要做好明细的登记，且平时要多收集信息，通过各种媒体了解市场的经济形势，掌握商品价格波动的规律，关注商品打折的消息，尽量使用较少的资源满足家庭需求。同时必须懂得向政府与社会福利机构求助，以拓展资源管道，适应家庭结构的转变，尽早脱离贫穷。

本章小结

（1）低收入单亲女性生活适应度较高

低收入单亲女性的家庭资源管理与生活适应呈中度正相关，表明对家庭资源管理的认知度越高者，越容易适应婚姻家庭的解体，坦然面对单亲后的生活。对资源的有效运用,可提升整体家庭的生活品质,建立良好的亲子关系,在安全感及情绪上得到支持,因此在子女照顾、社会交往和个人适应等方面情况较好,因此二者之间存在显著相关。

(2)单亲女性的生活适应度会因其个人背景因素影响而有所差异

不同背景的单亲女性的生活适应状况具有显著性差异。年龄较高者的社会活动较好,可能是因为她们没有工作,且子女已经长大,所以有时间参与社会活动。学历较高者的自我能力评价较高,可能是因为她们受的教育较多,自我意识强,肯定自己的能力,加上较易找到工作,社会参与度高,所以自我评价也高。但学历低者的子女照顾、亲子沟通及个人适应都较好,这可能因为她们的时间较充裕、可对子女做到较好的照顾与沟通,加上欲望较少,所以生活适应度较高。月收入较高者自我评价较高,而子女照顾、亲子沟通及个人适应较差,收入高者忙于应付工作,较少有时间照顾子女,对自己的母亲角色扮演觉得愧疚,所以个人适应较差。随着知识经济时代的来临,女性自主意识提升,当婚姻触礁时,妇女会主动提出离婚以追求更好的生活,因此离婚的单亲女性其自我能力评价较高。但由于离婚过程的冲突,可能会影响其社交范围,减少了与亲朋好友之间的互动,降低了社会交往活动。单亲时间越长其个人生活适应越佳,可能是由于其单亲时间较长,能坦然面对生活,态度较为乐观,适应度也会较好。全职工作者因其有稳定的收入而对自我能力的评价较好,但其个人适应情况却低于无工作者,可能是因为缺少社会支持而无法摆正心态面对双重弱势现状。

(3)低收入单亲女性的月收入和教育程度对生活适应具有正向影响力

月收入水平较低与教育程度也较低者其生活适应情况具有正向预测力。收入低者面对有限的资源时显得更为紧张,为了让生活过下去,她们不得不省吃俭用,在过去、现在和未来之间找到平衡点,所以她们对生活品质要求不高,能较好地适应生活。而学历越低者,自我意识较弱,较能听取他人的意见,乐意接受别人的帮助,因此能较积极地面对家庭结构的转变。

(4)家庭资源管理对生活适应具有显著预测力,且以随意取向的影响力最大

低收入单亲女性家庭资源管理的四种倾向均对其生活适应具有重要的解释度,说明单亲母亲会根据家庭资源的多寡而转变管理方式以适应生活的变化。同时,低收入单亲女性的生活适应情况受到随意及资源中心取向的直接影响,表示单亲母亲在家庭资源有限时,会更多地采用随意取向适应生活,并通过各种方法增加收入和减少开支以适应单亲后的生活。

（5）低收入单亲女性对家庭资源管理的认知类型影响其生活适应

① 低收入单亲女性的家庭资源管理类型因其教育程度及单亲原因不同而存在差异。

不同教育程度及单亲原因的低收入单亲女性对家庭资源管理的认知存在显著差异。单亲女性家庭相对双亲家庭而言，处于一种弱势地位，需要详细规划家庭资源，开源节流，以维持家庭生活，因此不论何种学历者对家庭资源管理的中下认知最多，而低认知最少。

离婚者对家庭资源管理认知主要集中于中下水平，主要是因为来自其前夫家的社会支持较少，并且由于婚姻失败的打击，管理家庭资源有心无力。而未婚者因未婚先孕的事实难以融入社会，资源更少，因此其集中于低认知水平。但分居及丧偶者的资源来源相对较多，因此其主要集中于中上认知水平。

② 低收入单亲女性生活适应情况因家庭资源管理类型的不同而存在差异。

对家庭资源管理具有较高认知度的低收入单亲女性，能合理地安排时间，能经常与子女沟通以了解其心理和想法，并满足其需求，且能做好预防性的家庭资源管理，以因应家庭危机的发生，因此其子女照顾、亲子沟通、社会交往、个人适应及生活适应情况都比较好。

③ 不同家庭资源管理类型及月收入的单亲母亲的生活适应度存在显著差异。

对家庭资源管理高认知及中下认知者中的低收入单亲母亲，能做好财务规划，根据家庭资源的多寡而转变管理方式，且月收入较高者资源压力、经济压力较小，因此月收入高者的生活适应度较高。但对家庭资源管理中上认知者却因经济方面的困境，有着巨大压力，因此月收入较低者的生活适应情况较差。而低认知的高月收入者因家庭资源管理效果较差，增加了精神压力等，所以其生活情况较差。

④ 家庭资源管理类型对低收入单亲女性的生活适应情况具有正向预测力。

家庭资源管理的高认知、中上及中下认知与低认知者相比，前三者更能了解并满足家庭成员需求，在一定程度上能缓解生活中的压力，因此前三者对生活适应皆具有正向预测力。

第九章　低收入单亲女性生活适应影响因素分析

单亲母亲因家庭结构的转变及家庭经济水平下降必然衍生出各种生活问题,包括自尊低落、经济匮乏、子女教养问题、身心适应不良、社会参与度低、信息不足及谋生技能欠缺等(郭静晃,吴幸玲,2003)。以往国内许多学者对单亲母亲问题进行了大量的探讨和研究,取得了相当的成果,但多集中于经济安全、子女教养、就业、社会支持等问题,很少探讨具体影响其生活适应的因素,本研究根据前期访谈、以往研究及量化调查,探讨影响低收入单亲女性生活适应的因素及路径,研究结果可以为低收入单亲女性更快适应家庭结构的转变提供建议,亦可作为政府及社会福利单位建构低收入单亲女性家庭脱贫计划的参考。

一、家庭资源管理对低收入单亲女性生活适应的影响

单亲家庭中的各种资源,是影响其生活需求能否得到满足的重要因素(Brian&Daniel,2004;贺正贞,2002)。低收入单亲女性因本身能力不足,无法获得资源,容易使家庭陷入贫困状态,更重要的是资源使用方式不当导致其陷入次级性贫穷(David,1991;林万亿,2006)。家庭结构的转变及家庭经济水平的下降必然会衍生出各种生活问题,且不同背景下的单亲母亲的家庭资源管理方式和生活适应度也有差异。本研究将低收入单亲女性的背景因素,家庭资源管理及其生活适应等三方面作文献分析与归纳,探讨低收入单亲女性背景因素及家庭资源管理对其生活适应的影响路径,进而建构模型。在背景因素部分,根据本研究前期访谈结果归纳得出影响低收入单亲女性生活适应的背景因素有教育程度、家庭月收入、单亲原因这三方面,并作文献的分析与探讨,最后提出假设。

(一)影响低收入单亲女性生活适应因素分析

低收入单亲女性的教育程度会影响其生活适应度。一般而言,教育程度与经济状况之间是相互影响的,教育程度越高者其经济状况越好,拥有的资源也越多(Berry,Katras,Lee,Bauer&Sano,2008;Jackson,Choi&Franke,2009),能够正视生活中的困境,对将来的生活保持着乐观的态度,相信自己有能力改变

现状，因此其自我能力评价和个人适应都较好，相应的生活适应状况也较佳（洪秀珍，2000）。同时，教育程度较高的低收入单亲女性更容易接受最新的社会信息和先进的教育理念，注重对子女的认可和鼓励，且她们深知知识的重要性，在日常生活中更多关注子女教育，良好的亲子关系有利于其较快适应家庭结构的转变（Indira，2006）。另外，教育程度较高的低收入单亲女性社交面更广（牟映雪、李俊杰，2008），她们不会因为单亲而失去参与社交活动的机会，因此在社交活动等方面适应良好。故本研究提出以下假设：

假设 1：低收入单亲女性的教育程度对其生活适应有显著的影响力。

Ihinger（1986）研究发现收入的多少与生活适应度之间存在显著相关，月收入较高者对自我的认知较高（张硕阳，陈毅文，王二平，2004），这类单亲女性认为自己有能力满足家庭需求和改善生活，生活适应度也较高。而月收入较低者处于社会的底层，自认能力不足，常遭他人歧视，压力较大，因此生活适应度较低（Son&Bauer，2010）。但也有研究者认为月收入较高者自尊心强，面对婚姻的失败，时常情绪低落（Smith，Broooks-Gunn，Klebanov&Lee，2008），且因工作较忙，常常无法照顾子女（Gemelli，2008），相对而言其亲子关系较差，适应度也较低。相反，收入较低者因工作时间短（Carré，2005），有充裕的时间与子女进行沟通，能较好配合子女的成长生活（Weigt&Solomon，2008；Gibson－Davis，2008），所以子女及单亲母亲都较能适应家庭结构的转变。因此本研究提出以下假设：

假设 2：低收入单亲女性的家庭月收入显著预测其生活适应。

一般而言，婚姻对女性而言比男性重要，因此在成为单亲后，女性比男性更容易面临情绪困扰和心理压力，这必然影响其生活适应度（陈惠君，1998）。生活适应与其所受失败婚姻创伤的严重程度及恢复过程有关（Krumrei，Mahoney&Pargament，2009）。徐安琪（2007）认为在知识经济的社会中，女性的自我意识提升，除了经济独立外，她们更追求情感解放，当婚姻走到了尽头，她们会主动选择离婚，重新面对生活，融入社会，所以面对单亲生活较为坦然，适应度也较好。而丧偶者因失去家庭主要劳动力后，经济来源顿时减少，生活陷入困境，在情感与物质双重缺乏的情况下，对自我能力评价也较低。与离婚者相比，丧偶者更能得到家人、亲属及社会的同情，而离婚者较易遭到人际关系的冲突（Turner，2006），在婚姻关系结束后其社交圈也相应变小，因此生活适应可能较差。所以本研究提出如下假设：

假设 3：低收入单亲女性的单亲原因显著预测其生活适应。

对双重弱势的单亲女性而言，不只是资源不足的问题，家庭资源管理的知识和技巧也会影响其生活适应度，家庭资源管理越好，其生活适应越好（贺正贞,2002)。吴惠倩(2009)以个人竞争力对生活适应进行预测分析发现,自我管理对生活适应度具有最高的预测力。如果低收入单亲女性能够根据家庭的情况,对家庭资源进行灵活管理,能够降低其心理压力(潘允康、董维玲,2009),进而提升其单亲后的生活适应力,适应单亲后的生活情况也较好。一般而言,当家庭经济状况下降时,低收入单亲女性会通过增加收入以因应家庭结构的变化(林正达,2005),而部分无法增加收入者则通过降低生活品质,尽量减少需求,以满足日常生活开支,达到生活适应。因此本研究提出以下假设:

假设4:低收入单亲女性家庭资源管理对生活适应产生显著影响。

低收入单亲女性的教育水平的高低亦会影响其家庭资源管理效果和管理方式(Rosen&Granbois,1983),进而影响其生活适应度,且教育水平较高者的家庭资源管理效果较好(Weigt&Solomon,2008)。这表示学历较高的单亲女性在家庭资源发生变化时,能够做到"开源节流",且运用最少的资源满足最大的需求,调整部分资源以备紧急需求,因此在家庭结构发生变化时不会觉得无法应对,也就能够尽快适应单亲生活。但也有研究者认为学历较低的单亲母亲接触社会时间较长,具有较丰富的社会常识和理财经验(Neeraj&Robert,2007),懂得将家庭资源作灵活运用。为了维持家庭生活,她们会对家庭支出做详细的计划,将家庭生活安排得井井有条,降低因家庭结构转变带来的压力,更好地适应生活(Pinelli,2000)。所以本研究提出以下假设:

假设5:低收入单亲女性的教育程度会通过其家庭资源管理而对生活适应产生显著的影响力。

家庭月收入较高的单亲女性不仅较能适应单亲后的生活,而且对其家庭资源管理的预测力较高,在家庭资源管理效果较好的情况下其生活适应度较高(贺正贞,2002)。收入高者因可利用的家庭资源较多(Zhan,2004),能够满足家庭生活及日常需求,且有剩余资源作储蓄理财,因此其管理效果较好,同时能够增强其自信心,生活适应度也相对提高。同时,Foster 和 Kalil (2007)认为收入较低者其社会支持与家庭资源缺乏,她们会评估家庭状况,以了解现况是否能维持家庭生活;在家庭资源无法满足日常需求时,她们会想办法增加资源,如向他人求助、做兼职等(Romich&Weisner,2000),或者重新安排需求的优先顺序,去除非必要的需求、降低生活的品质以适应家庭结构的变化。因此提出以下假设:

假设6:低收入单亲女性的家庭月收入会通过其家庭资源管理而对生活适应产生显著的影响力。

单亲原因也同样会影响低收入单亲女性家庭资源管理的方式和效果,进而影响其生活适应情况(Buehler&Hogan,1986)。一般情况下,离婚者在离异时能够得到男方的补偿及财产(徐安琪,2007),相对经济压力较小,适应度也较好。而分居者因仍保持着婚姻关系,社会支持、经济水平及生活状况未发生本质变化,资源相对较多,因此其家庭资源管理效果较好,能够较好适应单亲生活。Cherlin 和 Cross - Barnet(2008)也发现,较为保守的社会对未婚母亲的接受度小,对其歧视较高,所处环境较为尴尬,使她们难以融入社会,适应度也相对较差,同时,相较于分居或丧偶的单亲母亲,未婚母亲拥有的社会支持和家庭资源更少,对生活的适应程度也相对更低。因此本研究认为单亲原因是影响低收入单亲母亲生活适应的重要因素,提出以下假设:

假设 7: 低收入单亲女性的单亲原因在家庭资源管理的方式效果方面对生活适应产生显著影响。综合上述假设,本研究提出假设模型 M,见图 9-1。

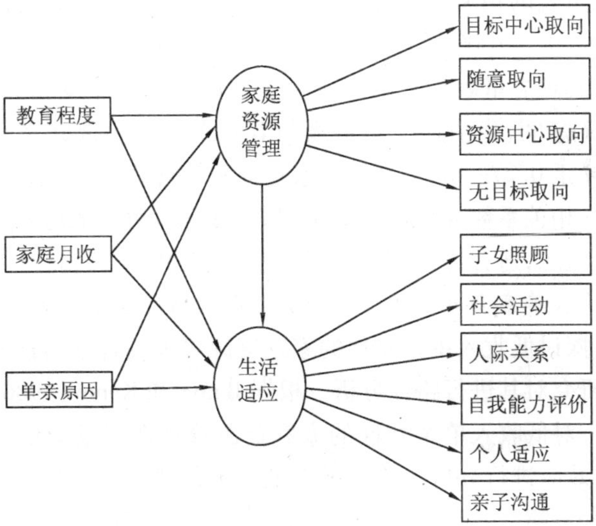

图 9-1　假设模型 M

根据上述的研究背景与文献分析,本研究将依中国低收入单亲女性的特点,探讨其生活适应的影响因素及其结构关系,以作为政府及社会福利单位规划单亲母亲辅助计划时的参考。

(二) 影响低收入单亲女性生活适应因素的相关分析

本研究首先将低收入单亲女性的教育程度、家庭月收及单亲原因做虚拟变量(Dummy Variable)转换(邱浩政,2007),探讨低收入单亲女性教育程度(转换成 3 个虚拟变量)、家庭月收入(转换为 3 个虚拟变量)、单亲原因(转换成 3 个虚拟变量)、家庭资源管理总量表及 4 个分量表、生活适应总量表及 6 个分量表,共 21 个变量之间的相关。

首先检测低收入单亲母亲的教育程度（初中）、家庭月收入（500—1000元）和单亲原因（离婚、分居、丧偶）对其生活适应的直接效应模型，发现低收入单亲女性的单亲原因对生活适应的直接效应不显著，因此将其删除，得到拟合指数如下：$\chi^2=28.16$，$\chi^2/df=1.66(p=0.04)$，GFI = 0.98，CFI = 0.95，NFI = 0.90，RMSEA = 0.05，符合良好模型的标准，因此认为低收入单亲女性的教育程度（初中）和家庭月收入（500—1000 元）对其生活适应的直接效应显著。

其次检验家庭资源管理对生活适应的直接效应，得到拟合指数如下：$\chi^2=57.29$，$\chi^2/df=2.12(p=0.001)$，GFI = 0.96，CFI = 0.93，NFI = 0.88，RMSEA = 0.06，符合良好模型的标准，可见低收入单亲母亲对家庭资源管理的认知程度影响其生活适应度。

最后，检验家庭资源管理的间接效应，得到拟合指数如下：$\chi^2=260.85$，$\chi^2/df=3.73(p=0.00)$，GFI = 0.88，CFI = 0.63，NFI = 0.71，RMSEA = 0.10，不符合良好模型的标准，需要进一步修正。考核模型的参数估计值，发现单亲原因（离婚）→生活适应的路径系数不显著，将其删除以修正模型，模型拟合有所改进。在此基础上，根据模型修正指数增加人际关系和自我能力评价的共变将降低卡方值 30.33，增加目标中心取向和无目标取向的共变将降低卡方值 17.38，增加无目标取向和人际关系的共变将降低卡方值 16.41，增加随意性取向和个人适应共变将降低卡方值 12.69，得到最终模型（见图 9-2），拟合指数如下：$x^2=74.08$，$\chi^2/df=1.37(p=0.04)$，GFI = 0.96，CFI = 0.96，NFI = 0.89，

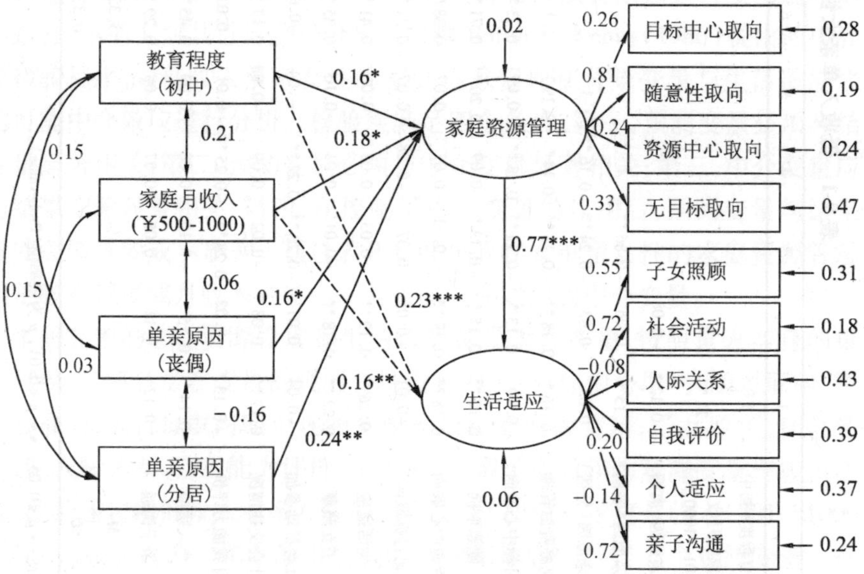

图 9-2　输出模型

RMSEA =0.04,指标完全符合。

(四) 低收入单亲女性的背景变量和家庭资源管理影响其生活适应的效应分析

在最终模型中,低收入单亲女性的教育程度(初中)、家庭月收入(501—1000 元)对生活适应的直接影响路径系数的标准化估计值分别为 0.23 和 0.16,支持本研究的假设 1 和假设 2,说明低收入单亲女性教育程度和家庭月收入越高,生活适应越好。而单亲原因对生活适应没有直接影响,故拒绝假设 3。同时家庭资源管理直接影响生活适应,效应系数为 0.77,支持假设 4。其后,增加家庭资源管理研究变量,发现低收入单亲女性的教育程度(初中)和家庭月收入(501—1000 元)对生活适应的影响力减弱至不显著,效应系数分别降为 0.07 和 0.06,表明家庭资源管理在教育程度或家庭月收入两者之一与生活适应之间的中介效应显著,效应系数分别为 0.12(0.16 ×0.77),0.14(0.18 ×0.77),支持假设 5 和假设 6。而单亲原因(丧偶、分居)会通过低收入单亲女性的家庭资源管理对其生活适应产生间接效应,效应系数分别为 0.12(0.16 ×0.77),0.19(0.24 ×0.77),支持假设假设 7,见表 9-2。

表 9-2 低收入单亲女性生活适应影响因素的效应分析

影响路径	标准化效应值	比例(%)
教育程度(初中)→生活适应	0.23	15.33
家庭月收入(为 501—1000)→生活适应	0.16	10.67
家庭资源管理→生活适应	0.77	51.33
教育程度(初中)→家庭资源管理→生活适应	0.16 ×0.77 =0.12	8.20
家庭月收入(501—1000 元)→家庭资源管理→生活适应	0.18 ×0.77 =0.14	9.27
单亲原因(丧偶)→家庭资源管理→生活适应	0.16 ×0.77 =0.12	8.20
单亲原因(分居)→家庭资源管理→生活适应	0.24 ×0.77 =0.19	12.33
总效应	1.50	—

(五) 本节讨论

本研究分析低收入单亲女性生活适应的影响因素模型,结果发现低收入单亲女性的家庭资源管理对其生活适应的影响力最大,且在低收入单亲女性背景变量和生活适应之间具有显著的中介效应,与以往研究结论一致。

1. 低收入单亲女性的教育程度及家庭月收入会直接影响其生活适应情况

本研究假设低收入单亲女性的教育程度和家庭月收入会影响其生活适应度,模型的拟合很好地支持了这项假设,与洪秀珍(2000)和张硕阳等人

(2004)研究发现学历水平和家庭月收入能够显著影响单亲女性生活适应度的结果相似。

低收入单亲女性的教育程度(初中)对比教育程度(大学)正向影响其生活适应,说明学历水平为初中的单亲女性生活适应反而较学历水平为大学(大专)及以上的单亲女性要好。这与Mcadoo(1995)认为受过大学教育的单亲女性生活适应较未受过大学(大专)及以上教育者适应更差的结果相似,可能是因为教育程度与妇女非理性信念之间有显著差异(Min&Shanta,2004),受过高等教育的单亲女性,其自我要求和期待较未受过高等教育的单亲女性要高,与此相应的是她们对生活的期望也较高,因此不易适应贫困的生活。

低收入单亲女性的家庭月收入(501—1000元)对比家庭月收入为(2001元以上),更能正向预测其生活适应度,说明家庭月收入低者其生活适应反而越好;相反,收入高者生活适应较差。这与Rani(2006)的研究发现相同,即收入较低的单亲女性更多的关心子女生活,亲子沟通较好,生活适应较佳;月收入高的母亲将生活重心放在工作上,较少关心子女,亲子关系紧张,影响其生活适应。Gazso(2007)研究发现,单亲母亲经历家庭危机后,如何适应生活取决于她们的职业身份和月收入,社会对于工作的母亲一般不提供援助;而没有工作的母亲因有福利政策支持,反而生活适应较好。家庭月收入低于1000元的单亲母亲,一般可以领取政府低保补助,子女亦可以在附近学校免费入学,政府及社会福利机构也会给予较多关怀,帮助她们适应生活,所以生活适应度也较高。

2. 低收入单亲女性的家庭资源管理对其生活适应产生正向影响

低收入单亲女性家庭资源管理正向预测其生活适应状况,支持假设4,这与以往研究结果相似,即家庭资源管理对生活适应具有较高预测力(潘允康,董维玲,2009)。对家庭资源管理具有较高认知的低收入单亲女性,较能够妥善安排工作及与子女相处的时间,能通过与亲友维持良好的互动以适应家庭结构的转变(沈茹,2006)。同时,她们敢于面对经济上的压力,善于利用社会上各种可利用资源,循序渐进做好家庭财务的规划和管理,因此在经济方面的压力较小,亦较能适应单亲后的生活(Mistry,Lowe,Benner&Chien,2008)。可见家庭资源管理情况较好的低收入单亲女性,不仅能够处理好亲子关系,还能做好家庭财务的管理,以应对家庭结构的变化,并依靠自己的力量去适应新的生活。而对家庭资源管理认知度较低的单亲女性,不仅在财务方面的管理能力较弱,甚至在日常生活规划及时间管理方面的认知也很低,导致其在面对家庭结构的转变时,无法适应家庭收入的减少,亦不能处理好与子女的关系,因此其适应能力降低。

家庭资源管理的四种管理倾向皆会影响低收入单亲女性的生活适应情况。随意取向管理方式，对于家庭资源管理没有计划性；而无目标管理方式则对生活没有明确的目的，当家庭资源不足，无其他资源可选时，单亲女性会选择此种方法。低收入单亲女性因每月收入刚好足够支付生活开销与子女教育费用等，没有多余的资源可以管理，所以乐天知命，对生活没有太大的要求，对未来也没有太高的期待，所以生活过得简单而安逸。

低收入单亲女性采用目标中心取向管理家庭资源同样影响其生活适应度。部分低收入单亲女性在家庭资源有限的情况下，会重新安排需求实现的优先顺序、剔除非必要的需求、降低家庭生活的品质来适应家庭结构的变化。并且大部分的单亲女性面对家庭资源减少时，会先剔除自己的非必要需求，优先满足子女的需要，达到生活适应。

此外，资源中心取向也会影响低收入单亲女性的生活适应度。低收入单亲女性采用资源中心取向，尽量增加可利用资源，积极参加有利于扩展人际关系的活动，增加时间照顾子女或与子女沟通，以达到个人适应。采用资源中心取向的单亲女性，会创造资源，所以家庭资源较多，更容易适应生活。这与贺正贞(2002)的研究结果相似，即采用资源中心取向管理家庭资源者生活适应最为相似。

3. 家庭资源管理在低收入单亲女性的教育程度、月收入和生活适应间的中介作用

低收入单亲女性的教育程度(初中)和家庭月收入(501—1000 元)会通过家庭资源管理影响其生活适应，故接受假设 5 和假设 6。本研究显示，低收入单亲女性的教育程度为初中对比教育程度为大学(大专)及以上能够正向影响其家庭资源管理状况，进而影响其生活适应度。这与 Dennis 与 Donald (1983)研究发现教育水平会影响家庭资源管理情况相似，教育程度较低者，其接触社会时间较长，有更多的社会生活常识和理财经验帮助她们管理家庭资源，在家庭资源管理良好的情况下，低收入单亲女性对生活的感受也会较佳，能更快适应家庭结构的转变。Min，Steven 与 Jeff(2006)也认为理财常识会影响家庭资源管理，理财知识越多的人家庭资源管理越好，生活适应也相应地越好。

同时，低收入单亲女性的家庭月收入为 501—1000 元相比家庭月收入为 2001 元以上者对家庭资源管理有正向影响力，进而正向影响生活适应度。这与 Brian 和 Daniel(2004)发现相同。月收入较低时，人们常会采用增加收入的方法管理家庭资源、适应生活(Brian&Daniel，2004)；收入较高者可能因不懂得开源节流，而无法满足日常需求，加之较多的时间花在工作上，导致亲子互动少、人际交往弱，因而其生活适应较差。

4. 家庭资源管理在低收入单亲女性的单亲原因和生活适应间的间接作用

研究发现，低收入单亲女性的单亲原因对其生活适应无直接影响。与陈惠君（1998）的研究结果不同。随着社会的发展，人们的婚姻家庭观念已经转变，大多数人已经不再把单亲看作生活中的危机事件，人们对离婚、丧偶、分居及未婚女性的看法也有所转变，不再将她们看作异类，因此单亲原因对其生活适应不会造成直接影响（Buehler&Hogan ,1986）。

然而，低收入单亲女性的单亲原因（丧偶、分居）会通过家庭资源管理正向影响其生活适应。Buehler 与 Hogan（1986）指出单亲原因是影响单亲女性家庭资源管理的重要因素。单亲女性面对生活困境，会产生不良情绪及不合理信念；同时社会角色的转变也会影响其与子女、亲友的关系，进而导致家庭资源来源的变化，影响其生活适应（Hawkins,2010）。具体而言，未婚母亲比丧偶或分居者承担的社会舆论压力更大，得到的社会支持更少，可支配的家庭资源更少，间接影响其生活适应（Joshi，Quane&Cherlin,2009）。分居或离婚为婚姻不幸的人提供了成长和发展的机会，她们重新规划生活，优化家庭资源管理，能够较快适应生活。而丧偶者与未婚者相比，更能良好管理家庭资源，从而更好地适应生活。这可能是由于丧偶者因为遭遇生活变故更易获得他人同情，帮助其增加家庭资源，协助其适应生活。

总体而言，本研究通过对 271 名低收入单亲女性生活适应、教育程度、家庭月收入、单亲原因和家庭资源管理的测量和分析，发现其教育程度、家庭月收入、单亲原因及其家庭资源管理与生活适应有着显著关联，且其教育程度（初中）、家庭月收入（501—1000 元）对其生活适应有直接影响，同时它们还通过家庭资源管理取向对其生活适应发挥作用。低收入单亲女性的家庭资源管理倾向资源中心取向、随意取向和目标中心取向皆会影响其生活适应情况；而单亲原因（离婚、分居、丧偶）会经由家庭资源管理间接影响其生活适应度，主要包括子女照顾、亲子沟通、社会交往及个人适应四个方面的适应情况。整体而言，本研究较好的建构出了低收入单亲女性的生活适应模型。

二、社会支持对低收入单亲女性生活适应的影响

社会支持一般都是与弱势群体联系在一起，贫困女性单亲家庭作为社会中一种新的弱势群体，对其进行研究有着特殊的意义。在研究贫困单亲家庭的社会支持的研究前，必须对社会支持的概念以及本质特征有着详细的了解。

（一）低收入女性单亲家庭的社会支持现况

1. 社会支持的概念

不同学科对社会支持存在着不同的理解或解释，到目前为止，对于社会支持并没有形成统一的说法。社会支持作为一种家庭资源，是维持家庭基本结

构，应对各种危机事件，满足家庭成员发展需求的情感、实际和交往支持。其中，情感支持即他人帮助个体舒解压力，提供精神安慰及重大事项咨询的行为；实际支持指个体实际收到的支持，是个体面临困难时周围人提供的劳务、金钱及物质帮助等；交往支持是指个体在人际交往中所感受到的支持（范德普尔，1994）。该分类涵盖了社会支持的各个方面，便于对行动者的社会网络做全面了解，因而被广泛使用。此外，社会支持还可分为正式支持和非正式支持。社会支持中的正式支持系统指的是来自政府、社会正式组织的各种制度性支持，由各级社会保障和民政部门以及准行政部门的社会团体，如工会、共青团、妇联等实施；非正式支持则主要指来自家庭、亲友、邻里和非正式组织的支持（张友琴，2002）。

贫困女性单亲家庭现有的正式社会支持系统首先来自于劳动与社会保障部门以及民政部门提供的各种救助；其次，妇联作为妇女的专门组织，属于准行政部门或半官方机构，同样为弱势的单亲母亲提供正式的社会支持。此外，正式系统还包括来自社区部门以及各种民间组织、社会团体的救助（何兰萍，张再生，2008）。女性单亲家庭的非正式支持系统则包括其亲属、原配偶的亲属以及其同事、邻里等社会支持。

2. 低收入女性单亲家庭的社会支持

（1）低收入女性单亲家庭的正式支持

① 民政及社会保障部门

女性单亲家庭的正式支持主要来自于政府部门，其中，民政部门扮演着主要角色。近年来，我国民政部门针对困难人群的救助体系不断完善，但是对我国贫困女性单亲家庭的救助仍然存在一定的问题——目前我国的救助体系并没有把贫困女性单亲家庭作为一个特殊的群体专门对其进行救助。贫困女性单亲家庭的问题已经引起了民政部门的关注，但是这种关注程度有限；民政部门对贫困女性单亲家庭的救助形式比较单一，主要是经济方面的救助。

随着经济的发展，我国的社会保障制度日益完善，养老、失业、医疗等社会保障的覆盖面也越来越广，但是贫困家庭由于没有参加工作或者由于自己的经济状况等原因无力支付医疗保险，很多贫困女性单亲家庭就属于这种情况。根据统计，天津市女性单亲家庭中拥有养老、医疗、失业三种保险的家庭不足四分之一，占 23.3%；而没有享受“三险”或者其他任何形式保险的女性单亲家庭占到了 30%（何兰萍，张再生，2008）。

② 妇联组织

妇联作为妇女的专门性的组织，在节假日也会对一些单亲贫苦家庭的妇女进行慰问，对她们进行心理上、金钱以及物质上的帮助。作为妇女的专门性组织的妇联，其对贫困女性单亲家庭的帮助是远远不够的，这些心理上、物质上的帮助，只能暂时帮助贫困女性单亲家庭渡过暂时的困难，并不能解决她们的长期问题。

近年来，在妇联的引导下，全国很多城市陆续建立了“单亲母亲救助专项资金”、“单亲母亲创业救助基金”等。这些专项资金的主要来源是政府，同时也吸纳了企业、社会团体的捐赠（何兰萍，张再生，2008）。但是，这些专项基金的使用存在一定的问题，它们不可能惠及所有的贫困女性单亲家庭，有些贫困女性单亲家庭还是只能靠自己解决自身的困难。

③ 社区组织

社区基层组织对女性单亲家庭的救助也属于社会支持中的正式支持。社区组织有着它的优势，它能够及时了解到贫困女性单亲家庭的需求、她们的生活状况以及她们的困境，能够对贫困女性单亲家庭进行及时的帮助。但是，社区组织对贫困女性单亲家庭的救助形式也比较单一，主要集中于心理以及信息等方面的帮助。这些单一的救助形式是远远不能够解决贫困女性单亲家庭的问题。

④ 其他的正式支持

中国对弱势群体的救助主要是以政府为主导，但随着我国经济的发展和福利意识的提高，社会中的各种公益组织也越来越重视我国弱势群体的福利，对低收入女性单亲家庭的救助也越来越多。

（2）低收入女性单亲家庭的非正式支持

① 亲属的支持

亲属是女性单亲贫困家庭非正式支持的主要提供者，并且亲属在单亲女性成为单亲之后对她们的支持会有所增加。洪小良和尹志刚（2005）指出，在调查单亲社会支持网络的过程中被访者提及最多的依次是自己的兄弟姐妹（65.7%）、自己的父母（32.5%）。亲属对贫困家庭所提供的非正式的支持主要是工具性支持，其支持的程度会受到她们亲属经济状况的制约。工具性支持也称物质性支持，是指提供财力帮助、物质资源或所需服务等，或者直接提供解决问题的工具（苟雅红，2009）。

② 原配偶亲属的支持

单亲女性与原配偶家庭的联系并不是绝对的有或绝对的无，与原配偶家庭联系的亲疏以及能从中获取的支持程度，受到单亲女性自身性格、原配偶家庭对原儿媳妇的接纳认可程度以及原配偶家庭在传统观念上对继承人的性别偏向等等因素的制约和影响，这些因素也影响着孩子、父亲、父亲亲属的情感亲疏程度（董淑芬，2006）。但是，原配偶家庭对单亲女性的社会支持较单亲前还是会有所减少，并且原配偶亲属对她们的支持形式也受原配偶亲属家庭经济状况的影响。如果原配偶亲属家庭的经济状况较好，那么对贫困女性单亲家庭社会支持的工具较多；如果原配偶亲属经济状况较差，那么他们对单亲女性的情感性的社会支持较多。

③ 朋友、同事的支持

部分女性在成为单亲之后，一时不能够接受自己是单亲这一事实或害怕被别人歧视而会去刻意隐瞒；并且部分女性在成为单亲之后，她们会故意将自身的社交范围减少从而逃避与别人的交流。贫困女性单亲家庭的社交对象的同质性较高，因此，贫困女性单亲家庭从朋友、同事那里并不能得到工具性支持，更多的是情感性支持，但是由于其朋友、同事需要顾及工作和生活中的很多事情，他们并不能够向贫困女性单亲家庭提供较强的情感性支持。

（二）低收入女性单亲家庭的社会支持对其生活适应的预测力分析

1. 社会支持量表

该量表的编制主要参考范德普尔的理论架构，将社会支持分为：情感支持、实际支持、社会交往支持三个维度，共 20 题。

本研究采用《社会支持量表》进行初测，并对初测量表结果进行统计分析。参考 Noar(2003)的建议，将偏态绝对值大于 1 者或峰度绝对值大于 2 者删除，无题项被删除。经项目分析，删除鉴别度及总相关不显著的题项（S5），共 1 题，故剩余 19 题。进一步将 19 题项做 Bartlett 球形检验以了解项目间共享因素可能性，检验值为 1369.70，$p = 0.000$；同时样本适应值 KMO 为 0.76，表明样本适合作因素分析。因此本研究采用自主分群法进行探索性因素分析，将旋转后因素负荷量绝对值小于 0.45 的题项删除，共删除 4 题。正式量表共计 15 题，包括三个维度，分别命名为情感支持、实际支持、社会交往支持，累积解释率为 55.62%。随后，采用最大似然法对正式量表施测结果进行验证性因素分析，结果见表 9-3。由表可知，各项指标均达到要求，因而删除题项后的社会支持量表具有良好的结构效度。

最后，对社会支持正式量表进行信度分析，结果发现：系数为 0.80，折半信度为 0.48。情感支持、实际支持、社会交往支持三个维度的系数范围在 0.73 ~ 0.82，折半信度范围在 0.64 ~ 0.83。这说明该量表达到良好的信度和效度。

表 9-3 社会支持因素分析旋转后的整体解释变异数及信度分析

社会支持量表	特征值	变异数（%）	累积变异数（%）	α 系数	折半信度
实际支持	3.01	20.04	20.04	0.73	0.64
情感支持	2.81	18.72	38.76	0.76	0.82

续表

社会支持量表	特征值	变异数(%)	累积变异数(%)	α系数	折半信度
社会交往支持	2.53	16.86	55.62	0.82	0.83
社会支持总量表				0.80	0.48

2. 社会支持对生活适应的预测力分析

本研究以低收入单亲女性家庭的社会支持各层面为预测变项,生活适应为效标变项,进行复回归分析,以考验低收入女性单亲家庭的社会支持对其生活适应的预测力。

由表9-4显示,三个预测变项预测低收入女性单亲家庭生活适应时,进入回归方程式的显著变项为社会支持的三个维度,其多元相关系数为0.29,调整后决定系数为0.09,F值为11.47($p<0.001$),达显著水平,表明社会支持各维度能够预测生活适应9%的变异量。

以标准化回归系数β来看,实际支持为-0.13($t=-2.44, p<0.05$)、情感支持为0.168 ($t=3.04, p<0.01$),社会交往支持为-0.27($t=-5.04, p<0.001$),均达显著水平,代表社会支持各构面对于低收入女性单亲家庭生活适应有显著预测力。

由表9-4亦可知,低收入单亲女性获得的情感支持能够正向预测其生活适应度,表示其感受到的情感支持越多,生活适应越好;而实际支持和社会交往支持却对生活适应有负向预测力,说明其感受到的实际支持和社会交往支持越多,生活适应反而越差。

表9-4 低收入单亲女性的社会支持对其生活适应之复回归分析摘要表

选出变项顺序	标准化回归系数(β)	T值	多元回归系数R	调整后决定系数R^2	F值
			0.29	0.09	11.47^{***}
实际支持	−0.129	-2.44^{*}			
情感支持	0.168	3.04^{**}			
社会交往支持	−0.269	-5.04^{***}			

注:$^{*}p<0.05$,$^{**}p<0.01$,$^{***}p<0.001$,p为机率值(Prob-value)。

(三)低收入单亲女性的社会支持影响生活适应之路径分析

1. 测量模型拟合

本研究所关心的低收入单亲女性的社会支持之实际支持、情感支持、社会交往支持为预测变量,根据结构方程模型的建模要求,我们先构建测量模型。低收入单亲女性的生活适应为潜变量,由子女照顾、社会活动参加、人际交往、自我能力评价、个人适应、亲子沟通构成。这样，测量模型包括三个观测变量和一个潜变量。对测量模型的参数估计和检验采用协方差结构模型的极大似然法，得到拟合指数如下：x^2/df(167. 19/24) = 2. 80 (p = 0. 000)，GFI = 0. 946，CFI = 0. 84，NFI = 0. 78，RMSEA = 0. 08，该测量模型拟合不好，需要进一步修正。

2. 对假设模型 M 的修正

基于上述测量模型，采用协方差结构模型的极大似然法对假设模型 M 进行估计和检验，模型 M 不被接受，同时拟合指数达不到符合标准，需要进一步考察模型的参数估计值，发现"生活适应→社会活动参加"、"生活适应→自我能力评价"和"生活适应→亲子沟通"的路径系数都不显著，于是按逐步删除法来修正模型，拟合指标趋于良好。得到模型拟合指数如下：x^2/df (17. 55/6) = 2. 93 (p = 0. 007)，GFI = 0. 99，大于 0. 9，CFI = 0. 97，大于 0. 9，NFI = 0. 96，大于 0. 9，RMSEA = 0. 07，小于 0. 08，拟合指数良好，表示接受此模型（见图 9-3）。

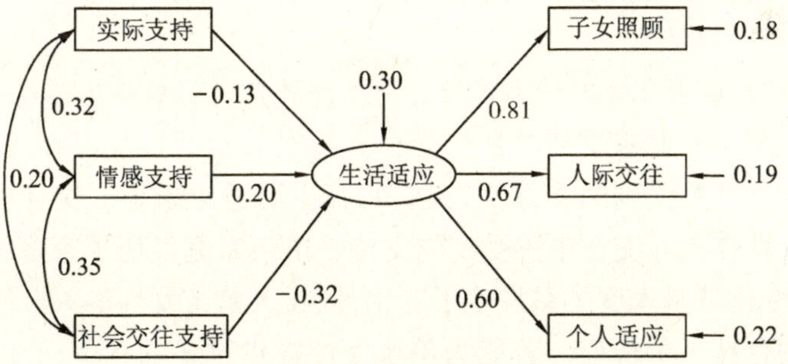

图 9-3　输出模型 M

在输出模型 M 中，低收入单亲女性的社会支持中实际支持对生活适应的直接影响路径系数为 -0. 13，表明低收入单亲女性感受到的实际支持越多，其生活适应反而越差；社会支持中情感支持对生活适应具有正向影响力，直接影响路径系数为 0. 20，即低收入单亲女性感受到的情感支持越多，生活适应越好；而社会交往支持对生活适应具有负向影响力，影响系数为 -0. 32，说明低收入单亲女性感受到的社会交往支持越多，生活适应越差。

（四）本节讨论

1. 低收入单亲女性感受到的实际支持对其生活适应具有负向影响力

实际支持即低收入单亲女性实际得到的支持，是其在面临生活困难时他人提供的人力协助，经济和物质帮助等。低收入单亲女性具有女性的敏感和细腻，她们认为接受了他人的帮助就意味着接受了他人的同情，就等于承认了自己是弱者、是需要保护的对象。在知识经济时代，受"女权主义"的影响，许多女性更看重自己的能力和外人的评价，若被他人视为弱者，则会降低其自我评价和个人适应（管斌全，徐建华，朱向军，2006），增加自卑感，导致其出现有意降低人际交往的情况。因此，她们感受较多的实际支持，其生活适应反而较差。

2. 低收入单亲女性感受到的情感支持正向影响其生活适应

情感支持是指低收入单亲女性面对家庭结构发生重大转变的情况下，他人为帮助单亲女性舒解压力，提供精神安慰及重大事项咨询的行为。本研究路径分析发现，低收入单亲女性感受到的情感支持对其生活适应产生正向影响，即感受到的情感支持越多，其生活适应越好。低收入单亲女性面对家庭结构的转变，或家庭成员构成、家庭经济水平和生活质量发生重大变化时，最重要的是尽快调整心态，用平和的心态对待子女，给子女以安全感和稳定感，使其能够和家长一起面对生活中的困境（曾仕强，刘君政，2005）。同时，在家庭发生重大变故之时，若有人能够给予单亲女性一定的心理援助，使她们不至于在人前自卑，而是对自己有信心，相信能够通过自己的力量提高生活质量，则她们能够较快适应单亲后的生活。

3. 低收入单亲女性感受到的社会交往支持负向影响其生活适应

低收入单亲女性感受到的社会交往支持对其生活适应存在负向影响，也就是说单亲女性感受到的交往支持越多，其生活适应越差。交往支持是指低收入单亲女性在人际交往中感受到的支持。单亲家庭经历了家庭结构的转变后，最大的变化就是家庭关系发生了变化，低收入单亲女性的人际关系及人际交往情况均存在一定转变。若能为单亲女性提供过多的社会交往支持，则易使其感受到较多的同情和怜悯，导致其怀疑自我能力，在人际交往中自动将自己放在弱者的位置，较难适应单亲后的生活。

三、低收入单亲女性的社会支持通过家庭资源管理影响其生活适应

单亲家庭因家庭结构发生改变，家庭成员都必须调整自己，但低收入单亲女性因女性角色或自身能力不足而无法获得足够的社会支持，导致其在就业、住房、子女教养等方面有诸多困难，难以适应生活（朱磊，2008），以致出现个人适应、亲子适应及社会适应等诸方面的问题。

研究发现，社会支持与家庭资源管理关系密切，社会支持作为个人拥有的、与他人（如家人、朋友、同事）之间直接或间接的联系，是危机出现时发挥援助功能的社会关系。而这种嵌进个人社会网络中的资源，本质上是一种支持性的关系，它可以减少人们达到目的的所需的成本（林江鹏，2009）。因此社会支持是低收入单亲母亲家庭资源的重要来源，只有充分有效地利用社会支持，才能管理好有限的家庭资源。社会支持的多寡与生活适应亦存在显著正相关

(Son&Bauer,2010),社会支持多的人,其自我认知较高,拥有的家庭资源较多,有能力改善生活,并满足家庭日常生活需求,且有剩余资源作储蓄理财,因此其家庭资源管理效果较好(Zhan&Pandey,2004),生活适应也相对较好。因此本研究假定:社会支持会通过家庭资源管理而间接影响生活适应,即家庭资源管理在社会支持和生活适应之间起到中介的作用。

(一) 低收入单亲女性的社会支持、家庭资源管理及生活适应的关系

表 9-5 表明低收入单亲女性感知的社会支持与家庭资源管理及其中的目标中心取向和随意性取向存在显著相关($p<0.01$),但与资源中心取向的相关关系不显著($p<0.05$),与生活适应成显著负相关($p<0.01$)。同时正如前文分析的那样,低收入单亲女性生活适应与其家庭资源管理及目标中心取向、资源中心取向、随意性取向 3 个维度存在极其显著的相关关系($p<0.01$),而与无目标取向相关不显著,因此没有列出。

表 9-5　感知社会支持、家庭资源管理及生活适应的积差相关分析

	M	*SD*	1	2	3	4	5	6	7	8	9
社会支持	3.37	0.43	1								
实际支持	3.31	0.55	0.78 **	1							
情感支持	3.33	0.58	0.69 **	0.32 **	1						
交往支持	3.32	0.65	0.68 **	0.20 **	0.35 **	1					
家庭资源管理	3.39	0.41	0.14 **	0.09	0.15 **	0.06	1				
目标中心取向	3.76	0.53	0.30 **	0.24 **	0.24 **	0.15 **	0.86 **	1			
资源中心取向	3.23	0.75	−0.04	−0.11 *	0.02	0.06	0.69 **	0.41 **	1		
随意性取向	2.60	0.62	−0.19 **	−0.12 *	−0.09	−0.20 **	0.35 **	−0.06	0.11 *	1	
生活适应	3.03	0.52	−0.16 **	−0.13 *	0.03	−0.24 **	0.43 **	0.25 **	0.47 **	0.24 **	1

注:* $p<0.05$, ** $p<0.01$, p 为机率值(Prob-value)。

(二) 低收入单亲女性感知社会支持对其生活适应的预测作用

由于教育程度、月收入和单亲原因都是类别变量,因而需要将其转化为虚拟变量(吴明隆,2003)。教育程度(小学、初中、高中),以大学(大专)及以上教育程度为参照组;月收入(500 元以下、501—1000 元、1001—2000 元),以 2001 元以上为参照组;单亲原因(离婚、丧偶、分居),以未婚为参照组。在对教育程度、月收入和单亲原因的影响加以控制的条件下,以 3 种社会支持的得分为自变量,以生活适应的平均分为因变量,采用强迫进入(Enter)变量法,进行多元回归分析,结果见表 9-6。

表 9-6　感知社会支持对生活适应的回归分析

变量	*SE*	β	*t*	*F*
控制变量				5.921***
教育程度(小学)	0.10	-.01	-0.10	
教育程度(初中)	0.08	0.08	1.13	
教育程度(高中)	0.07	-0.03	-0.41	
月收入(500 元以下)	0.11	0.13	2.41*	
月收入(501—1000 元)	0.07	0.23	3.62***	
月收入(1001—2000 元)	0.07	0.14	2.46*	
单亲原因(离婚)	0.19	0.40	2.25*	
单亲原因(丧偶)	0.19	0.34	2.00*	
单亲原因(分居)	0.21	0.36	3.66***	
自变量				
实际支持	0.05	-0.07	-1.21	
情感支持	0.05	0.13	2.18**	
交往支持	0.04	-0.26	-5.02***	

注: * $p<0.05$, ** $p<0.01$, *** $p<0.001$, p 为机率值(Prob-value)。

在控制了教育程度、月收入和单亲原因的情况下,3 种社会支持可共解释其生活适应 10.6% 的变异量。由表 9-4 可知,3 个自变量中情感支持对生活适应具有显著正向预测作用,即感知到的情感支持越高,其生活适应越好;而交往支持对生活适应具有显著负向作用,表示感知到的交往支持越高,其生活适应反而越差。

为进一步考察低收入单亲女性情感支持和交往支持是如何影响其生活适应的,是直接影响还是通过不同的管理方式来间接影响其生活适应,需要进行中介效应检验。

(三) 家庭资源管理的中介作用

1. 中介效应检验

根据温忠麟、张雷及侯杰泰(2004)提出的检验中介效应的方法,采用强迫进入法进行回归分析,用以考察家庭资源管理在社会支持与生活适应之间的关系中是否具有总结作用,在所有的回归方程中,均将教育程度、月收入和单亲原因作为控制变量。检验结果见表 9-7。

表 9-7　家庭资源管理的中介效应的检验结果

变量	第一步（系数 c）	第二步（系数 a）			第三步（系数 c'/b）
	生活适应	目标中心取向	资源中心取向	随意性取向	生活适应
控制变量					
教育程度（小学）	0.003	0.058	0.192**	0.154*	-0.108
教育程度（初中）	0.096	0.249**	0.230**	0.107	-0.042
教育程度（高中）	-0.021	0.285***	0.154*	0.173*	-0.140**
月收入（500 元以下）	0.143**	0.074	0.198***	0.057	0.043
月收入（501—1000 元）	0.233***	0.088	0.343***	-0.109	0.097
月收入（1001—2000 元）	0.139*	-0.080	0.071	0.092	0.102*
单亲原因（离婚）	0.366*	0.042	-0.042	0.338	0.326*
单亲原因（丧偶）	0.327	0.008	-0.110	0.376*	0.313*
单亲原因（分居）	0.351***	0.079	-0.054	0.188	0.336***
自变量					
情感支持	0.132*	0.212***	0.000	-0.042	0.088
交往支持	-0.266***	0.065	0.039	-0.177**	-0.260***
中介变量					
目标中心取向					0.096*
资源中心取向					0.422***
随意性取向					0.159***
R	0.434	0.393	0.486	0.323	0.626
R^2	0.188	0.155	0.236	0.104	0.392
调整后的 R2	0.164	0.129	0.213	0.077	0.369
F	7.644***	6.025***	10.154***	3.838***	16.560***

注：* $p<0.05$，** $p<0.01$，*** $p<0.001$，p 为机率值（Prob-value）。

由表 9-7 可以看出，在控制了教育程度、月收入和单亲原因等因素影响的条件下，情感支持和交往支持对生活适应具有预测力（$\beta=0.132, p<0.05$；$\beta=-0.266, p<0.001$，即回归系数 c 显著）；而家庭资源管理之目标中心取向、资源中心取向、随意性取向对生活适应具有预测力（$\beta=0.096, p<0.05$；$\beta=-0.422, p<0.001$；$\beta=-0.159, p<0.001$，即回归系数 b 显著）。

社会支持对家庭资源管理的预测作用（即回归系数 a）、情感支持对目标中心取向的影响（$\beta=0.212, p<0.001$）、交往支持对随意性取向的影响（$\beta=0.177, p<0.01$）三者均显著，其他均不显著。可认为目标中心取向在情感支持和生活适应间中介效应显著；同时，随意性取向在交往支持和生活适应间起着部分中介效应。

中介效应检验也可以用 a×b 系数乘积项检验法即 Sobel 检验，其中 a 是预测变量对中介变量的未标准化的回归系数，b 为预测变量与中介变量一起预测时，中介变量（自尊）与因变量（主观幸福感）的未标准化的回归系数，S_a 与 S_b 分别是 a 与 b 的标准误。Sobel 检验，公式为 $Z = ab/\sqrt{b^2 S_a{}^2 + a^2 S_b{}^2}$，检验结果见表 9-8。Sobel 检验结果表明，中介变量的作用极其显著，见表 9-8。

表 9-8　家庭资源管理在感知社会支持和生活适应之间的中介作用（Sobel 检验）

中介作用的路径	a(Sa)	b(Sb)	Sobel(Z)
情感支持→目标中心取向→生活适应	0.19	0.27	3.30
交往支持→随意性取向→生活适应	-0.18	0.20	2.97

另外发现，在引入目标中心取向、资源中心取向和随意性取向后，社会支持对生活适应的影响（即回归系数 c′）、情感支持对生活适应的影响（β = 0.088，$p<0.05$）不显著，而交往支持对生活适应的影响（β = 0 -.266，$p<0.001$）显著。这说明目标中心取向在情感支持和生活适应关系中起完全中介的作用，而随意性取向在交往支持和生活适应关系中起部分中介的作用。

根据以上分析，可以得出以下的路径图：

完全中介模型：

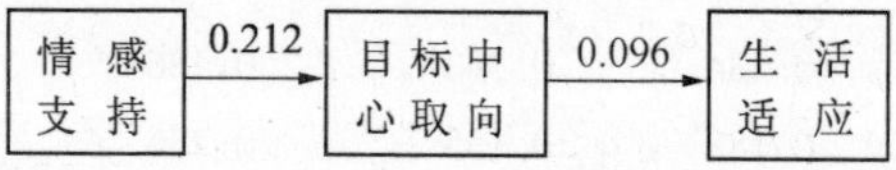

部分中介模型：

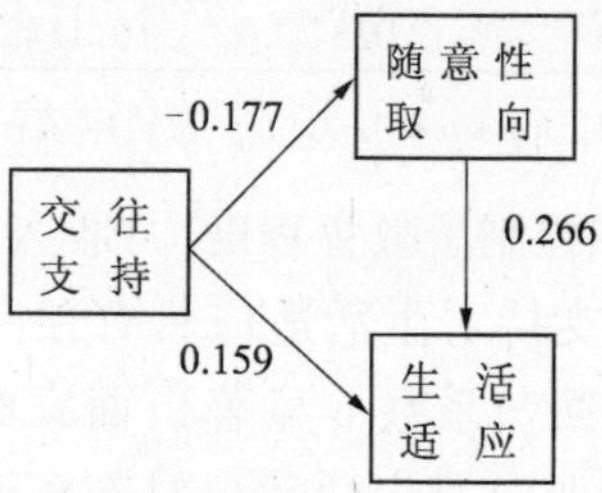

图 9-4　家庭资源管理中介效应示意图

2. 中介效应的分解

各种具体家庭资源管理的中介效应分解情况见表 9-9。

表 9-9　家庭资源管理在感知社会支持与生活适应之间关系中的中介效应分解

中介路径	中介效应(a×b)	总效应(c)	中介效应/总效应
X1→M1→Y	0.02	0.132	0.15
X2→M2→Y	0.03	-0.266	0.11

表9-9中列出了不同家庭资源管理在不同中介路径中的中介效应大小、总效应以及二者的比值(即中介效应的相对大小)。从中可以看出,目标中心取向在情感支持和生活适应间的中介作用相对较大,而随意性取向在交往支持和生活适应关系间的中介作用相对较小。

(四)本节讨论

1. 社会支持与家庭资源管理、生活适应的关系

低收入单亲女性的社会支持作为其最重要的家庭资源,是影响其家庭资源管理和生活适应的重要因素。低收入单亲女性得到的社会支持越多,其可用的家庭资源也就越多。在资源较多的情况下,单亲女性可以相应采用较合理的理财方式增加家庭资源,以适应单亲后的生活。同时,低收入单亲女性感受到的社会支持对她们的生活适应却存在显著负相关,即低收入单亲女性感受到的社会支持越多,其生活适应反而越差。

2. 社会支持与生活适应的中介变量——家庭资源管理

本研究的结果表明,在控制了教育程度、月收入和单亲原因等因素影响的情况下,家庭资源管理对社会支持与生活适应关系中的中介影响大小及影响路径是不同的。具体而言,家庭资源管理的目标中心取向在情感支持和生活适应之间存在显著完全中介效应,而家庭资源管理的随意性取向在交往支持和生活适应间存在部分中介效应。

低收入单亲女性感受到的情感支持对家庭资源管理的目标中心取向存在显著正向影响,并进而影响其生活适应。单亲女性在较多的情感支持下,能够及时调整心态,采用"开源节流"的方式增加家庭资源,因此较能够适应家庭结构的转变。而低收入单亲女性感受到的交往支持越多,对其随意性家庭资源管理取向存在负向影响,并进而对生活适应产生负向影响,因此感受到的交往支持越多,生活适应越差。

本章小结

本研究在文献探讨和前期访谈的基础上,通过问卷调查了苏州地区低收入单亲女性的基本背景、社会支持、家庭资源管理及生活适应现况,探讨影响其生活适应的主要因素,为提高其生活适应能力提供参考。

研究结果发现,低收入单亲女性的教育程度、家庭月收入、单亲原因及家

庭资源管理与生活适应间存在显著相关;低收入单亲女性的教育程度(初中)、家庭月收入(501—1000元)对其生活适应具有直接效应,即教育程度较低或家庭月收入较低者更能适应单亲后的生活;家庭资源管理在低收入单亲女性的教育程度、月收入和生活适应之间起着完全中介作用;家庭资源管理在其单亲原因和生活适应之间起着部分中介作用。

社会支持作为家庭资源最重要的组成部分,对生活适应的影响力较大。具体而言,低收入单亲女性感受到的实际支持和交往支持负向影响其生活适应;而其感受到的情感支持正向影响其生活适应。同时,在控制了教育程度、月收入和单亲原因等因素影响的情况下,家庭资源管理对社会支持与生活适应关系中的中介影响大小及影响路径是不同的。家庭资源管理倾向中的目标中心取向在情感支持和生活适应之间存在显著的中介效应,而家庭资源管理倾向中的随意性取向在交往支持和生活适应间只存在部分中介效应。

第十章 低收入单亲家庭的子女问题

家庭环境是孩子健康成长的重要外部因素,父母在孩子的成长过程中更是扮演着不可替代的角色。单亲家庭因家庭关系的破裂和父母一方的缺失,导致其子女易产生一系列不良习性,而低收入单亲家庭更是因经济问题而产生子女教养等问题。为此,本章将着重介绍单亲家庭的子女在心理、学业成绩及社会性发展等方面的表现,并通过访谈研究进一步说明低收入单亲女性在教育孩子时所遇到的困境及采取的方式。

一、低收入单亲家庭子女的心理健康状况分析

人们生活在世上,有1/3甚至更多的时间是在家庭中与亲人共同度过的,家庭对人的各种素质的形成和发展,有着全面的影响,甚至起着"塑型"的决定性作用。苏联著名教育家马卡连柯认为家庭是人初次向社会迈进的重要场所(万云英,1994)。父母稳定的婚姻状况对儿童的健康成长起着重要的作用(李惠春,黄鉴政,孙达,1998)。然而随着离婚率的上升,单亲家庭越来越多,导致其子女在生活中面临着一系列的适应问题。

单亲家庭是指子女只跟随父母中的一方生活,另一方可能是因亡故或离异等原因而完全或几乎完全抛弃了对子女的监护和抚养义务的家庭。单亲家庭的子女在情感、人格等方面的心理健康状况及整体的心理健康水平与完整家庭的子女相比有很大的差异(刘媛,姜潮,林媛,李纯,赵岩,2009)。同时,单亲家庭给子女的学习成绩方面也带来一系列消极的影响(夏丽英,赵媛,2005)。因此,单亲家庭的子女在生活适应上存在一些困难。本研究通过对单亲家庭子女的人格、情感、社交、学习成绩等方面的探讨,以了解低收入单亲家庭子女的心理健康状况,以期为单亲家庭更好地适应生活提供建议和参考。

(一)单亲家庭子女的人格特点

人格是指人类心理特征的整合、统一体,是一个相对稳定的组织结构,并在不同的时间、地域下影响着人内隐的心理特征和外显的行为模式。一般来说,人格具有相对稳定性,但是这种稳定性并不是一成不变的,当受到一些事情的影响时,人格也表现出相应的变化。

许多研究已经证实单亲因素会给子女造成人格方面的负面影响，会阻碍其适应生活（王挺，沈永健，2010）。刘秀芬，黄悦勤，李立明（2000）研究发现单亲家庭大学生人格障碍发生率是完整家庭大学生的5.9倍。王挺与沈永健（2010）通过对男、女大学生的调查发现，单亲家庭女生的F（兴奋性）、N（世故性）因子分较低；对男性单亲家庭子女来说，他们的G（有恒性）、H（敢为性）、Q（实验性）因素较低。总体来讲，单亲因素使得大学生的个性出现了不良的变化，这种变化使得单亲大学生表现出较多的心理障碍和多种人格障碍问题。

在单亲家庭中，离异家庭是最常见的家庭形式，也是最为普遍的研究对象。在我们这个注重传统伦理道德的国度里，离异一直被当做不光彩的事情，并受到社会舆论的压力，在这样的情境下，离异家庭的子女会产生消极情感并影响着他们的学习和生活。研究者对离异家庭的子女人格特点进行研究后发现，单亲家庭子女的性格行为问题的平均比例都远远高于完整家庭的子女（刘媛，姜潮，林媛，李纯，赵岩，2009），他们往往表现得情绪激动，容易受环境变化的影响，当遇到困难刺激的时候往往觉得自己的人生非常不如意，出现悲观的情绪，并容易急躁不安，从而引发一系列的身心问题（王挺，沈永健，2010；孟俊贤，张建新，2007）。

单亲家庭的子女在性格缺陷方面主要有以下几种表现。

1. 自卑

自卑是单亲家庭子女的性格缺陷之一，自卑感强的孩子沉默寡言，不善与别人交流，经常自卑自责，消极地看待自己，并害怕困难，在困难面前不作任何努力，就轻而易举地放弃自己的目标，并持自我否定的态度。他们的自我否定还经常伴有消极的情绪体验，如不安、内疚、害羞、失望等。随着年龄的增长，不良刺激或重大挫折常常会唤起他们消极的情绪体验，引发其自卑情结，形成其自卑的性格。

2. 孤僻

孤僻也是单亲子女常见的性格缺陷之一。孤僻且自卑感强的人不敢与人交往，因为他们总担心被轻视和排斥，虽然他们有和他人亲近的欲望，但当恐惧超过欲望时他们就会采取抑制欲望的方法，对他人表现出冷漠和排斥，从而形成其不合群、孤僻的性格。

3. 散漫放任，暴躁易怒

由于单亲子女缺乏关爱或者过分被溺爱，他们经常处于无组织、无规范的情境中，并表现出散漫放任的态度，自我控制能力差。同时由于抑郁的情绪无处发泄，他们经常脾气暴躁易怒，遇到事情容易冲动，甚至会出现打人、骂人的过激行为。

此外，还有些单亲子女会表现出怯懦、胆小怕事、感情脆弱、遇事惊慌失措等。由此可见，单亲给子女的人格造成的不良影响是难以估计的，甚至会导致子女产生人格障碍（黄悦勤，李立明，刘秀芬，2000）。

（二）单亲家庭子女的情感特点

研究发现，与双亲家庭比较，单亲家庭子女因家庭生活的变化及家庭情感的骤变，都较少体验到其父亲或母亲的情感温暖和理解（张志群，郭兰婷，2004），并且她们从内心深处认为自己是被抛弃的孩子，自卑自怜，从而产生不良情绪。比如，单亲家庭子女经常表现出抑郁、焦虑、敏感、多疑等不良情绪，具体分析有以下几点。

1. 抑郁和焦虑

单亲家庭子女起初不能接受家庭转变的事实，往往情绪低落，表现出明显的抑郁情绪。李学容（2005）进一步调查发现，单亲家庭子女情绪存在明显的焦虑，在众人面前感到焦虑、不安，害怕别人说自己的坏话，表现出退缩行为。夏丽英和赵媛（2005）运用 Achenbach 行为量表对离异家庭的青少年进行调查也发现，离异家庭子女在抑郁症状因子上得分显著高于完整家庭的青少年。刘媛等人（2009）的研究也显示，单亲组和非单亲组的 SCL-90 躯体化、强迫、抑郁、焦虑和敌对因子差异非常显著。张志群和郭兰婷（2004）应用父母教养方式问卷、Beck 抑郁问卷和青少年生活事件量表等对 1393 名中学生进行调查发现，单亲家庭子女都较少地体验到其父或其母的关爱，尤其是父母离异的子女比完整家庭的子女学生更多地出现抑郁症状，更值得关注的是，离异家庭中 45. 51% 的子女有不同程度的自杀倾向。

2. 情绪易激动，不稳定

对于单亲家庭尤其是离异家庭子女来说，往往因对父母一方的怨恨，而表现出发脾气、摔玩具、不愿意与人交往、睡眠不安稳、导致亲子冲突加剧等。姚本先与方双虎（2000）调查指出，离异家庭子女极易出现消极情绪和不良情感，具体表现为爱哭、易激动、常有恐惧感，觉得自己生活不愉快、不幸福。王金云（2001）通过进一步的调查发现，单亲家庭子女的消极情绪在性别上存在显著差异，男性表现为情绪易激动、倔犟，情绪不稳定且波动幅度较大等特点；女孩则表现为易焦虑、烦躁、爱哭、情绪低落、独来独往、易受惊吓等特征。

3. 情绪敏感多疑，低落

研究者对 90 后的单亲大学生调查发现，与完整家庭的大学生相比，90 后的单亲大学生敏感多疑比率普遍高 3% 左右，对别人的谈话非常敏感，担心别人说自己坏话，对别人的评价也非常在意（李章龙，张楚青，2009）。同时，他们会因自己不能得到完整的家庭而埋怨，怀念与父母共同生活的美好时光，爱与恨的双重夹击容易导致其情绪低落。

总之，离异家庭子女的情感的发展可归纳为六个阶段，愤怒、痛苦阶段；盲目乐观阶段；流动、出走阶段；终日忙碌、闭门不出阶段；渴望、思索阶段；获得新生阶段。每个阶段其情感有不同的变化，他们既有愤怒、焦虑、失望，也有相对情绪平稳的时刻；既有烦恼和尴尬，也有希望和对美好生活的期待。

二、低收入单亲家庭子女的学习状况

良好的家庭教育对子女的正常发展及达到较好的学习状态等具有奠基作用，而良好的家庭教育又与父母的婚姻状况有着不可分割的关系（薛昆，李玮，2008）。单亲家庭由于离异或丧偶，其子女或经历过父母整日争吵、打骂、敌视等不安全的家庭环境，或经历过丧失亲人的沉重打击。非婚生或分居的单亲子女经历或许稍好些，但结果未必不同。一般情况下，孩子失去父爱或母爱，其单亲父母要么对子女非常溺爱，放任不管；要么将希望全部寄托在子女身上，对子女严格管理和约束，并没有考虑子女的情感需要和所缺支持，同样也无法给子女提供良好的家庭教育。这两种情形都将导致单亲家庭子女无法得到正常而充分的发展。因此，单亲家庭的子女在学习上容易陷入困境。

李慧，陈英和，王园园，方晓义，齐琳（2007）在对离异家庭儿童心理适应阶段的研究中指出，儿童的学习在每个阶段有不同的变化。在巨变期，儿童注意力不集中，学业成绩急剧下降；适应期的儿童学习动机增强，成绩有所好转；在定型期，儿童成绩参差不齐，但普遍没有父母离异前好。由此说明，单亲现象给下一代学习上带来的影响是巨大的。单亲家庭中，子女的学习成绩普遍较低，学习适应性较差，其后进生的比例远远超过完整家庭的子女（杨静，卢智泉，张国毅，候长余，1999；薛昆，李玮，2008；肖萍，周密，2001；盖笑松，赵晓杰，张向葵，2007）。

总之，单亲家庭的子女在学习上的不良表现可从语言与行为两方面进行探讨。

（一）语言方面

Bohm（2004）对 28 名来自离异家庭年龄 10—13 岁的男孩和 26 名完整家庭的男孩的语言能力、处理情感问题的能力和反应能力等进行调查，发现来自离异家庭的男孩言语不连贯，处理情感问题的能力也存在很多困难，不善于表达自己的情感，并且反应能力差。单亲家庭子女在语言方面的表述不连贯，表达缺乏词汇或感情，可能是因为强烈的自卑阻碍了其大脑中负责语言学习系统部分的正常工作，不仅影响了其所表述词汇和语句的信息量，也影响到与他人的交流（笙长军，2009）。

（二）行为方面

在离异家庭中，儿童产生不良行为的几率远远大于完整家庭儿童，这是导致单亲家庭子女学习成绩不良的原因之一。雷玉洁（2001）的研究结果指出，行为与学习成绩密切相关，有不良行为的儿童经常会表现出怕上学、逃学、上课不爱提问或回答问题、注意力不集中等学习方面的问题。林崇德（1992）的研究也指出，单亲家庭儿童在学习行为方面往往表现出无故旷课、扰乱课堂秩序、作业马马虎虎、抄袭作业甚至不完成作业，导致其成为班级的“差生”或“个别生”。

此外，因单亲而产生精神痛苦，这又导致单亲子女经常情绪低落，适应性差，这些都给单亲子女学习带来的不少烦恼。林崇德（1992）研究发现，离异家庭的子女学习成绩（尤其是语文和数学成绩）与完整家庭子女相比有明显的差异，绝大部分离婚家庭子女在父母离异前并非都是如此，他们的成绩急剧下降的起点，基本上是在父母离婚前后。

综上所述，低收入单亲家庭子女因家庭结构的改变，生活发生了突然的转变，使得他们一时无法适应生活，在心理健康水平上与完整家庭子女相比有很大的差距（李学容，2005），主要表现为性格、情绪及学业成绩上有了明显的变化。因此，了解单亲家庭子女在心理上的变化是至关重要的，可让他们更好适应生活，体验生活的美好。单亲家庭子女心理状态的变化需要大家共同关注，需要全社会给予更多的关心、照顾和呵护。

三、单亲家庭子女的社会性发展研究

家庭对子女而言，除了供给其生存所必需的物质条件与精神情感支持之外，更为其日后人生观与价值方向奠定了基石。然而，随着离婚率的不断上升，越来越多的家庭成为单亲家庭，有学者预测，21 世纪单亲家庭将成为主要家庭形式之一（周兆安，2007）。国外对单亲家庭儿童的心理特点有过许多研究，如美国休格和麦克德莫特等人调查发现，单亲家庭的子女往往表现出抑郁、富有破坏性、易激怒、孤僻、对父母愤恨。此外，有数据显示，美国违法犯罪青少年中，有 30% ~60% 来自单亲家庭；我国违法犯罪青少年大约有 10% ~30% 也来自单亲家庭。这在某种程度上说明单亲家庭子女的社会性发展不良（陈会昌，张东，张慕蕴，魏明霞，1990）。这种不良发展，突出表现在同伴关系、亲子关系等人际关系上（丁芳，2008）。为此，本节将通过文献综述的方式探讨单亲家庭子女的同伴关系和亲子关系，了解其社会性发展现况，为单亲家庭、学校和社会提供参考，从而使单亲家庭子女能更好地适应社会，树立良好的人生观与价值观。

（一）单亲家庭子女的同伴关系现状分析

同伴关系是指年龄相同或者心理发展水平相当的儿童之间通过共同活动、相互协作过程所建立和发展起来的一种人际关系。单亲家庭会给子女的同伴关系造成一定的影响（王挺、沈永健，2010；刘媛等，2009）。傅安球（1993）对离异家庭子女心理的调查研究，发现完整家庭子女的同伴关系与离异家庭子女的同伴关系，在等级上的差异非常明显。完整家庭子女被同学接纳程度较高的占人数的64.6%，离异家庭子女则只占26.4%，前者比后者高出约1.5倍；完整家庭子女同伴关系较差和极差的人数只占3.3%，而单亲家庭子女却占了22.6%，后者比前者高出近6倍。

龚鑫（2010）的研究也指出单亲家庭的同伴交往普遍存在一些问题，主要表现为认知障碍、情感障碍、性格障碍和能力障碍。在认知方面，受客观环境的限制，单亲家庭子女社会经验不足，不能够全面接触社会，认知上容易出现片面化现象；同时，他们常以自我理想来确定择友标准，所以一旦结果与理想不符，往往产生心理落差，从而产生人际交往障碍。情感作为人际关系的重要组成部分，在同伴关系中起着重要作用，如果情感缺失或缺乏会阻碍交往行为。单亲家庭的子女有时对人对事过于敏感和不重客观，感性因素占主导地位（龚鑫，2010），他们重一时不重全面，因而其人际交往缺乏稳定性，产生各种障碍。性格方面，活泼开朗的学生容易交到朋友，经常三五成群地结伴而行，而内向沉闷的学生则不易交到太多朋友。对单亲家庭的子女而言，他们往往性格孤僻，表现焦虑，且容易自卑，甚至会动不动发火、生气、脾气暴躁、态度生硬，对人充满敌意，或者自我陶醉、易受委屈，因此在与同伴交往中，单亲子女容易产生人际冲突。能力方面，单亲家庭子女往往语言表达能力较差（笙长军，2009）。他们往往想关心人，但又不知从何做起；想赞美人，可怎么也开不了口或词不达意；有的与人交谈时也会面红耳赤，甚至心里发慌，这势必会影响单亲家庭子女同伴关系的顺利发展。

综上所述，单亲家庭子女在同伴交往中会面临种种障碍，缺乏良好的人际交往能力，这将影响他们的学习和生活。因此，无论是家长、学校、老师还是社会，都需关注单亲家庭子女，对他们的人际交往给予指导和帮助，培养其独立的人格和良好的习惯，为他们建立良好的人际关系而努力。

（二）单亲家庭的亲子关系现况分析

亲子关系概念源于遗传学，指亲代和子代之间的生物血缘关系，在心理学中指父母与子女之间的相互关系，是家庭中最基本、最重要的一种关系。这种关系具有三层含义：① 生物学意义，主要表示的是血缘关系；② 社会学意义，主要表明的是法律、制度、地位等关系；③ 心理学意义，主要揭示其特定的情感态度、行为方式等方面的联系(缪建东,1999)。根据亲子之间的互动及单亲家长的教养方式,单亲家庭的亲子关系又可分为亲子互动减少型、相依为命型及过度保护型三类。

单亲家庭由于家庭结构发生了变化,导致家庭关系失衡,在单亲女性家庭中,女性既要担任母亲的角色又要担任父亲的角色,与子女沟通的时间减少,由此会影响亲子关系的质量。

曾有对单亲家庭亲子关系的研究指出,与完整家庭相比,单亲家庭亲子之间的关系明显较差,他们不满意自己的家庭(李泽志,2006;孟俊贤,张建新,2007)。姚本先和方双虎(2000)调查显示离异家庭子女有54.29%的男孩和38.89%的女孩经常与父母争吵,说明不少离异家庭亲子关系不良。从沟通时间来说,单亲家长与孩子共处的时间更短;完整家庭的氛围更加柔和,亲子交流中父母的正向评价或鼓励更多,潜在的冲突更少。秦金环、阴国恩等(1990)对离异家庭儿童与完整家庭儿童进行比较,发现两者在亲子关系上有显著差异,离异家庭子女的亲子关系不良表现主要为与父母的交往关系较差、对父母缺乏信任感、对家庭和父母的满意感较低。

四、低收入单亲家庭问题的实证分析

自20世纪70年代末改革开放以来,我国由传统社会向现代社会转型,计划经济向市场经济转变,社会的发展使人们的生活观念也随之改变,中国的婚姻家庭关系已打破传统单一的标准模式,从单一向多元发展。家庭小型化趋势的代表——核心家庭出现裂变,直接导致了单亲家庭的增多,单亲家庭已成为一个特殊的社会群体。据统计,在国内外单亲家庭中,女性家长明显多于男性家长。在美国,由母亲维持的单亲家庭约500万个,占单亲家庭总数的87%,仅有不到7%的家庭是以男性家长为主的;在中国,以女性为主的单亲家庭也占近90%(李晓杨,2008)。

作为特殊群体的一员,低收入女性单亲家庭的子女不能像普通家庭的孩子一样得到完整的父爱,而且受到家庭破裂及家庭贫困的影响,往往在心理上更容易产生偏差。此外,子女的心理发展还会受到女性单亲家长的性格、经历、职业、教育程度及教养方式的影响。

教养方式(Parenting Style),国内也有学者称之为教育方式,抚养方式。不同的学者对于家庭教养的认识是不完全相同的。Steinberg, Lamborn, Darling, Mounts 和 Dornbusch(1994)认为教养方式是反映亲子关系中全部情感维度的整体结构(Laura & Schwarz, 1996)。美国心理学家鲍德温在弗洛伊德理论的基础上进行了扩充和创新,采用自然观察法和实验室观察法对家庭教养方式做了大量系统的研究,提出了父母教养方式的两个主要维度,即要求和责任。

同时，他又进一步将父母的教养方式分为：① 权威型，即父母以合理、温和的态度对待孩子，站在引导和帮助的立场，设下合理的标准并解释道理；② 专制型，即父母通常用坚定且清晰明确的行为标准要求孩子，操纵孩子的一切；③ 宽容型，即父母让孩子自己作出决定，父母基本上不通过权威、地位或施加奖惩等方法对孩子进行控制，使其在可能的情况下自由发展；④ 放任型，即父母相信孩子能做正确的事情，但是当孩子做出不明智的决定时，他们却发现难以进行干预(Baumrind, 1971)。

父母教养方式是发展心理学家研究儿童心理发展问题时关注的重要课题，而由于单亲家庭的不断增多，单亲家庭教养方式及其对子女的影响也逐渐受到了社会学及心理学等领域的关注。为此，本节将根据访谈结果详细分析低收入单亲女性的教养方式、对子女的要求方式、对待子女建议的方式、对子女生活方面的教养方式、对子女的期待五个方面，进而探讨单亲女性对其子女的抚育方式等。

(一) 研究方法

本研究通过苏州或其他地区的妇联以及学校等了解低收入单亲女性的基本信息，通过沟通联系，使其明白研究目的，说服她们接受访谈，访谈对象共23名。除基本信息外，访谈大纲主要涉及以下几个方面：

(1) 单亲母亲在子女成绩表现不好时的态度；

(2) 单亲子女对待母亲建议的态度；

(3) 单亲母亲对待子女建议的态度；

(4) 子女犯错时，单亲母亲的态度；

(5) 单亲母亲对子女成绩及行为表现的要求；

(6) 单亲母亲与子女的互动状况及她所认识的单亲家庭对子女的影响程度；

(7) 单亲母亲对抚养子女能力及方式的认知情况。

(二) 研究结果

通过对低收入单亲女性的访谈，发现她们对子女的教养方式主要集中学习、生活方面，及对子女的要求方面等等。

1. 低收入单亲女性对子女学习方面的教养方式

访谈中很多单亲母亲都将希望寄托在孩子身上，所以大部分单亲母亲对其子女管教严格，希望他们“学习好，将来有个好工作”，不会像自己一样陷入贫穷的境地。而部分单亲母亲对子女虽然严格，但也不会像专制型父母对待子女那么严厉，单亲母亲对子女学习方面的教养方式具体有以下几种：

(1) 权威型

大部分单亲母亲对自己子女的教养方式属于权威型,她们希望子女能够学习好,将来有个好的工作,不至于像自己一样受苦,所以在学习方面管教甚为严厉。比如有的母亲提到“对孩子要求严格,就是希望孩子好好学习,努力读书”;也有单亲母亲提到“孩子学习不认真时,我有时候会打她。有次我把她赶走了,她拉着不走,我就把她书包扔了”。

(2) 专制型

访谈中专制型的单亲母亲较少,只有P女士认为孩子是要管教的,孩子表现不佳时“会批评她,恨她不争气,有时甚至会打她”。

(3) 宽容型

也有部分单亲母亲虽然希望孩子学习好,有个好的未来,但是他们不会强迫子女学习,认为对待子女“顺其自然”就好,此即为宽容型的单亲母亲。比如有的母亲提到“主要是顺其自然,以沟通为主”或“以教育为主”。访谈中也有单亲母亲提到家中经济条件不好,不会强迫孩子参加辅导班,因为“他要是不想去,不但白花了钱,他还浪费时间”。

访谈发现几乎没有单亲母亲对子女采用溺爱或放任的方式,许多单亲母亲宁愿为了子女而放弃工作,放弃更好的生活。她们最大的愿望就是“子女考上好大学,有个好工作”,所以她们不会溺爱孩子或者放任子女。

2. 低收入单亲女性对子女的要求方式

单亲母亲对子女的要求体现了他们日常生活中教养子女的方式,其要求方式具体有以下几个方面:

(1) 自由民主型

访谈中发现大部分单亲母亲认为孩子已经长大了,有自己的想法,对他们不会有较多的要求,一般都以民主的态度对待子女。比如有的母亲认为自己很民主,“现在的孩子都比较有想法,只要他讲明原因,我会尊重他的意见”;也有的母亲会认为自己的水平不足,自己说的不一定是正确的,因此不强制子女按照自己的要求去做,让孩子充分发挥创造力。

(2) 严格要求型

少部分单亲母亲认为家中收入不高,且孩子还小,孩子一定要听从自己的要求。如有的母亲提到“孩子还小,很多事情都不是很了解,是需要家长指导的,比如生活习惯什么的都得听我的”,“孩子是需要严格要求的,是需要教育的”。有的母亲提到家中经济条件有限,她们会在生活上“要求他不能买太贵的东西”。

(3) 放任型

访谈中少数单亲母亲提到家中经济条件不好，一般不会溺爱孩子，但是部分单亲母亲选择放任孩子。如O女士提到“我念书的时候，学习就不好，最怕老师，所以我也不过高要求孩子”。

3. 低收入单亲女性对待子女建议的方式

随着单亲家庭的子女年龄逐渐增大，他们对生活和学习有自己的想法，与母亲的想法不统一时，他们会主动向母亲提出自己的建议。访谈中所有的单亲母亲对待子女的建议都会采取民主的方式。

许多单亲母亲认为子女大了，且自己文化水平不高，如今与社会接触不多，所以她们会听取子女的建议，在家中有重大事情的时候更会询问子女的意见。比如有的单亲家庭子女会向其母亲提出改善生活的建议，如“换个工作，可以挣得多一点”；也会提出休闲方面的建议，如“去哪里玩玩，放松心情”或者“在我不高兴的时候陪我聊天，让我放轻松点”；还有的单亲家庭的儿童会向母亲提出对待他的方式的建议，如M女士提到“他会说我对他的关心少了，让我多关心他点”。

4. 低收入单亲女性对子女生活方面的教养方式

访谈发现大部分单亲母亲对子女的生活不会有较高的要求，多采用宽容的教养方式，在生活中犯了错误也是以沟通教育为主；但也有部分单亲母亲对待子女较为专制，在心情不好的时候将气撒在孩子身上；几乎没有单亲母亲对待子女生活方面采用放任的教养方式。

(1) 宽容型

大部分单亲母亲都会让孩子自由发展，并且对子女在生活中所犯的错误皆以教育为主，很少采取打骂的方式。比如有的母亲提到“每个人都会犯错误的”，“我最多批评他，但主要还是沟通”；也有的单亲母亲提到，教育孩子时要根据孩子犯的是何种错误，若是一般生活上的错误，“会听听原因，若真是他不对，我会批评他”，但若是原则上的错误，则“一定会严厉批评他”。

(2) 权威型

部分单亲母亲会站在引导和帮助的立场，以合理、温和的态度对待孩子，设下合理的标准并解释道理。比如有的母亲提到“我会和他讲道理的”。

(3) 专制型

也有部分单亲母亲提到，自己心情不好时，会把气撒在孩子身上。比如有的母亲提到“有时候家里钱不够花了，心情不好，会把气撒在孩子身上，会打他”。

5. 低收入单亲女性对子女的期待

访谈中所有单亲母亲对子女都有着或高或低的期待,她们最大的心愿就是"孩子身体健康,学习好,将来能找个好工作"。访谈中只有25%的单亲母亲对子女的学习成绩有具体要求,即要求他们在班级或年级里保持某个名次,"因为考试的难度不一样的,所以他只要保证班级前五名,不能下滑"。但访谈中大部分单亲母亲对子女的成绩没有明确的要求,她们认为"不能给孩子太大的压力,压力大了反而不利于她们学习";也有单亲母亲提到"学习成绩基本上没有分数界限,我就要求他有所进步就行,不退步就行了"。

6. 单亲对亲子关系的影响

绝大部分单亲母亲认为单亲对亲子关系没有任何影响,与孩子之间的互动仍然非常多。比如有的单亲母亲提到,"没什么影响,我跟孩子还是经常沟通的,他爸爸在的时候也是经常沟通的,学校有什么事孩子都会告诉我的,他自己的心事也会和我讲,从来不会不讲的",或者"孩子都是我亲自带大的,和我比较亲,现在有什么事情还是都会告诉我的"。此外,单亲母亲S认为她跟孩子的互动挺好的,"经常聊聊天说说话。如果孩子不和我聊天说话,我也会找时间主动和他沟通,比如孩子考试有点失意的时候,我会找他散散步啊,谈谈心,把他的忧虑给排解掉。"

部分单亲母亲提到单亲对亲子关系有一定程度的影响,主要有以下几个方面:

(1) 相处时间少,关心不够

有的单亲母亲因为要工作养家而忽视了子女,比如单亲母亲M提到"对我儿子影响太大了,我现在工作很忙,两个人的时间总不能凑在一起,导致我和他的互动越来越少。"

(2) 无法满足子女需求

单亲家庭经济条件不佳,单亲母亲为了满足家庭日常开支,只能减少孩子的需求。如单亲母亲K的女儿喜欢画图,可"家里没有足够的钱让她去上辅导班的";单亲母亲P也提到,"有影响的,因为过得太苦"。

7. 低收入单亲女性抚养子女及改善生活的能力

对于自己是否有能力抚养孩子或提高生活状况,大部分单亲母亲都认为不管自己是否有能力,都会尽力将孩子抚养成人。为满足子女的生活需求及改善家庭生活,她们会通过以下几种方式提高收入:

(1) 通过实际行动增加收入

部分单亲母亲都会多做几份工作,或者做些小生意来增加家庭收入,以满足子女的需求及提高生活水平。比如有的母亲提到"总归是想点办法,或者做些生意，或者多打个工”或者“等孩子大了能独立了就去找个工资高的工作”。

(2) 减少开支

部分单亲母亲认为自己没有足够的能力抚养子女或者提高生活水平，她们认为“只能在生活上省点了”以满足家庭需求。比如有的母亲提到“平时放假我们都不出去的，不出去就不花钱”，或者“能省则省”，这样才能保证日常开支。

有的单亲母亲的心态比较消极，认为目前的生活状况是无法改变，她自己是完全没有能力抚养子女或者提高目前的生活水平，只能“勉勉强强过日子”，“过一天算一天，自己马马虎虎，孩子好一点就可以了。”

综上所述，家庭是社会的细胞，是子女的第一个学校；家长是子女的第一个老师，他们对子女有着强烈而深远的影响。而单亲家庭由于家庭的变故，家中失去了往日的欢乐，气氛变得孤独寂寞，孩子也因此失去了往日的欢乐。这时单亲家长若不及时关注子女、开解子女，单亲子女的人格、情绪、心理、学业成绩、社会性发展等方面易产生一系列问题，不利于他们今后在社会中的发展。

第十一章 低收入单亲家庭的代际传递研究

近年来,伴随着社会经济的迅速发展,我国社会的贫富差距越来越大,处于社会底层的人群,缺乏改变自己命运的渠道和机会,难以实现公正、合理、开放的向"上"流动,从而陷入贫困中。而女性在抚育后代、家庭未来发展方面具有特殊性,与贫困的代际传递存在很强的关联度。贫困女性缺乏足够的营养健康、医疗保障和完整教育,弱化了她们对子女的早期喂养能力与早期教育能力,限制了子女成年后的社会竞争力和自我提升能力,抑制了子女未来创造财富的能力,从而产生教育程度、心理健康及家庭解组等代际传递(王爱君,2009)。

这里,贫困代际传递理论是一个在西方具有较大影响的贫困理论流派。这一理论在国内理论界和学术界尚未引起足够的重视,而贫困代际传递问题则是我国反贫困实践中遇到的一个新的难题,因此,对贫困代际传递理论进行深入研究和借鉴是十分必要的。

一、贫困的内涵

改革开放以来,我国的国民经济、生活水平得到了较大幅度的提高,但我国各个地区之间贫富差距大,贫困问题突出。以往我们统计贫困人口,主要对象是农村人口,但20世纪90年代,我国的贫困人口逐渐从农村向城市转移,并且数量急剧增多(王朝明,2005)。

(一)贫困的定义

关于贫困,国内外专家从不同的角度,按照不同的标准对其进行了解释,贫困可分为制约型贫困和能力贫困、绝对贫困和相对贫困、狭义贫困与广义贫困、农村贫困与城市贫困等类型。

1. 制约型贫困和能力贫困

根据贫困的成因,它可分为制约型贫困和能力贫困(沈红,2000)。其中,制约型贫困是指由制度、资金、土地和基础设施等方面的缺失所导致的贫困,它包括制度制约型贫困、资源制约型贫困和环境制约型贫困等(郭怀成,张振兴,陈冰,邹锐,张宁,2004)。其中,制度制约型贫困是指由各类社会制度决定的生活资源,在不同社区、不同区域、不同群体和个人之间的不平等分配,造成的某些社区、区域、群体或个人处于贫困状态(叶普万,2005;,2008);资源制约型贫困是指由于人类的生存条件绝对恶劣或各种生产要素配置不合理造成的贫困(Wu, Huang, Guo, 1997;郭怀成,张振兴,陈冰,邹锐,张宁,2004);而环境制约型贫困是指由于生态环境的制约或恶化而使某些群体或个人处于贫困状态。能力贫困是指由于贫困人口或贫困家庭的主要劳动力缺乏正常的体力、智力和必要的专业技能所引起的贫困,是人的某种或某些能力被剥夺而产生的贫困(Sen, 1987, 1993, 1997)。

2. 绝对贫困和相对贫困

根据贫困的程度,可将贫困分为绝对贫困和相对贫困(李永友,沈坤荣,2007)。绝对贫困是指低于城市最低生活水平的一种生活状况(Fan, Zhang & Zhang, 2002)。相对贫困是指个人或家庭的收入低于社会平均收入水平,并严重到一定程度,不能维持家庭最低生活水平的生活状况(Moller, Bradley, Huber, Nielsen & Stephens, 2003)。从概念上看,绝对贫困是纯粹在物质生活上仅能维持最低生存的临界状态,只与生理需求有关。而相对贫困则具有比较的意味,是与正常水平相比后按照一定比例,将部分家庭或个人视为贫困,它不仅涉及生理需求,也包含了更高层次的心理需求,主要是指与某参照群体进行比较后的一种落后和收入下降的境况,它与个体之间经济来源的相互比较有关。

3. 农村贫困及城市贫困

按贫困发生的空间,可把它分为农村贫困和城市贫困,区域性贫困和非区域性贫困(魏后凯,邬晓霞,2009)。农村贫困指贫困的发生集中在农业人口居住的农村区域(童星,林闽钢,2001);城市贫困指贫困的发生突出表现在非农业人口居住的城镇区域(唐钧,2001)。现阶段,农村主要表现为极度贫困和绝对贫困,而城市则主要表现为一般贫困和相对贫困。区域性贫困是指在一定的制度背景下,不同区域之间由于自然条件和社会发展的差异,致使某些地区陷入贫困之中(陈玉光,崔斌,1995)。非区域性贫困指分散发生在部分社会成员中的贫困(叶普万,2003)。按贫困发生的空间实行分类开展有针对性扶贫工作,可抑制贫困的蔓延和发展。

4. 狭义贫困和广义贫困

根据贫困的范围,可将它分为狭义贫困和广义贫困。狭义的贫困仅指物质上的贫乏,即个人、家庭、地区所具有的物质材料或经济水平无法达到社会公认的基本生活水准。广义的贫困则不仅包括物质贫困,还包括社会、文化等意义上的贫困,即贫困是个人、家庭、地区所具有的物质资料或精神食粮达不到社会公认的基本物质生活和精神生活水准(唐钧,2003)。联合国开发计划署《1997 年人类发展报告》中提出的"人文贫困"的概念即属于广义的贫困范畴,从人文发展的角度来衡量一个国家的贫困程度,不仅包括国民人均收入,也包括人均寿命、卫生、教育和生活条件等因素(徐金锋,2006)。

总之,贫困是由于资源(物质资源、社会资源、文化资源)或手段、能力、机会的匮乏而使生活水平低于社会可接受的最低标准。

为解决困难群众的生活问题,1993 年 6 月上海市首先建立了城镇最低生活保障来救助生活困难的群众,此后,厦门、青岛、福州、大连、无锡、广州等地也陆续建立了扶持困难群众的最低生活保障。至 1996 年底,全国大部分城市皆建立了最低生活保障(孙光德,董克用,2008)。

虽然各地皆采取了全面性的扶贫政策,但目前我国仍然有相当规模的贫困人口存在。据民政部调查,2006 年全国城市最低生活保障的人数共有 2240.1 万人;2007 年为 2272.1 万人;2008 年为 2334.8 万。随着贫困人口的逐渐增加,我国各级财政投入也随之增加。据统计,2006 年全年各级财政支出低保资金共计 224.2 亿元,比上年增长 16.8%;2007 年共支出 277.4 亿元,比上年增长 23.7%;2008 年共支出 393.4 亿元,比上年增长 41.8%。虽然我国各级财政投入逐年增加,但我国的贫困人口仍然较多,2009 年底,全国共有 2345.6 万城市低保对象,比上年增加 10.8 万人(民政部,2011)。

(二) 女性单亲家庭的贫困化

单亲家庭只有一位户长,必须独自承担子女照顾与赚钱养家的双重任务,更何况单亲家庭的家长大多为女性——离婚后与孩子生活一方大多数为母亲,且女性薪资比男性少到二至三成,因此就有"贫穷女性化"的现象出现。

女性单亲家庭的贫穷问题似乎已成为相当普遍的现象。"贫穷女性化"这一名词是美国学者 Pearce 于 1979 年首次提出,当时她观察到美国 16 岁以上贫穷人口组成中有三分之二是女性,而其中最引人关注的就是几乎有一半的低收入户是来自以女性为户长的家庭,因此她断言美国的贫穷问题已逐渐成为一项女性问题,随后二十年美国单亲家庭的比例直线增长,其中尤其是女性单亲家庭的大幅增长更为明显。到 1990 年,女性单亲家庭有三分之一生活在贫穷线以下,生活在其中的成人与小孩约占美国总贫穷人口的一半以上,使得 Pearce(1979)所谓的"贫穷女性化"几乎与贫穷的女性单亲家庭画上了等号。此外,近年来美国社会出现所谓的"贫穷年轻化"(Juvenilization of Poverty)的现象主要来自于青少年未婚生育的年轻单亲母亲。女性单亲家庭的出现,令人担心的并非其成长的数量,而是它与"贫穷女性化"趋势之间密切相关。

以美国的研究来说,探讨单亲家庭贫穷现象大都以女性单亲家庭为对象,因女性在职场上一直居于劣势，当女性遭遇离婚或丧偶时，除了心理的创伤，经济上的冲击也会比男性大，尤其是原本就无工作的女性，一旦成为单亲就失去了经济来源，若没有来自私人或政府的经济支援，生活即陷入困境。根据相关文献资料，一旦女性面临婚姻解体而成为单亲家庭时，大多数的女性单亲家庭的经济状况会出现比原来的家庭削弱的现象，女性单亲家庭落入贫穷的风险比其他家庭形态高，由于女性单亲家庭家长必须承担家庭与就业的双重责任，一方面她们必须承担后代小孩的费用，同时由于缺乏工作经验，劳动市场的性别歧视以及照顾小孩等原因使得她们赚钱的能力受到很大限制；另一方面，由于单亲家庭和完整家庭在经济、心理与社会整合以及亲子关系上有所不同，导致女性单亲家长处于弱势地位。

以上原因导致贫穷女性单亲家庭成为政府近来社会救助的主要对象之一。政府目前已开始采取行动对贫穷女性单亲家庭这一弱势群体进行救助，如2008年江苏省张家港市劳动保障部门联合张家港市妇联，举办贫困单亲母亲免费就业指导培训；举行了关爱贫困单亲母亲并以“助业、助学、助医、助法”为主要内容的“四助”等活动，均体现了本地政府对贫困单亲母亲的社会救助。

二、低收入单亲家庭的贫困代际传递

20世纪60年代，英美经济学家经过对贫困人口及福利政策的长期研究，发现贫困群体中存在贫困代际传递的现象。为了证实此结论，他们随后又对非洲、东南亚、南美和加勒比海地区，以及芬兰、美国等国家的社会底层人群进行深入研究，最终在大量实地调查基础上，认为贫穷是可以世代传递的，并根据社会学的代际流动研究范式提出了“贫困代际传递”这一概念（王爱君，肖晓蓉，2009）。

（一）贫困代际传递的概念

贫困的代际传递是指贫困或者导致贫困的相关条件和因素，在家庭内部由父母传递，使其子女在成年后遭受与父母相同的境遇——继承父母的贫困和不利因素并将贫困传递给后代，形成一种恶性循环；也指在一定的社区或阶层范围内贫困以及导致贫困的相关条件和因素在代际之间延续，使后代重复前代的贫困境遇（李晓明，2006）。贫困的代际传递严重影响着贫困家庭走出贫困。父母亲这一代的失业和贫穷可能会持续影响到下一代，导致下一代的失业和贫穷，形成所谓的“下层阶级”（Underclass），世代陷入贫困的生活并且不易脱离出来，其贫穷效果会一代代地延续下去。这与经济学的“马太效应（Matthew Effect）”相符，即经济学中贫者愈贫、富者愈富、赢家通吃的收入分配不公的现象。

（二）贫困家庭贫困代际传递的成因

贫困代际传递的现象并非必然，家庭成员的健康问题困扰、家庭资源缺乏、教育投资低、缺乏社会关系网络、社会相关政策尚未健全、贫困文化的影响等均是贫穷代际传递的重要原因，了解产生这一现象的原因，对单亲母亲及子女脱离代际传递这一“怪圈”有很大帮助。关于贫困世代效应的产生原因众多，不同领域的学者皆对此进行了深入研究，形成了众多的观点，主要有几下几种（李晓明，2006）。

1. 要素短缺论

美国著名学者 Landes（2010）在《国富国穷》一书中指出，贫困的原因在于要素的短缺。要素主要指资本、资源、科学技术等脱贫致富必不可少的基本条件，并由此派生出资本短缺论、资源短缺论、科技落后论等等观点。经济学者倾向于从经济要素配置的角度研究贫困性质，认为贫困是贫困者对生产要素——土地、资金和劳动力不能进行有效管理的结果。在贫困地区，资金和土地都属于短缺要素，而能够控制的生产要素只有劳动力。因此，贫困农户经济行为的基本模式为仅能通过增加劳动时间增加其他生活所需要素。而贫困农户中人口的增加，不仅直接降低生活水平，而且使得可控制的人力要素更为短缺，使得贫困无法缓解。贫困农户陷入生产要素流程的恶性循环或低水平资源配置均衡。要素短缺论虽有一定解释力，但忽视了文化和社会结构性因素的影响。

2. 智力低下论

Herrnstein（1973）研究发现，贫穷人口的智商普遍低于非贫穷人士，而他们的结婚对象又多是智力较低的人，因此其生育的子女智商也不高。他认为贫穷产生的主要原因就是智力低下。Herrnstein 和 Murray（1994）重申了这种遗传学观点，将低智商和贫困、福利依赖、违法犯罪联系在一起。但这一令人怀疑的理论观点成为某些人指责穷人的口实。

3. 贫困文化论

根据 Lewis（1996）的观点，他认为穷人已经形成了一种贫困文化。在贫困人群中有一个特别突出的文化和生活风格，即贫困文化。贫困文化是贫困者由于种种原因而无法改变所处生活状态所形成的独特的生活方式，而其原因可能是由于既定的生产方式无法改变，亦可能是由于害怕失败的风险，给自己和家人带来不幸而不敢突破。

贫困现象的持续和循环可能是由于子女习得了父母的价值观和态度，由此产生一系列不良行为方式，如冷漠、屈从的态度，不重视学校教育，在意即刻的满足而不愿节俭，不稳定的家庭生活，以及对权威——无论是警察、学校、政府或社会机构等任何形式——的不信任。在这些家庭的孩子长大后，他们的消极态度会导致其难以融入社会主流生活。研究者认为，贫困文化既是贫困代际传递的原因，又是贫困代际传递的结果。但是，贫困文化虽然存在，但学者将贫困完全归因于有缺陷的亚文化价值体系，忽视了造成贫困的社会结构力量的持续影响。这种主张贫困的原因在于贫困者自身的观点，受到国内外学者的质疑。

4. 环境成因论

环境成因论认为恶劣的自然环境与交通条件是贫困的根源。将持续性贫困的原因归于贫困者与其所生活的自然环境的关系的失衡；或在一定自然调解下，因人口过多而致贫困，抑或在一定的人口数量下，因现有资源贫乏而贫穷（李晓明，2006）。显然，这两种观点都失之偏颇。尽管人与环境的矛盾在大多数贫困地区都存在，如过度垦荒造成环境退化导致人们生活水平下降等，但并不能以此来解释造成一个地区长期贫困的原因。不利的自然环境虽然对贫困地区的发展起着很大的制约作用，但由此便得出结论，认为贫困纯粹是因自然环境所导致的，显然是失之偏颇的。

5. 素质贫困论

素质贫困论的学者认为，贫困的真正原因不是资源的匮乏，不是产值的高低，也不是发展速度的快慢或收入的多少，而是"人的素质差"——即人们从事商品生产和经营的能力差（沈红，2000）。美国社会学家 Inkeles（1969）主张，发展中国家当改变人的行为方式和思想观念，提高个人现代性，以适应工业化进程的要求。"素质贫困观"曾为相当一部分人所接受并在学界、政界和市民中流行。即人们常常会说，既然穷人懒，素质差，那么扶贫即是扶懒、保护落后。相应的政策话语是，扶贫牺牲了效率，扶贫本身的合理性值得怀疑。这一观点采用单线因果决定论来分析社会、经济这样一个复杂的有机系统，失之偏颇；而且，将贫困根源归咎到人的素质差时，其原因又返回到了基础设施薄弱、经济要素水平低、资源条件约束等，陷入循环论证（李晓明，2006）。

6. 功能贫困论

Spence（1985）认为，富人因其具有较强适应能力而比别人更强，更富裕，而穷人因无法适应自己的生存环境而导致自然淘汰。功能贫困理论在一定程度上受到了其理论影响，但又不尽相同。功能贫困理论认为，贫困是社会存在的一种功能和一种需要。功能贫困理论的著名代表美国社会学家 Herbert（1965）指出：一方面，贫困者之所以贫困，主要是因为他们天赋较低，或不愿意接受较高的教育培训，因而只能担当一些较低的职位，低职位决定低工资，低工资决定他们处于贫困状态。另一方面，贫困自身的存在对整个社会也有积极的作用;它发挥着某种有利于社会正常运转的功能,有助于保持社会效率。这一观点,漏洞频出:认为贫困是因天赋较低,以偏盖全,且富人也有很多天赋低的;穷人不是不愿参加教育培训,而是没有经济能力参加,或是社会没有提供足够的培训机会给他们;认为贫困的存在对社会整体有积极的作用,更是站在富人的角度和立场,让人怀疑持此观点者其居心不良。

7. 社会排斥论

英国学者 Townsend(1979)提出了"相对剥夺"(Relative Deprivation)的概念,认为当个人、家庭和集团缺乏必要的资源,不易获取食物、参加活动、拥有公认的居住和生活条件,并被排除在一般的居住条件、社会习惯和活动之外时,即为贫困。"社会排斥"(Social Exclusion)与"社会剥夺"(Social Deprivation)相联系,主要是指一个社会成员被排斥在一般社会大众所应享受的各种社会待遇之外。这一论断,只是陈述了一种现象,或者说一种结果,却未说明造成这种结果的原因,也就没有阐明造成贫困的根本原因。

8. 能力贫困论

印度著名经济学家 Sen(1987, 1993, 1997)在其代表作《贫困与饥荒》和《以自由看待发展》两书中深刻分析了隐藏在贫困背后的生产方式的作用,以及贫困的实质。他认为,贫困的实质是能力的缺乏。一个人避免饥饿的能力依赖于他的所有权(所有权是权利关系之一),以及他所面临的交换权利映射(Exchange Entitlement Mapping),而饥饿的直接原因是个人交换权利的下降。

一个人所具有的交换权利就其本质而言,取决于"他在社会经济等级结构中的地位,以及经济中的生产方式",也依赖于"市场交换"以及"国家所提供的社会保障"。同时,Sen(1987, 1993, 1997)提出,只有能力才能保证机会的平等。能力贫困理论的一大贡献是强调解决贫困和失业的根本之道是提高个人的能力,而不是单纯发放失业救济。但是,能力贫困理论只强调主观的能力,却忽略了客观的机会。而且,如果说个人能力的增强主要依靠个人的主观努力的话,那么,机会和权利的提供、增加和保障,则主要是政府和社会的责任(李晓明,2006)。因此,有学者在此基础上提出了"权利贫困论",认为能力贫困论忽视了从权利角度去观察社会排斥。穷人不一定是由于个人能力不足而受到社会排斥,更多的情况是由于权利不足和机会缺失而陷入贫困处境难以自拔。

(三)低收入单亲家庭的贫困代际传递

由于形成单亲家庭的原因包括离婚、分居、丧偶、未婚生育、收养及同居等,不论何种原因都意味着家庭结构的不完整和改变。离婚、分居或丧偶意味着家中部分或重要经济来源的中断,未婚生育、收养等则表示家中多了依赖成员，因此单亲家庭首先面对的困境便是家庭经济条件的衰弱。

我国学者孙莹(2005)指出失业与贫穷可能会有世代效应，也就是说，父母亲这一代的失业与贫穷可能会导致其下一代的失业与贫穷，形成所谓的“下层阶级”(Underclass)，世代陷入贫困的生活之中而不易脱离出来，其贫穷状态会一代代地延续下去。薛承泰(2000)指出单亲家庭贫穷的世代效应也由于亲子关系不够紧密，父母对子女的期望较低、投资较少，造成子女学业成就较低，一旦人力资本累积不足，子女陷入贫穷的可能性也相对较大。

台湾地区学者郑丽珍(1999)根据 Sherraden 提出的资产累积理论，对贫穷女性单亲家庭的经济上的世代效应予以解释。Sherraden 认为家庭所累积的资产有些是来自世代亲人的转移，有些是来自家人的投资，有些来自家人的工作所得，都是需要一段时间累积的。资产是家庭遭遇危机变成单亲时发挥缓冲以及救济效应的主要支柱，有助于家庭长期的经济稳定。Sherraden 因而提出以“资产”为基础的福利理论，强调通过政府、家庭及就业三项经济来源所衍生的收入可以协助低收入户累积资产。郑丽珍依据其资产累积理论并由此检视了女性单亲家庭的资产累积及两代传递过程，发现传统父系家族的资产传递机制阻碍女性单亲家长在家庭中的资产累积，限制了女性单亲家长脱离贫困的机会。正是由于女性单亲家长成为单亲前的有限资产传递限制了其成为单亲之后所获得的经济援助。

经济学家 Becker(1993)的人力资本理论(Human Capital Theory)从个人特质出发，强调与生产力有关的知识与技术是一项可获得报酬的投资；劳动力品质的良莠和未来职场上的期待具有函数关系，个人应能够善用“理性”(Rationality)来做最佳的选择，使其报酬“最大化”(Maximization)。因此在自由竞争的劳动力市场，人力资本不足的个人，因为教育程度低、工作能力差、就业经验不足等劣势，往往会削弱其在劳动力市场的竞争力，造成其工作报酬偏低。由于工作所得少，因此个人及其家庭沦为贫穷而依赖社会救助的可能性较高。有关单亲家庭与贫穷的研究也显示，教育程度、工作能力、职业类型等人力资本变项，对单亲家庭的经济状况相当具有解释力。郑丽珍(1999)通过实证调查发现有较高教育程度和职业技能的单亲家庭较不易落入贫穷，但值得一提的是，具有高中以上教育程度的单亲家长仍有不少人无法脱离贫穷的经济生活。

根据 McLanahan(1988)的实证研究发现，生长在女性单亲家庭的女儿通常比较不被期望升学(例如读大学)。母亲对子女期望低不但影响子女的求学动机，也表示其对子女的投资可能相对较低，因为单亲家庭的经济条件普遍低于双亲家庭，即使他们希望下一代提升人力资本以开创向上层流动的机会，却未必有对子女投资的能力，因此世代贫穷也就有可能循环下去。

Dahrendorf(1979)指出子女贫穷与父母的经济社会背景有关。根据Dahrendorf(1979)“生活机会”(Life Chances)观点，每个人生活中的选择和机会(Opitions and Opportunities)是天生不平等的，取决于他出身的家庭所在的社会阶层和社会关系定位，即如果儿童出生在贫穷家庭中，其成长过程中的选择和发展的“生活机会”将受到限制和剥夺。因而当子女长大成人的历程中，家庭发生父母婚姻中断、成为单亲家庭等，家庭就较容易陷入贫穷，需要依赖社会福利救助度过困境。Schiller(1989)所提出的“有限机会观点”(Restricted Opportunity Argument)也指出，和一般人比较，少数民族、女性和低经济收入的个人，在其成长过程中并没有均等的机会去接受良好的教育，无法从事报酬较好的工作或获得较好的工作收入，因而阻碍和剥夺了其向上的社会流动(Upward Social Mobility)的可能性，因而较容易成为贫困家庭的人口群。

Rank(1994)提出“结构弱势的观点”(Structural Vulnerability Explanation)来说明经济失利的两代效应，他认为由于社会结构的嵌入机制，以及两代间相似的社会经济地位，导致美国社会中女性及黑人群体中有较高的贫穷率。他指出贫穷人士陷入贫穷或依赖社会福利，一方面是由于有较低的人力资本，而更重要的原因是原生家庭的经济资源不足，在子女成长的过程中无法投资和累积子女足够应对劳动力市场所需的人力资本。于是一旦发生婚姻中断、成为单亲家庭等危机时，并没有足够的社会经济资源来应对生活的大变动，因而较容易陷入经济困境，且必须依赖社会福利的救助来维持家庭生活。

比起完整家庭来说，单亲家庭能获得的经济资源一般更少。父母婚姻状况的变化，即从结婚到离婚或者分居，在使孩子进入一个低收入家庭的可能性上所造成的影响要大于因为父母职位或者他们收入水平的变化所造成的影响。生活在单亲家庭的子女长大成人后，其社会经济方面的成就也不如完整家庭中长大成人的子女，一方面经济贫穷可能通过债务的方式流传给下一代，导致贫困的世代循环；另一方面家庭因为贫穷无力对子女进行人力资本投资，包括身体素质投资和教育投资，从而使下一代继续陷于贫困的世代循环之中。且由于单亲家庭无力对子女进行人力资本投资，单亲家庭下一代子女在劳动力市场上的收入水平都比较低(Hill, 1987)，也就有更大可能依赖于福利制度的帮助。

三、低收入单亲家庭的其他代际传递

低收入单亲家庭所处的特殊地位，使其更容易陷入贫穷的代际传递。这种贫困的代际传递是由于贫困家庭中成员的健康状况不佳、教育水平偏低以及不良的文化——贫困文化等种种不利的因素传递给贫困家庭中较年轻的一代而造成的。贫困的代际传递对贫困家庭和社会有着不利的影响，不利于家庭的发展和社会的稳定。因此，为了阻隔贫困家庭贫困的世代效应，必须对贫困家庭成员的健康、教育以及文化等方面制定相应的政策以改变贫困家庭中的种种不利因素。

（一）家庭解组的代际传递

国外众多研究者指出单亲家庭的子女后代可能会面临婚姻的破裂或家庭的解体（Amato，2000）。McLanahan（1988）的研究发现，生长在单亲家庭的子女未来组成单亲家庭的可能性比完整家庭的子女高。由于单亲父母的婚恋态度偏向于非传统的观念，这将造成其子女的性别角色以及婚恋价值观更为开放，以至于单亲家庭子女未婚先孕或早婚的风险比完整家庭的子女高，因此面临单亲的可能性也较高，如此形成了单亲家庭家庭解组这一情形在世代间的循环。不过有研究者指出这个情形会因不同文化背景而异，比如美国白人单亲家庭解组的世代效应情形没有有色人种（不含黄种人）的严重。也有研究者发现单亲家庭解组再制的情形近年来有好转的迹象，究其原因是离婚现象越来越普遍，现代社会对于离婚已不像传统社会具有“污名化”（Stigmatization）现象，比如美国采取无过失离婚法则（No-Fault Divorce Laws），因此离婚家庭给子女所带来的影响就不会像过去那么深远（Wolfinger, 1993）。

Amato 和 Paul（1996）的研究显示父母离婚会增加子女后代离婚的几率，特别是当成年子女亲身目睹了其父母婚姻的瓦解，父母离婚影响到子女的人际交往行为，这必然将产生一系列的问题，因而增加了子女离婚的几率。当后代结婚的双方均来自离婚家庭时，其离婚几率会被最大化。子女的结婚年龄、同居行为、社会经济可得性以及对待离婚的态度并不能缓和父母离婚对其产生的巨大影响。但 Amato（2000）对其在 20 世纪 90 年代关于父母离婚对子女影响的研究做出补充，指出父母婚姻解体有可能对家庭造成潜在的混乱，但家庭的不同个体对此的反应也有所差异，对一个人来说是消极的经验，可能对于另一个人来说却是积极的经验，这取决于个人的背景和所处的环境。这意味着父母家庭解组是否会导致子女后代将来的家庭解组，取决于子女个体的所处环境，当中存在一些个体差异。

Bengtson, Feng, Giarrusso 和 Roseann（1999）的研究利用纵向数据对婚姻质量和稳定性的世代传递效应，以及父母离婚对子女后代的婚姻质量产生的影响进行了研究。调查结果显示虽然父母离婚对子女婚姻质量的影响很小，但父母离婚增加了子女离婚的可能性。

（二）单亲家庭在子女教育上的代际传递

刘鸿雁（1998）指出单亲家庭下一代问题的形成更重要原因不是单亲家庭

的经济状况，而是其单亲家庭生活环境及教育方式的作用。郑丽珍（1999）通过访谈女性单亲家庭发现低收入户的女性单亲所受的教育和父母亲那一代的教育程度非常相似，因为低教育成就而难以脱离经济困境。另一方面生活在经济困境中的单亲家庭下一代的教育和就业机会也因此受到限制，造成教育上的恶性世代效应。与一直在完整家庭里长大的成年人相比，孩提时代经历过父母离婚的成年人教育背景比较差（Mclanahan，1988）。单亲家长没有能力为孩子提供有助于学业进步的家教服务、教学玩具、书籍和家庭计算机等，且这些家庭不得不住在学校设施和生存环境都比较差的社区，增加了孩子受到不良文化影响的风险。Bertram 和 April（2006）对美国俄克拉马州和田纳西州的 3—5 年级的孩子进行调查，发现单亲家庭的孩子比完整家庭的孩子学习动机和成绩都低；尤其是单亲家庭的孩子更不可能自发地完成工作，不能坚持完成困难的任务，不能精通理论材料，数学和语言的分数也比完整家庭儿童低。

（三）单亲家庭在心理健康上的代际传递

单亲家庭的贫穷不仅给其后代带来经济、教育上世代循环的不良影响，而且在其后代身心发展上也带来问题。首先，单亲家庭因经济资源缺乏影响孩子的营养和身体健康水平。其次，单亲家庭的状况影响到孩子的精神健康状况。形成单亲的局面对于子女而言，意味着与父亲或母亲相处时间的减少，在这种缺乏父爱或母爱的环境下，不但影响亲子的正常互动与关系的维持，同时也失去或减少了模范与监督的功能。单亲子女除了缺乏一位重要的角色模范，还必须面对家庭解组后所带来的各种负面情绪，尤其离婚或分居所造成的单亲子女，在历经父母争执的过程中，身心健康及学业都会被影响。孩子在家庭中生活得怎么样是与父母的精神健康状态相联系的，这句话对于离婚家庭孩子来说尤其正确。父母亲自我心理调节的能力是孩子成长中的重要因素。对单亲父母的心理健康与孩子健康成长的关系研究表明，父母的精神健康状况确实与孩子的精神健康状况相关，调适能力弱的父母亲将影响孩子的心理成长和适应能力。

单亲经验对于单亲子女而言除了自己与家人的问题需适应之外，同伴的排挤与隔离也是他们必须面对的问题。Amato（2001）发现，在一定程度上，成长于单亲家庭的孩子比成长于完整家庭的孩子面临更多的成长困境。家庭结构与青少年的行为之间存有相当的因果关系，不完整的家庭结构是导致青少年行为越轨、药物滥用、过早性经验、学业失败以及心灵创伤的高危因子（Amato，2001）。这些出身离异家庭的青少年所面临的成长的困境，将会伴随着他们成长的过程，如影随形地一直持续到他们进入成年期。Gnidubaldi（1986）等研究证实 6—11 岁之间的儿童受离婚负面影响较为明显，即使父母离婚 6 年之后，单亲家庭中的后代还表现出思想与行为调整上的困难。

但这些研究结果并不意味着所有的单亲家庭的孩子都不如完整家庭的孩子。如 Abraham，Greeff 和 Merwe（2004）研究单身女性家长的家庭后得出的结论是，比起其他具有同等社会经济地位的孩子们，成长在女性单身家庭的儿童更具有情感调适的能力，在一般情况下他们都有高度的自尊心，智力也比较发达；但他们在青少年期，犯罪率也较高。然而这一结论的基本前提是单身女性家长的家庭不遭受贫困的困扰，在这一前提得以满足的情况下，这类家庭的多数孩子就像完整家庭的子女一样，都会有所作为。

第十二章　建　　议

大部分女性单亲家庭都处于贫困状况之中,并由此引发了一系列连锁反应,例如子女的教育问题、健康问题等。正是由于这些不良情况的存在,贫困女性单亲家庭急需广泛的正式以及非正式的社会支持。但是贫困女性单亲家庭的社会支持现状不尽如人意,对她们的社会支持存在形式单一、力度偏小等问题。贫困女性单亲家庭社会支持状况的改变需要政府、社区以及她们自身的努力。这种局面的改善有利于贫困女性单亲家庭子女的健康成长,也有利于我国构建社会主义和谐社会。

一、解决贫困家庭世代效应的建议

贫困家庭的世代效应现象是客观存在于现实社会中的。这种世代效应的出现有着其不可避免的原因,但并非是不可解决的。本研究从贫困家庭成员的健康、教育、社会的相关政策以及贫困文化等方面对贫困家庭贫困的世代效应进行详细的探讨,并对上述几方面的原因提出了具有针对性的措施。这些措施的实施需要政府、社会各界以及贫困家庭自身等多方不遗余力的努力,这样才能发挥最大的效果,从而能够有效解决贫困的世代效应。

贫困家庭的世代效应不可能通过某一项紧急措施就可以一次性解决,只有在救助体系和制度方面做出必要的调整和安排,促进贫困家庭的收入和福利的增长,改善贫困者的生活状况,才能改变贫困家庭贫困状况的世代循环。

(一) 应对家庭成员健康问题的对策

对于贫困家庭成员的健康问题,相关的组织或者政府机构应该对其实施健康方面的社会干预。这需要实施解除贫困家庭健康危险的 3 个处理策略:预防、缓和以及应对;形成至少有公共的和非正式的(如亲戚间或家族间的风险分担)两个水平的社会干预模式。

1. 预防

预防是为了降低贫困家庭中家庭成员疾病甚至重大疾病的发生率,其关注的核心内容则是因此而导致的劳动力减少甚至丧失,从而减少家庭的经济收入。

2. 缓和

缓和是在在贫困家庭成员出现健康问题时采取措施，来尽量减少这一问题对整个家庭的影响。缓和健康风险的策略主要是进行风险分担，它包括正式的和非正式的健康保障。非正式保障策略的保障效果较差，而正式的健康保障策略能够使受助对象从大范围的人群中受益，从而降低了相关的风险，这类健康保障策略主要是指政府提供的或者市场主导的。预防和缓和都是在健康风险发生之前采取的措施，而应对则是在健康风险发生之后采取的策略。

3. 应对

应对策略的采用是为了尽可能地消除贫困家庭成员健康问题的不良影响，应对策略主要包括人、家庭减少消费，借款等等。对于贫困家庭，政府应该在应对策略的实施中扮演者重要的角色。健康风险策略的采取对贫困家庭成员的健康是非常有利的，这能够使贫困家庭避免或减少出现因疾病而导致贫困程度的加深以及贫困的世代效应。

（二）实施教育的反贫困世代效应的策略

我国教育部多次对义务教育制度进行改革，义务教育能够在较多的贫困家庭中普及；但高中以及高等教育阶段属于非义务教育阶段，很多的贫困家庭面对高昂的教育费用只能望而却步。因此，政府和组织必须采取某些相应的政策来提高对贫困家庭子女在非义务教育阶段的入学率，从而保障贫困家庭子女受教育的权利。

1. 科学合理地制定高等教育的收费标准

（1）基于高等教育的收益者进行教育成本分担

我国高等教育的受益者包括政府和社会，当然，其中也包括家庭以及个人。因此，我国高等教育的成本应由政府、社会以及个人来共同承担，而不是仅仅局限于政府和个人。

（2）基于家庭的经济实力来确定收费的标准

基于家庭的支付能力来确定高等教育的收费，能够根据家庭的实际承受水平和能力区别对待。实施这一制度的最大的优点是能够让许多贫困家庭的子女不会因为高昂的收入而被高等学府拒之门外，从而能够提高贫困家庭子女的受教育机会。但是，此方法的实行必须是建立在充分地分析家庭的收入情况以及家庭的经济承受能力的基础上。

2. 学校组织应完善奖、助、贷体系

（1）设立分地区、分类别的贫困生专项基金

设立分地区、分类别的贫困生专项基金，具体是指设立针对城市、农村、少数民族的贫困学生的专项基金。对此，各级政府应该全面规划、统筹安排，建

立和完善相关的法律措施，积极拓宽助贫基金的筹措渠道，以保障此项计划的顺利进行。

(2) 积极动员社会各界人士对助学基金的支持

助学基金的筹措只靠政府财政的投入是远远不够的，还需要社会各界人士的支持。这就需要政府机构或者学校组织建立顺畅的捐助渠道，还必须对捐助基金实行税务、政策上的优惠，进一步强化社会各界人士对贫困生的关注。

除了政府机构及相关组织对高等教育的收费及资金投入等方面进行必要的改善之外，还要对贫困家庭的子女就业方面进行积极而有效的扶持。

3. 对贫困家庭子女应进行职业培训

现在高等院校对其学生的职业培训或者给予学生实习的时间是非常少的，为了提高其学生特别是贫困子女的就业率必须增加相应的培训时间。时间的增加不可能完全解决贫困家庭子女的就业问题，高等院校还必须为贫困家庭的子女提供充分、及时的就业信息，同时要想方设法提高其信息的利用率。

4. 提供部分适合贫困家庭子女的岗位

贫困家庭的子女在就业方面的机会相对较少。为此，地方各级政府部门应该提供部分岗位优先给贫困家庭的子女进行就业；除此之外，企业单位也应该让贫困家庭子女优先就业。就后一种情况而言，政府必须为企业单位提供一些有利于其发展的优惠政策，促使企业单位积极地推行这种政策。

5. 社区积极关注贫困家庭子女的就业情况

仅仅依靠政府和学校的支持是不可能完全解决贫困家庭子女的就业问题，这还需要社区发挥其积极的力量。社区组织能够较清楚地了解贫困家庭子女的就业状况，并能够为其提供匹配的就业信息，更有针对性地解决其就业问题。

(三) 拓展贫困家庭的社会关系网络

贫困家庭的社会关系网络的提高，需要各级政府、社会、社区和贫困家庭自身的共同努力，政府、社会和社区应该积极开展不同群体之间的交流与沟通，促进社会不同阶层的垂直流动，使得社会资本得以在贫困家庭中流动，从而惠及贫困家庭，拓展他们的社会关系网络，提高社会资本的利用。

1. 政府

政府作为社会事务的管理者，在面对贫困家庭的社会关系网络缺乏时，应制定相应的社会政策增加不同阶层或群体之间的互动，以提高整个贫困群体资源管理的能力，达到社会资本的最大利用。

2. 社区

拓展贫困家庭的社会支持网络，需要社区组织的工作者积极地呼吁社区成员改变对贫困家庭的观念并伸出援助之手，同时也要呼吁社区志愿者积极主动地对贫困家庭的进行帮助。

3. 贫困家庭自身

对于贫困家庭自身而言，其家庭成员要摆脱自身的自卑感——认为自己“低人一等”的观念，积极参加社会团体或者社区居委会所组织的各种针对贫困家庭的活动，虚心接受各种培训；当然，除了在参加各种活动外，贫困家庭也应积极地与本小区或街道的成员进行沟通，来拓展自身的社会支持关系网络。贫困家庭在面临困境的时候，也要积极地寻求相关的政府机构或者街道社区的帮助，而不是仅仅局限于亲戚的支持与援助。

（四）拓宽对贫困家庭的救助范围

随着我国经济的发展，全社会对于贫困家庭的救助水平应得到相应的提高。当然，仅仅提高对他们的救助水平是远远不够的，还必须拓宽对他们的救助范围。这样才可能使其摆脱贫困，继而摆脱贫困的世代效应。

1. 增加社会救助的项目

对于贫困家庭的救助项目而言，除了对其实施最低生活保障政策外，还需要对贫困家庭的医疗、法律、住房等方面进行救助与支援。

2. 进行职业培训

对有健康劳动力存在的贫困家庭而言，有必要对他们进行职业技能培训来提高他们的市场竞争力，从而提高其就业率，进而提高他们的经济收入、改善他们的生活状况。除了对其进行职业培训外，还可以对部分贫困家庭的成员进行创业培训，这有利于贫困家庭通过自身的创业摆脱贫困。

3. 对贫困家庭提供小额贷款

对贫困家庭提供小额贷款，使其在创业培训的基础上能够有足够的资金来开展自己的事业，使他们能在自己的商业活动中增加与人交流并培养某些技能。在对贫困家庭提供小额贷款的同时，还必须为其提供商业活动必需的某些优惠政策，从而使其增加摆脱贫困状态的机会。

（五）应对贫困文化的对策

长期贫穷文化的内化和受宿命论的左右，致使贫困家庭对贫穷的自我认知产生了负面的价值观，无法奋发图强或积极面对人生。贫困文化的消除对解决贫困家庭的世代效应有着极其重要的作用。为了阻止贫穷的消极思维在潜移默化中传递给下一代，造成难以摆脱的世代效应，需要贫穷家庭自身、政府与社会相关组织的共同努力。

提高贫困家庭的教育水平、就业率,拓宽社会救助的范围等都为消除贫困文化提供了良好的环境和物质基础。除此之外,贫困文化的消除需要做好以下几个方面的工作:

1. 不同阶层间的沟通

不同阶层与贫困家庭的沟通及互动,使贫困家庭了解到社会对他们的关爱。不同阶层之间的沟通及互动需要政府部门、非政府组织和社区机构的努力。在政府部门、非政府组织和社区机构中,社区应该并且能够正常发挥重要的作用,其作用的充分发挥能够使社区贫困家庭直接受益。

2. 举办消除贫困文化消极思维的主题活动

举办消除贫困文化消极思维的主题活动基本上是以社区或者街道为主体的。此类活动的举办既能够增进不同阶层之间的沟通,也能够了解一些积极的文化思想,从而使贫困家庭摆脱那些贫困文化消极思维的影响。

3. 发挥大众媒体的作用

大众媒体在宣传方面有着举足轻重的作用。大众媒体应宣传一些关于贫困家庭为摆脱自身贫困状态坚持不懈取得成功的真实案例,此类案例的宣传能够鼓励其他的贫困家庭。媒体对于贫困家庭的关注,能够使他们了解到社会对他们的关注从而增强他们的自信心、摆脱其自卑与自闭的心态。

4. 发挥学校等组织的作用

贫困文化具有世代效应,消除贫困文化的重点对象必须放在贫困家庭中的下一代。为此,在学校中应培养贫困家庭子女树立积极向上、奋发图强的志向。

5. 贫困家庭自身的努力

贫困文化的消除还需要贫困家庭自身的努力。低收入单亲家长需要转变自己的观念、敞开自己的心扉并以积极的心态去参加为他们举办的、适合其自身的活动或从事各种工作。

二、提高低收入单亲女性的家庭资源管理水平的建议

研究发现,单亲女性的家庭资源管理水平对其能否适应单亲后的生活至关重要。忙碌的现代单亲女性面对繁杂的事物常显得事事力不从心,而忽略对家庭的用心经营。因此,学习如何利用家庭的资源、做最恰当和最有效的分配与运用,从此来达成家庭的目标、提升家庭生活质量,这就是家庭资源管理的意义和目的。

(一) 社会方面

受我国传统文化的影响,社会大众对单亲女性,尤其是低收入单亲女性仍持有色眼镜看待。引导社会大众正确对待单亲女性,努力发挥社会作用,逐步

建立社会捐助、社会帮扶的多元化救助渠道，扩大受助单亲女性的群体，帮助低收入单亲女性最终脱贫，这是一项意义非凡却又任重道远的工程。目前，社会可以通过以下途径来帮助低收入单亲女性：

1. 建立低收入单亲女性帮扶工程

研究发现，社会支持越多，女性单亲家庭的资源管理效果越好。因此，单亲女性所在社区可以结合妇联开展各类关爱妇女的主题活动。一方面可以通过与女性单亲贫困家庭真情牵手、亲情连线，走进家庭，进行生活、就业等多种形式的帮扶、教育、疏导，努力达到帮扶的目标，使她们得到有效的救助。另一方面，可以通过基金运作对贫困的女性单亲家庭进行帮扶援助。总之，社区妇女组织及妇联可不断动员社会力量，吸纳社会资金，帮扶低收入单亲女性。

2. 社会福利机构为低收入单亲女性提供相应福利券

为防止单亲女性由于不懂如何规划日常支出导致入不敷出而无法满足生活所需，社会相关福利机构可以请家庭资源管理专家，依据单亲女性的特点，规划单亲女性日常生活所需的开支，例如食品花费、交通开销、日用品支出等，并可向单亲女性发放相应的代金券。这样可以帮助单亲女性更有条理规划生活消费，不会因为不懂得如何管理家庭资源而陷入贫困且长时间无法脱离贫困。

3. 提高单亲女性就业能力

提高单亲女性的就业率，需要根据贫困单亲女性的具体情况制定不同的政策。具体而言，为解决贫困单亲女性创业知识贫乏、就业技能偏低的问题，妇联组织可动员社会各方面力量，开展多种形式的职业技能和劳动技能培训，针对市场就业需求和她们的实际，帮助贫困单亲女性掌握一技之长，着力提高其职业技能和竞争能力。此外，相关组织机构还可为单亲女性搭建就业平台，制定贫困单亲女性就业和再就业的优惠政策，如免费职业介绍、免费职业技能培训、小额担保贷款等。

（二）政府方面

目前我国并没有明确的专门针对单亲女性的单一辅助政策，只是将其纳入低收入户进行扶持。我国政府对低收入户的辅助主要以政府为主体，政府的扶持也主要是向低收入人群提供一定金额的补贴，并根据救助情况和实施效果调整每年的投入额度，几乎没有帮助单亲女性进行家庭资源管理的措施。为改善低收入单亲女性家庭资源管理的情况，政府可以考虑从以下几方面去努力：

1. 政府应积极宣传家庭资源管理知识与技术

掌握家庭资源管理的知识与技术，有利于对家庭资源进行有效管理，也有利于低收入单亲女性的生活适应。但是对双重弱势者而言,若无政府或社会福利单位的协助,她们很难自行增加这方面的知识与技巧。因此建议政府规划家庭资源管理的相关课程,以免费培训或咨询的方式让她们进修。并开设成长团体,让已经懂得如何运用家庭资源管理的单亲女性,通过经验分享去带动其他母亲的学习。此外,相关机构可以对低收入单亲女性进行电脑培训,使其通过网络,掌握家庭资源的新来源,或学习资源管理的知识,从而扩大单亲女性的家庭资源及管理知识的来源,以帮助其摆脱贫穷。

2. 政府应主动为低收入单亲女性提供就业机会

研究结果发现,现为全职工作的低收入单亲女性的家庭资源管理与生活适应度优于其它类型者,因此政府要为其提供就业机会。政府相关机构为低收入单亲女性提供就业机会的同时,还必须为其提供免费的职业技能培训,以使低收入单亲女性能够获得更好的工作机会并胜任之。除增加就业机会外,还可增加对单亲女性的经济补助及补助形式,但补助的提高必须控制在一定的范围内,以防造成单亲女性对补助的依赖。

3. 政府组织相关单位为低收入单亲女性提供就业培训

政府应提供职业技能培训增强单亲女性的就业能力,增加其家庭收入。贫穷是单亲女性遇到的首要困扰,对于这些单亲女性来说,“授之以鱼不如授之以渔”,具有一份能够养活自已和子女的工作不仅能够解决其经济问题,更能增加其自信心,去面对生活困境。所以建议政府单位,应为低收入单亲女性作好职业技能培训,使其进入职场自力更生,提升竞争力,以增加收入,从而解决经济困境。

(三) 低收入单亲女性方面

低收入单亲女性自身要主动了解家庭资源管理的内涵。一般而言,具备相关知能越丰富、运用资源越充沛、越是有工作取向的单亲母亲,其作资源管理决策较有效率,且执行结果越符合家庭需求。这就要求单亲母亲要对自身优势和劣势都有明确把握,在操作上依照资源性质与种类的不同,运用不同的管理技巧,进行管理过程中不断的反思明辨、自我赋权增能,达成建构家庭经营者的理念。

1. 低收入单亲女性应重视家庭资源管理

低收入单亲女性应正视家庭资源管理的重要性。单亲女性在生活资源不足时,应该善用管理方式以争取摆脱现状,适应生活。首先,应试着增加资源并充分利用现有资源以满足家庭需求,即资源中心取向管理方式;其次,应懂得如何运用最少的资源,以满足家庭最大需求的方式,即采用目标中心取向管理方式;最后,再根据个人的直觉反应,随时调度管理家庭资源,其特性为易变和无规划性，属于无规划的管理方式。不论采取何种管理方式，都可以帮助低收入单亲女性增加收入或满足家庭需求，适应生活中发生的危机事件，甚至在不知如何是好的情况下也可采用随意取向来管理家庭资源，以达到缓解压力，适应生活变化。

2. 低收入单亲女性应主动掌握家庭资源管理技巧

低收入单亲女性应增强管理家庭资源的知识。研究发现，教育程度越低的单亲女性通过家庭资源管理后，其生活适应越好。可见资源管理常识及社会经验非常重要。

首先，低收入单亲女性对家庭资源必须有整体性规划，需要详细了解家庭各项的明细，且平时要多收集信息，通过各种媒体了解市场的经济行情，掌握商品价格波动的规律，关注商品打折的消息，尽量使用较少的资源满足家庭需求。此外，单亲女性还必须懂得向政府与社会福利机构求助，以拓展其获取资源支持的渠道，使家庭及早脱离贫穷。其次，贫困单亲母亲必须经常与家庭成员进行沟通，了解每位家庭成员的特殊性及相关需求，并依据家庭资源的性质及种类，运用不同的管理技巧满足其需求。再次，在家庭人力、物力、财力等资源未发生严重匮乏时，单亲女性应做好平日预防性的家庭资源管理，以因应家庭中突然产生的各项变化，比如家庭生命周期的变化、家庭危机事件的发生等。最后，单亲女性还应该针对家庭资源管理的具体情况，随时调整自己的标准，反思管理过程，总结经验。

3. 单亲女性应加强与子女沟通

低收入单亲女性作为家庭计划执行者，应以家庭为中心，了解每位家庭成员如何看待家庭、想要什么样的家庭生活并找出实现每个人想法的途径，同时运用管理策略原则使其具体化、计划性、实践性，分配家务也应尽量秉持公平合作原则。此外，低收入单亲女性也可采用多元化的管理输送方式，提高家庭内部资源管理的技巧、知识与技能，例如专家咨询、家庭会议、亲子活动、网络查询、报章杂志或电视媒体议题的讨论等。同时，低收入单亲女性可进一步透过资源管理的程序，配合运用管理人力、物力等技巧，使资源达到最佳效能。在管理过程中，她们还应该善用沟通技巧，运用双向有效沟通模式，让家庭成员充分在信息内容上回馈、互动，无论在家庭资源管理中的哪一段，沟通是重要的且最基本的家庭行为。

三、提高低收入单亲女性生活适应能力的建议

单亲家庭是社会的一个特殊群体，需要全社会给予关注和重视，切实帮助她们解决实际困难，鼓励她们主动融入社会。研究发现，低收入单亲女性的教育程度、家庭月收入、单亲原因及其家庭资源管理等会影响她们的生活适应，通过提高低收入单亲女性的知识水平、月收入及对家庭资源管理的认知等都能有效帮助其适应生活的转变。

（一）社会方面

随着传统婚姻伦理观念的不断变化，社会上原有的家庭结构也正发生着变化，单亲家庭日渐增多，特别是处于最低收入水平以下的单亲母亲，已成为社会转型时期的一个新型社会弱势群体。关注困难单亲女性家庭，不仅有利于低收入单亲女性的家庭生活状况的改善，也有利于其子女的健康成长，更有利于推进社会主义和谐社会的建设。为此，社会福利机构及相关组织单位应针对单亲女性的生活现况提供援助，以帮助其适应家庭结构的转变。

从社会工作的角度对单亲女性生活困境问题的介入是一种有效且可行的方法，但是作为一种复杂的社会现象，单亲女性生活困境问题的解决任重而道远，也呼唤着来自社会各方面力量的密切关注，如社区、妇联、大众传媒等的介入。

1. 社会相关组织应积极向贫困单亲女性提供免费心理咨询服务

研究结果显示，单亲时间长的女性其生活适应度较好，但生活适应情况的改善不能仅仅依赖于时间的推移，还必须主动出击。单亲女性的经济及时间有限，因此生活适应状况的改善还需要社会相关组织的帮助，为低收入单亲女性提供免费灵活的心理咨询服务。

免费心理咨询服务的提供，能使单亲女性主动咨询，吐露心声，调整情绪，直面自己的生活，消除生活上的压力，从而增强自信心，使其有足够的能力改变自己的状况。心理咨询的过程也能使单亲女性得到成长，学会改善情绪的方法，使她们日后能依靠自己的能力进行调节。

同时，促进单亲女性素养、素质的“双提高”，使单亲女性由“自然母亲”成为“合格母亲”，提高家庭生活质量及和谐文明程度也需要社会各界的共同努力。此外，社会相关组织还应该引导单亲贫困母亲转变观念，帮助其克服弱势心理，自立自强，培养自主创业精神。

2. 引导大众媒体，消除文化偏见

社会各界应积极改变社会中对贫困女性单亲家庭的歧视或偏见，不要把贫困女性单亲家庭当成是一个特殊的群体看待，不要在日常生活中将她们区别对待甚至减少与她们的交流。而对贫困女性单亲家庭的文化偏见的消除需要发挥大众媒体的积极作用，大众媒体在对贫困女性单亲家庭进行报道时尽量避免使用具有歧视性的词汇描写，也不要随意夸大贫困女性单亲家庭的生活状况以及她们的不良处境。

消除对贫困女性单亲家庭的文化偏见，能够减少单亲女性的心理压力从而增加她们与社会的交流，使她们在成为单亲女性后能够尽快融入社会。社会交流的增加能够加大社会或群众对她们的了解和支持度，能够进一步扩大她们可以利用的社会资源。

3. 加强人文关怀，让人们关注和了解单亲家庭

通过多种媒体、多种渠道，积极开展关于单亲家庭的调查研究，加强对单亲母亲的正面宣传。社会组织特别是教育和研究部门更要发挥其主力军的作用，在社会上倡导"圆满离婚"（即夫妻虽已离婚，但仍可以做朋友，也可相互挂念，还可经常交往接触），呼吁社会力量对单亲母亲的救助。对单亲子女教育问题的研究有助于单亲家长（特别是单亲母亲）树立科学的教育意识。通过研究，可以让广大单亲家长意识到家庭的完整性也并非是教育好子女的唯一条件，单亲家庭也并不是不能塑造子女完整的人格和健康的体质。

（二）政府方面

政府在宏观层面上做好妇女社会工作，可以筹集、动员各种社会资源为妇女这一群体提供服务和帮助。对那些处于行政较高层次的政府工作人员来说，他们可以运用资源影响社会政策，同时可以建立内部管理制度，帮助其制定计划、监督其实施的效果，并为政策制定提供反馈。

1. 扩大政府部门的救助内容及完善社会保障制度

单亲女性成长困境问题不仅仅是单亲女性自身的问题，在单亲女性增加个人能力、意识和经验的同时，还需政府制定相应的支持和保障政策。目前，中国的社会保障制度还不健全，尤其是关于单亲家庭的法律、法规等建设更是如此。鉴于此，我们社会工作者应因地制宜，在社会政策影响上推动关于单亲家庭的法律、法规建设，特别是对于特困女性单亲家庭制定一些特殊的相关法律条规，比如免征单亲家庭的个人所得税，单亲母亲上岗优先考虑等。同时建议立法机关逐步完善加强妇女权益保护、家庭财产分割及子女抚养教育等方面的法律。

总之，我国应加强对贫困女性单亲家庭的援助力度，且在援救助时，相关的政府部门不应该仅仅局限于对其进行经济上的救助，还应该为单亲女性提供职业技能的培训，并提供一些合适的就业岗位等，以增加她们的就业机会；在社会保障制度方面，相关的政府部门应该尽量完善或者制定出针对女性单亲贫困家庭的医疗以及社会保障制度等。

2. 完善婚姻法及其实施细则

完善婚姻法，应适度将婚姻法中的一些政策法规向婚姻中的弱势一方（通常为女性）进行倾斜。例如，男女双方不管是协议离婚还是诉讼离婚，在进行财产分割时应倾向于抚养孩子的一方——一般情况下抚养孩子的一方是女

性；除了在财产分割方面做出一些调整，还应该对子女的抚养费进行相应的调整，如提高其基数、监督其支付到位等。婚姻法的完善是非常有利于提高贫困女性单亲家庭的工具性支持。

3. 开展针对低收入单亲女性的法律咨询服务，满足维权需求

建议公、检、法、司等部门及工、青、妇等团体组织充分利用自身优势，为困难单亲母亲提供有针对性的政策咨询和维权服务，不断提高其自身维权意识和能力，并帮助其解决有关子女抚养费支付、劳动权益侵害等问题。

4. 以社区为平台提高社会支持

在社区中可能会聚集一些贫困女性单亲家庭，社区也是社会资源的聚集地，是落实贫困女性单亲家庭援助政策的主要落脚点。以社区为平台，提高贫困女性单亲家庭的社会支持，需要通过制度化的措施，将社会保障机构与社区组织及各类中介组织密切衔接，完善贫困女性单亲家庭的社会支持网络；并进一步加大建设力度，实现社区与省、市级劳动保障数据中心的信息联网，使贫困女性单亲家庭能够在家门口就可接受劳动保障部门的各项服务。除此之外，也可以针对社区中的贫困女性单亲家庭组成一对一的帮扶小组，建立针对贫困女性单亲家庭的支持基金，从而能够更好的帮助贫困女性单亲家庭提高其社会支持。

5. 大力支持慈善事业的发展

我国应制定相应的政策、法规来大力支持和促进我国慈善事业的规范化发展。慈善事业的规范化发展能够对我国的弱势群体起到有力的保障作用，能够有力地提高对弱者的社会支持，对社会的发展和稳定有着不可忽视的积极作用。

6. 加强宣传，共同营造良好社会氛围

各级政府和部门要从实践“三个代表”重要思想和落实科学发展观、构建社会主义和谐社会的高度来认识帮助贫困女性单亲家庭的重要性。积极动员社会各方面力量，形成合力，共同关心、帮助贫困单亲女性。大力宣传男女平等基本国策，反对用工中的性别歧视和年龄歧视，大力宣传推广妇女创业和再就业典型，倡导贫困单亲女性通过诚实劳动创造美好生活，旨在对贫困单亲女性进行全方位的帮扶，使她们早日走出困境，享受美好生活。

（三）低收入单亲女性自身方面

单亲女性自身也必须要作出一些改变，从而提高社会各界对她们的支持度。将重新认识自己是单亲女性作为改变的第一步。单亲女性应该认识到自己成为单亲是一种无奈的选择，必须尽快接纳自己是单亲这个现实；并在成为单亲之后，及时对自己失败的婚姻生活进行总结，认识到自身存在的问题，也要认识到自己在成为单亲后可以利用的资源，并制定出相应的生活计划。重

新认识自己以及生活计划的制订能够使单亲母亲有目标地去获得自己所需要的社会资源,从而能够进一步提高她们自身的社会支持。

1. 建立低收入单亲女性家庭互助组织

低收入单亲女性可能具有不同的背景,但却有着共同的需要和问题。因此,她们需要走出自己的小圈子,寻求和自己经历类似的“伙伴”,建立一个小团体,通过团体内各种形式的互动(如一起聊天、购物等),彼此交流和分享各种资源(包括技能培训信息、就业信息等)、子女教育技巧等。一方面,可以让单亲女性将自己负面情绪发泄出来与大家分享,通过对亲身经历的讲述,更能加深单亲母亲的理解和行动意识,并且会大大提高融入社会生活的信心;另一方面,可将组织成员中单亲女性的成功生活经历与大家分享。这类活动的举行能够使她们获得其他单亲女性的情感支持,同样也可以提高她们对未来生活的信心。

2. 完善自身非正式支持系统

低收入单亲女性进行自我探索,协调好与子女、朋友、邻里的关系,加强与用人单位、政府部门之间的沟通与联系,来扩展其社会支持网络。由于女性的支持网络规模通常小于男性,她们有更重视情感关系、易依附男性等特点,因而,在某种程度上,这种新型的社会支持网络,有助于单亲母亲在面临问题和障碍时,能够寻找到多元化的解决方式。

有些单亲女性对原有配偶的亲属,特别是原配偶的帮助会不加思考的拒绝;在拒绝原配偶以及其亲属帮助的同时,贫困女性单亲家庭也就部分关闭了对自家的非正式支持之门。为了提高贫困女性单亲家庭原有的非正式支持系统,她们需要打开自己的心扉;她们必须对来自自己的亲友(包括原配偶及其亲属)、同事和朋友的帮助不要拒绝,尽量的接受他们对自己的帮助。

3. 调整心态,建立自信

单亲家庭的成员需做一番“内在革命”,即低收入单亲女性自身要调整心态,通过自己的能力走出心理阴影,增强融入社会的信心。相信单亲家庭可利用其优势和积极的特质改善家庭生活,因为一个单亲家庭的优势、特质可克服外在的困难环境,改善家庭生活。除了建立自信外,也可以强化单亲家庭的能力,以及创造一个让单亲家庭发挥能力的环境来提高单亲家庭的生活适应度。

4. 单亲女性应提高自身素质

单亲女性自身应主动参加子女教养能力训练和技能培训。在女性单亲家庭遭遇困境,或由于自身能力有限,无法充分满足其子女在教育或抚养上的需要时,参加这种培训显得尤为重要。单亲女性为提高自身的就业能力,在社区可积极参加职业技能培训,如结合实际,可参加“缝纫技术”、“计算机技术”等培训。

参考文献

中文部分

1. 埃利斯·凯施莫著,姚旬译.单亲家庭.北京:世界知识出版社,1990:4-5.

2. 毕芳.我国城市医疗救助制度的实施及发展策略研究.硕士学位论文.大连医科大学,2008.

3. 柏林森.韩国的社会保障制度及启示.重庆工学院学报,2001,15(3):45-48.

4. 蔡铭桃.女性单亲家庭福利政策及需求之探讨——以台中市低收入户女性单亲家庭为例.硕士学位论文.台湾逢甲大学,2008.

5. 蔡美淑.国小新生父母生活变化与生活适应之研究——以屏东市为例.硕士学位论文.台湾活力嘉义大学,2003.

6. 陈波.当代英国社会保障制度的系统分析与思考.硕士学位论文.华东师范大学,2005.

7. 陈晨.城市低收入群体住房政策的比较研究——基于台湾省M市与江苏省N市的个案研究.硕士学位论文.南京理工大学,2010.

8. 陈惠君.单亲父母之生活压力、因应方式、社会支持与情绪适应之相关性研究——以高雄县妇幼馆向日葵联谊会成员为例.硕士学位论文.台湾暨南国际大学,1998.

9. 陈会昌,张东,张慕蕴,魏明霞.离异家庭子女的社会性发展特点.心理发展与教育,1990,3:173-177.

10. 陈丽芬,王顺民.弱势男性单亲家庭生活状况及福利需求初探——以某一县市为例.社会(研),2011:100-102.

11. 陈建甫.台湾相对贫穷家户的现况与迁移.社区发展季刊,1996,6:46-71.

12. 陈建文,黄希庭.中学生社会适应性的理论构建及量表编制.心理科学,2004,27(1):2-4.

13. 陈晓敏. 离异单亲母子家庭儿童的权益保障. 青少年犯罪问题,2006,1:30 - 36.

14. 陈雯. 离婚:一项社会学视角的思考. 内蒙古社会科学(汉文版),2009,30(4):137 - 140.

15. 陈一筠. 单亲家庭不应成为新的贫困群体. 中国妇女报,2008 - 04 - 29.

16. 陈玉光,崔斌. 深化农村经济体制改革与当代中国农村区域性贫困问题研究. 开发研究,1995,4:30 - 31.

17. 初智巍. 女性单亲家庭社会资源变化的比较研究. 硕士学位论文. 黑龙江社会科学院. 2005.

18. 邓颖琦,顾海根. 学校生活适应量表(LASS)大学版修订报告. 中国临床心理学杂志,2007,5(3):250 - 252.

19. 丁芳. 离异家庭子女心理问题产生的家庭影响因素及其教育对策. 理论与现代化,2008,3: 121 - 124.

20. 董淑芬. 构建和谐的弱势群体支持网络. 理论与观察,2006,1:21 - 23.

21. 房超,方晓仪. 父母——青少年亲子沟通的研究. 心理科学进展,2003,1:31 - 35.

22. 方晓义,沃建中,蔺秀云.《中国大学生适应量表》的编制. 心理与行为研究, 2005,3(2):95 - 109.

23. 方晓义,徐洁,孙莉,张锦涛. 家庭功能:理论、影响因素及其与青少年社会适应的关系. 心理科学进展,2004,12:4 - 5.

24. 冯廷勇,苏缇,胡兴旺,李红. 大学生学习适应量表的编制. 心理学报,2006,38(5):762 - 769.

25. 傅安球. 离异家庭子女心理. 杭州:浙江教育出版社,1993:31 - 32.

26. 高淑清. 双薪家庭:角色分担的开始. 台北:师大书苑,2000:131 - 154.

27. 桂承铭. 美国社会保障制度的结构、特点及其启示——兼论广东省社会保障制度的构建及完善. 广东商学院学报,2004,2:42 - 48.

28. 盖笑松,赵晓杰,张向葵. 父母离异对子心理发展的影响:计票式文献分析途径的研究. 心理科学,2007,30(6):1392 - 1396.

29. 管斌全,徐建华,朱向军. 打造个人核心竞争力. 北京:清华大学出版社,2006:312 - 322.

30. 龚鑫. 单亲家庭初中生人际交往障碍研究. 硕士学位论文. 湖南师范大学,2010.

31. 苟雅红. 社会支持基本理论研究概述. 学理论,2009,12:41 - 43.

32. 郭怀成,张振兴,陈冰,邹锐,张宁. 西部地区反贫困与生态环境可持续性研究——以新疆和墨洛地区为例. 北京大学学报(自然科学版),2004,40(1):144 -155.

33. 郭慧,丧偶式单亲家庭子女教育问题探析,硕士学位论文. 山东师范大学,2007:19 -23.

34. 郭静晃,吴幸玲. 台湾社会变迁下之单亲家庭困境. 社区发展季刊,2003,102:144 -161.

35. 郭砾. 女户主单亲家家庭的社会支持研究. 学习与探索,2002,6:52 -53.

36. 郭硕. 女户主单亲家庭的社会支持问题. 学习与探索,2002,6:143 -151.

37. 韩国健康保险工团. 2011. http://www. bsmeditour. go. kr/chi/main/IndexAction. do

38. 韩俊红. 中国社会保障制度完善研究. 硕士学位论文. 东北师范大学,2007.

39. 韩贵香. 离婚妇女之社会资源与适应. 硕士学位论文. 台湾政治大学心理学系,2000.

40. 韩微. 青少年精神分裂症患者的亲子关系研究. 硕士学位论文. 云南大学,2009.

41. 郝虹生. 中国不同婚姻状况人口的死亡差异分析. 人口研究,1995,5:32 -35.

42. 贺正贞. 女性单亲家庭之家庭资源管理与生活适应研究——以台中县中低收入女性单亲家庭为例. 硕士学位论文. 台湾师范大学人类发展与家庭研究所,2002.

43. 何兰萍,张再生. 弱势单亲母亲社会支持的社会公共政策构建. 安徽大学学报(人文社会科学版),2008,36(4):12 -15.

44. 胡蓉,邓小昭. 基于结构洞理论的个人人际网络分析系统研究. 情报学报,2005,24(4):485 -489.

45. 胡雯洁. 单亲家庭教养方式对青少年心理健康影响因素的归因研究,硕士学位论文. 陕西师范大学,2006.

46. 黄迺毓,林如萍,唐先梅,陈芳如. 家庭概论. 台北:空大. 2001:312 -314.

47. 黄悦勤,李立明,刘秀芬. 理工科一年级大学生人格障碍及其危险因素的现状调查. 中华精神科杂志,2000,33(1):44 -46.

48. 洪秀珍. 高雄县单亲妇女社会支持、社会参与与生活适应之研究. 硕士学位论文. 台湾高雄师范大学成人教育研究所,2000.

49. 洪小良,尹志刚. 城市贫困家庭的社会关系网络研究. 北京行政学院学报,2005,3:38 -43.

50. 贾晓波. 心理适应的本质与机制. 天津师范大学学报(社科版),2001,1:19－23.

51. 简茂发. 大学生适应问题及其相关因素之研究. 师大教育研究所集刊,1986,28:1－90.

52. 江治强. 澳门社会福利服务体系及特点. 社会福利,2011,1:91－101.

53. 姜志荣,夏禹波,纪丽华. 青岛市单亲家庭子女状况调研报告. 青岛大学师范学院学报,2008,25(1):81－84.

54. 金铃. 儿童期不良亲子关系对个体进入成年期后的不利影响. 硕士学位论文. 北京师范大学,2005.

55. 赖伟良. 澳门社会保障——制度与模式. 行政,2003,15(59):83－100.

56. 雷玉洁. 离异家庭子女自卑心理成因及其教育对策. 中国行为医学科学,2001,10(5): 482－483.

57. 李斌. 中国社会保障制度模式及运行问题研究. 博士学位论文. 吉林大学,2004.

58. 李光勇. 东亚社会保障制度的制度主义分析. 博士学位论文. 西南财经大学,2002.

59. 李慧,陈英和,王园园,方晓义,齐琳. 离异家庭儿童的心理适应阶段探析. 中国教育学刊,2007,6:17－20.

60. 李惠春,黄鉴政,孙达. 焦虑症患者单光子发射计算机断层研究. 中国神经疾病杂志, 1998,9(5):258－260.

61. 李兰英,郭彦卿. 社会性别预算:一个独特视角的思考,当代财经,2008,5:27－31.

62. 李丽花. 高中生自我概念、生活适应与学业成就之相关研究. 硕士学位论文. 台湾政治大学,2002.

63. 李玲. 单亲母亲家庭若干问题的研究与思考. 汉江论坛,2008,12:18－21.

64. 李孟修. 我国老年贫穷过程与社会支持网络运用之研究——以台北市为例. 硕士学位论文. 东吴大学社会工作研究所,1994.

65. 李萍. 亲子关系与儿童行为关系的研究综述. 重庆文理学院学报(社会科学版),2001,1:21－45.

66. 李瑞林. 中国城市贫困问题研究综述. 学术探索,2005,6:34－41.

67. 李炜. 城市单亲母亲家庭生存状况的调查与思考——以青岛市为例. 中共青岛市委党校青岛行政学院学报,2007,4:68－73.

68. 李晓杨. 中国单亲家庭研究综述. 四川警察学院学报,2008,20:

323 - 324.

69. 李晓明. 贫困代际传递理论述评. 广西青年干部学院学报, 2006, 16 (2): 75 - 82.

70. 李学容. 离异单亲家庭子女的心理辅导、心理健康现状调查与分析. 重庆教育学院学报, 2005, 18(2): 80 - 82.

71. 李永友, 沈坤荣. 财政支出结构、相对贫困与经济增长. 管理世界, 2007, 11: 14 - 28.

72. 李章龙, 张楚青. 高职 90 后单亲大学生异常心理分析及教育对策. 科技信息, 2009, 35: 202 - 203.

73. 李泽志. 城市单亲家庭亲子关系特征研究. 硕士论文. 四川大学, 2006.

74. 梁寒松. 就读内地大学之台湾大学生的生活适应状况及其相关因素研究. 硕士学位论文. 华南师范大学, 2007.

75. 梁丽清, 陈锦华. 性别与社会工作: 理论与实践. 香港: 香港中文大学出版社, 2006: 121 - 123.

76. 梁瑞华. 天津市单亲中小学生心理健康状况调查及相关因素分析. 硕士学位论文. 天津医科大学, 2010 年.

77. 林崇德. 离异家庭子女心理的特点. 北京师范大学学报(社会科学版), 1992, 1: 54 - 61.

78. 林岚. 单亲家庭母亲及其子女成长研究. 广西教育学院学报, 2002, 2: 42 - 45.

79. 林莉菁, 郑丽珍. 离婚单亲父亲因应亲职与工作角色的探讨. 社会政策与社会工作学刊, 2001, 5(2): 113 - 174.

80. 林江鹏. 人力资本、社会资本视角下的农村剩余劳动力转移. 经济研究导刊, 2009, 36: 123 - 125.

81. 林万亿. 台湾的社会福利: 历史经验与制度分析. 台湾: 五南书局, 2006.

82. 罗杰斯(著), 李迎潮, 李孟潮(译), 当事人中心治疗: 实践、运用和理论. 北京: 中国人民大学出版社, 2004: 235 - 237.

83. 林意绿. 离婚者对离婚事件理性信念、特质生气与社会适应关系之研究. 硕士学位论文. 台湾屏东师范学院, 2002.

84. 林正达. 贫穷动态——以嘉义家庭扶助中心个案为例. 硕士学位论文. 南华大专非营利事业管理研究所, 2005.

85. 刘鸿雁. 单亲家庭研究综述. 人口研究, 1998, 2: 61 - 63.

86. 刘金花, 庞美云, 杨慧芳. 儿童自我控制学生自陈表的编制. 心理科学,

1998,2:102 -105.

87. 刘焜辉.现代人的心理卫生.台北:天马.1982:210 -221.

88. 刘明.中国、日本及瑞典的社会保障比较研究.硕士学位论文.中国政法大学,2004.

89. 刘美惠.台湾的单亲家庭与其贫困原因之探讨.硕士学位论文.台湾大学,2000.

90. 刘秀芬,黄悦勤,李立明.人格障碍及其与父母养育方式的研究.中国心理卫生杂志, 2000,14(2):96 -98.

91. 刘媛,姜潮,林媛,李纯,赵岩.单亲家庭子女心理健康的研究现状.辽宁师范大学学报(社会科学版),2009,32(3):56 -59.

92. 刘铮.刘铮人口论文选.北京:中国人口出版社,1994:23 -26.

93. 鲁波.香港社会保障资金筹集社会化问题研究.硕士学位论文.武汉科技大学,2008.

94. 罗珏.对完善社会医疗救助制度的探讨.卫生经济研究,2010,11:44 -45.

95. 陆田,陈正峰.长三角地区相对资源承载力与可持续发展问题研究.湖南财经高等专科学校学报,2005,5:119 -131.

96. 陆莲芳.离异家庭对青少年心理影响的调查分析.中国学校卫生,1996,5:31 -32.

97. 陆静,我国《婚姻法》离婚条件规范的变迁与反思,2011 -04 -29 http://shwomen. eastday. com/renda/08women/node14631/node14634/userobject1ai1724508. html

98. 吕洪艳.美国女性单亲家庭研究中的几个热点问题概述.社会科学战线,2007,3:200 -203.

99. 吕美红.外籍新娘生活适应与婚姻满意及其相关因素之研究——以台地区东南亚新娘为例.硕士学位论文.台湾中国文化大学生活应用科学研究所,2001.

100. 马春华,石金群,李银河,王震宇,唐灿.中国城市家庭变迁的趋势和最新发现,社会学研究,2001,2:2 -38.

101. 马特,G. M.范德普尔.个人支持网概述.国外社会科学,1994,4:34 -36.

102. 马学阳,杨文庄,段成荣.大都市的单亲家庭:数量和基本特征初探——以北京为例.河南教育学院学报(哲学社会科学版),2008,4:8 -12.

103. 马致远,张蓉.透视弱势群体——中国离婚妇女的生活状况及其权益保障. 长安大学学报(社会科学版),2003,9:56－63.

104. 孟俊贤,张建新. 离异家庭儿童心理发展状况及适应性. 中国行为医学科学, 2007,16(12):1144－1145.

105. 孟育群. 改善亲子关系的方法. 北京:新世界出版社,2005:23－25.

106. 民政部. 2003 年民政事业发展统计报告. 财务和机关事务司,2004.

107. 莫济榕. 柳州市单亲家庭妇女的社会支持网路探究. 广西工学院学报,2006,17:12－13.

108. 牟映雪,李俊杰. 初中生积极情绪与家庭教育方式的相关研究. 重庆师范大专学报(自然科学版),2008,3:92－96.

109. 缪建东. 家庭教育社会学. 南京:南京师范大学出版社,1999:20－21.

110. 潘允康,董维玲. 贫困单亲母亲的社会救助——以天津市为例. 中华女子学院山东分院学报,2009,1:24－27.

111. 庞淑兰,关维俊,王文军,黄健伟,王殿坤. 唐山市大学生艾滋病知识、态度及性观念调查分析. 中国公共卫生,2000,5:47－51.

112. 彭立荣. 婚姻家庭大辞典. 上海:上海社会科学出版社,1989:58－60.

113. 邱浩政. 量化研究与统计分析——SPSS 中文视窗版资料分析范例解析(第三版). 台北:五南书局,2007:223－231.

114. 秦金环,阴国恩. 离异家庭儿童心理调查研究. 天津师大学报,1990,4:41－42.

115. 沈红. 中国贫困研究的社会学评述. 社会学研究,2000,2:91－104.

116. 沈茹. 城市农民工子女家庭教育问题及对策. 中国农业大学学报(社会科学版),2006,64:3－5.

117. 笙长军. 单亲家庭子女自卑心理成因及其教育对策. 延边大学学报,2009,42(5):149－152.

118. 史蒂夫·达克. 日常生活的社会心理学. 上海:上海三联书店,2001:5－6.

119. 孙光德,董克用. 社会保障概论. 北京:中国人民大学出版社,2008:91－101.

120. 苏璇. 粤港澳三地社会保障制度的比较研究. 硕士学位论文. 广东外语外贸大学,2007.

121. 苏莹荣. 社会化过程中的亲子关系状况:发展轨迹及影响因素. 硕士学位论文. 华中科技大学,2005.

122. 孙莹. 贫困的传递与遏制——城市低保家庭第二代问题研究(pp. 31－40). 北京:社会科学文献出版社,2005.

1991:187－188.

200. 曾仕强,刘君政.亲子关系.北京:清华大学出版社,2005:290－301.

201. 曾宪影.美国社会保障制度及其启示.江苏社会科学,2006,4:202－204.

202. 曾毅.上海、陕西、河北三省市女性再婚研究.中国人口科学,1993,3:1－6.

203. 张宝仁,张慧智.韩国的社会保障制度分析.人口学刊,2000,4:8－12.

204. 张春兴.现代心理学.上海:上海人民出版社,1994:110－112.

205. 张春兴.教育心理学——三化取向的理论与实践.台北:东华书局,1996:201－216.

206. 张德.人力资源开发与管理(第3版).北京:清华大学出版社,2007:3－4.

207. 张高宾.游戏治疗能力评量表之编制研究.教育心理学报,2009,41(2):385－404.

208. 张建,陈一筠.家庭与社会保障.北京:社会科学文献出版社,2001:126－128.

209. 张克文,李占江,邱炳武.学校生活适应量表的修订报告.健康心理学杂志,2002,10(4):284－285.

210. 张佩韵.离婚单亲父亲父职角色与亲子关系之研究.硕士学位论文.中国文化大学儿童福利研究所,1998.

211. 张清富.贫穷变迁与家庭结构.妇女与两性,1992,3:41－58.

212. 张清富.贫穷与社会资源.台湾地区科学委员会专题研究计划成果报告,1997.

213. 张硕阳,陈毅文,王二平.消费心理学中的风险认知.心理科学进展,2004,12:32－34.

214. 张铁成.离异家庭子女心理特点研究.河北师范大学学报,1990,2:12－13.

215. 张彦,陈红霞.社会保障概论.南京:南京大学出版社,1999:21－32.

216. 张英阵,彭淑华.从优势的观点论单亲家庭.东吴社会工作学报,1996,2:227－272.

217. 张友琴.社会支持和社会支持网——弱势群体社会支持的工作模式初探.厦门大学学报(哲学社会科学版),2002,3:51－52.

218. 张原震.郑州市大学生性行为现状及影响因素.西北人口,2007,4(2):52－59.

219. 张志群,郭兰婷. 单亲家庭学生心理状况调查. 中国公共卫生,2004,20(5):598－599.

220. 赵孟营. 新家庭社会学. 武汉:华中理工大学出版社,2002:35－45.

221. 甄中科. 健康成长问题儿童的教育. 北京:海豚出版社,2002:35－45.

222. 郑秉文,史寒冰. 东亚国家和地区社会保障制度的特征——国际比较的角度. 太平洋学报,2001,3:81－89.

223. 郑丽珍. 亲属互助原则与社会救助审查——以女性单亲家庭为例,台湾政治大学社会学报,2000,30:113－143。

224. 郑丽珍. 女性单亲家庭的资产累积与世代传递过程. 台大社会工作学刊,1999,1:111－147.

225. 郑泽荣,陈瑞光. 贫困地区特困人口医疗救助利用情况分析. 中国初级卫生保健,2002,12:178－190.

226. 中国社会保障网. http://www.cnss.cn

227. 中华人民共和国民政部. http://www.mca.gov.cn

228. 中国大百科全书(第二版). 北京:中国大百科全书出版社,2009:316－321.

229. 周鹏飞. 韩国社会保障制度韵现状及其政策选择初探. 西北人口,28(4):95－102.

230. 周伟文. 透视单亲家庭——跨文化的思考. 社会科学论坛,2000,9:10－12.

231. 周晓虹. 文化反哺:变迁社会中的亲子传承. 社会学研究,2000,2:51－67.

232. 周兆安. 单亲家庭的亲子关系与性别意识教育——社会学解析. 中国青年研究, 2007,(1):61－63.

233. 褚福灵. 中国社会保障体系的科学架构研究. 社会保障研究,2010,1:59－71.

234. 朱磊. 城市非正规就业中母亲农民工状况之研究. 硕士学位论文. 华中师范大学,2008.

235. 邹静宜. 高雄市特殊境遇妇女教育需求及相关因素之研究. 硕士学位论文. 台湾高雄师范,1993.

236. 资助设施财务会计制度. 澳门社会工作局,2008. http://www.ias.gov.mo

英文部分

1. Abraham, P., Greeff, S., & Merwe, V. D. (2004). A family's sense of coherence. Social Indicators Research, 68(1), 34 – 37.

2. Adams, M., & Coltrane, S. (2007). Framing divorce reform: Media, morality, and the politics of family. Family Process, 46 (1), 17 – 34.

3. Ahmed, A. L. (2008). Divorce: A structural problem not just a personal crisis. Journal of Comparative Family Studies, 39 (2), 241 – 257.

4. Amartya, K. S., & Martha, N. (1993). "Capability and well-being", in the quality of life. Oxford: Clarendon Press, 30 – 50.

5. Amato, P. R., & Partridge, S. (1987). Widows and divorcees with dependent children: Material, personal, family and social well – being. Family Relation, 36, 316 – 320.

6. Amato, P., & Paul, R. (1996). Explaining the intergenerational transmission of divorce. Journal of Marriage and the Family, 58, 628 – 640.

7. Amato, P., & Paul, R. (2000). The consequences of divorce for adults and children. Journal of Marriage and the Family, 13, 312 – 322.

8. Amato, P. R. (2001). Children of divorce in the 1990s: An update of the Amato and Keith (1991) meta-analysis. Journal of Family Psychology, 15, 355 – 370.

9. Anton, W. D., & Reed, J. R. (1991). College adjustment scales: Professional manual Odessa. FL: Psychological Assessment Resources, Inc.

10. Arkoff, A. (1968). Adaptation and Mental Health. New York: MC Graw-Hill.

11. Atwood, J. D., & Genovese, F. (1993). Counseling single parents. American Counseling Association (Alexandria, Va.), 134 – 145.

12. Azara, D., Naughtonb, G. A., & Joseph C. W. (2009). Physical activity and social connectedness in single-parent families. Leisure Studies, 28(3), 349 – 358.

13. Baker, R. W., & Siryk, B. (1984). Measuring adjustment to college. Journal of Ounseling Psychology, 31, 179 – 189.

14. Baumrind, D. (1971). Current patterns of parental authority. Developmental Psychology, 4, 38 – 41.

15. Baron, R. M., & Kenny, D. A. (1986). The moderator-mediator variable distinction in social psychological research: Conceptual, strategic, and statistical

considerations. Journal of Personality and Social Psychology, 51 (6), 1173 - 1182.

16. Becker, G. S. (1965). A theory of the allocation of time. Economic Journal. 299(75), 493 - 517.

17. Becker, G. S. (1993). Human capital: A theoretical and empirical analysis with special reference to education. Chicago: University of Chicago Press.

18. Bernard, J. M., & Nesbitl, S. (1981). Divorce: An unreliable predictor of children's emotional predispositions. Journal of Divorce, 4(4), 31 - 42.

19. Bernard, J. M., & Nesbitl, S. (1981). Divorce: An unreliable predictor of children's emotional prides positions. Journal of Divorce, (4), 37 - 41.

20. Bengtson, V. L., Feng, D., Giarrusso, F., & Roseann, R. (1999). Intergenerational transmission of marital quality and marital instability. Journal of Marriage and the Family, 3, 91 - 108.

21. Berry, A. A., Katras, M. J., Lee, J., Bauer, J. W., & Sano, Y. (2008). Job volatility of rural, low-income mothers: A mixed methods approach. Journal of Family and Economic Issues, 29, 5 - 22.

22. Bertram, N., & April, N. (2006). The relationship of parent involvement and post-divoree adjustment to the academic achievement and achievement motivation of school-aged children. Oklahoma State University, 2, 167 - 181.

23. Beutler, F., & Mason, J. W. (1987). Family cash flow budgeting. Home Economics Research Journal, 16(1), 3 - 12.

24. Blank, R. M. (2007). Improving the safety net for single mothers who face serious barriers to work. The Future of Children, 17(2), 96 - 108.

25. Blechman, E. A. (1982). Are children with one parent at psychological risk? A methodological review. Journal of Marriage and Family, 44(1), 179 - 187.

26. Bohm, B. (2004). Differences in the speech of 10 to 13year old boys from divorced and non-divorced families against the background of emotional attachment. Folia Phoniatr Logop, 56 (1), 41 - 50.

27. Brian, B. J., & Daniel, T. L. (2004). Poverty, welfare, and the livelihood strategies of non-metropolitan single mothers. Rural Sociology, 69 (2), 282 - 301.

28. Bryant, R. E. (1990). The economic organization of the household. New York: Cambridge University Press.

29. Buehler, C. A., & Hogan, M. J. (1986). Planning styles in single-parent families. Family and Consumer Sciences Research Journal, 14(4), 351 - 362.

58. Fang, H., & Keane, M. (2004). Assessing the impact of welfare reform on single mothers. Brookings Papers on Economic Activity, 7, 32 – 71.

59. Fan, S., Zhang, L., & Zhang, X. (2002). Growth, inequality and poverty in rural china: The role of public investment. IFPRI Research Report.

60. Fayol, H. (1949). General and industrial management: Constance storrs sir isaac pitman & sons ltd. London.

61. Foa, E. B., & Foa, U. G. (1993). Resource theory: Explorations and applications. San Diego: Academic Press.

62. Foster, E. M., & Kalil, A. (2007). Living arrangements and children's development in low-income White, Black, and Latino families. Child Development, 78(6), 57 – 74.

63. Friedman, M. (1998). Family nursing: Research. them & practice. (4th ed.): Stamford, CT: Appleton & Lange.

64. Garfinkel, I., & Mclanahan, S. (1986). Single mothers and their children-A new American dilemma. Washington: The Urban Institute.

65. Gazso, A. (2007). Balancing expectations for employability and family responsibilities while on social assistance: Low-income mothers' experiences in three Canadian provinces. Family Relations, 56(5), 454 – 466.

66. Gemelli, M. (2008). Understanding the complexity of attitudes of low-income single mothers toward work and family in the age of welfare reform. Gend Issues, 25, 101 – 113.

67. Gibson-Davis, C. M. (2008). Family structure effects on maternal and paternal parenting in low-income families. Journal of Marriage and the Family, 70, 452 – 465.

68. Gnidubaldi, J., & Cleminshaw, H. W. (1986). The development of the cleminshaw-Guidubaldi parent satisfaction Scale. Journal of Clinical psychology, 14, 293 – 298.

69. Godwin, D., & Carroll, D. (1986). Financial management attitudes and behaviour of husbands and wives. Journal of Consumer Studies and Home Economics, 10, 77 – 96.

70. Goldsmith, E. (1996). Resource management for individuals and families. Florida State University: West Publishing Company. USA. St. Paul.

71. Goldsmith, E. B. (2005). Resource management for individuals and families. USA: West Publishing Company.

72. Guidubaldi, J. (1986). Long term impact of divorce on children: A report of a two and three-year follow-up. Marriage and Divorce Today Newsletter, 11 (41), 1 -2.

73. Hallman, H. (1990). Kotitalouden toiminnan analyyttiset kuvausj rjestelmt. Helsingin Yliopisto. Kodin Taloustieteen Julkaisuja (English summary), 1, 61 -75.

74. Hanna, K. M., Juarezb, B., Lenss, S. S., & Guthrie, D. (2003). Parent-adolescent communication and support for diabetes management as reported by adolescents with type 1 diabetes. Issues in Comprehensive Pediatric Nursing, 26, 145 -158.

75. Hawkins, R. L. (2010). Fickle families and the kindness of strangers: social capital in the lives of low-income single mothers. Journal of Human Behavior in the Social Environment, 20, 1, 38 -55.

76. Hendriks, S. L., & Green, J. M. (2000). The influence of family management on attendance and successful completion of skills training courses in KwaZulu-Natal. Development South Afrcoan, 17(1), 75 -85.

77. Herbert, J. G. (1965). The urban villagers. Free Press.

78. Herrnstein, R. J. (1973). IQ in the meritocracy. Boston, MA: Atlantic-Little Brown.

79. Herrnstein, R. J., & Murray, C. (1994). The bell curve. Free Press.

80. Huang, C. C. (2000). Socioeconomic trends in single-parent families in Taiwan. NTU Social Work Review, 2, 217 -248.

81. Hill, M. S. (1987). Effect of Parental Divorce on Children's Attainments: an empirical Comparison of Five hypotheses. Unpublished Manuscript. Institute of Social Research. University of Michigan, Ann Arbor.

82. Ihigher-Tallman, M. (1986). Member adjustment in single parent families: theory building. Family Relations, 35(1), 215 -232.

83. Indira, R. N. (2006). Child care by poor single mothers: Study of mother-headed families in India. Journal of Comparative Family Studies, 37(1), 75 -91.

84. Inkeles, A. (1969). Making Men modern: on the causes and consequences of individual change in six developing countries. American Journal of Sociology, 75(2), 208 -224.

85. Iwata, M. (2007). Identifying the poor: Analysis of impoverished single

mother households. Journal of Poverty, 3, 29 – 45.

86. Jackson, A., Choi, P., & Franke, T. M. (2009). Poor single mothers with young children, mastery, relations with non-resident fathers, and child outcomes. Social Work Research, 33, 96 – 106.

87. Jelani, M., Jamie, S. J., Noryati, N., Aminah, A., & Maznah, B. (2009). The mediating effect of working-family conflict on the relationship between locus of control and job satisfaction. Journal of Social Sciences, (4), 348 – 354.

88. Joshi, P., Quane, J. M., & Cherlin, A. J. (2009). Contemporary work and family issues affecting marriage and cohabitation among low-income single mothers. Family Relations. 58(5), 647 – 661.

89. Kamerman, S. B. & Kahn, A. J. (1988). Family policy-government and families in fourteen countries. Columbia University Press.

90. Kaplan, P. S., & Stein, J. (1984). Psychology of adjustment. CA: Wadsworth.

91. Krumrei, E. J., Mahoney A., & Pargament, K. I. (2009). Divorce and the divine: The role of spirituality in adaptation to divorce. Journal of Marriage and Family, 71(2), 373 – 383.

92. Lamp, M. E. (1979). The effects of divorce on children's personality development. Journal of Divorce, 28, 79 – 85.

93. Landes, D. S. (2010). Dynasties: Fortunes and misfortunes of the world's great family businesses. Viking Adult.

94. Laura, H. W., & Schwarz, J. C. (1996). The Relationship between parenting types and older adolescents'personality, academic achievement, adjustment, and substance use. Child Development, 3(67), 191 – 203.

95. Leichtentritt, R. D, & Rettig, K. D. (2001). Values underlying end-of-life decisions: a qualitative approach. Health and Social Work, 1, 243 – 261.

96. Leonard, W. E. (1976). Adolescents: Perceptions of their parents by social class, race and parental presence. International Journal of Sociology of the Family, 6(2), 283 – 290.

97. Lefler, R. K., Hudson, D. B., Crossman, C. C., Fleck, M. O., & Westfall, J. (2004). Needs, concerns, and social support of single, low-income mothers. Mental Health Nursing, 25, 381 – 401.

98. Lewis, O. (1996). The culture of poverty. In G. Gmelch and W. Zenner, eds. Urban Life. Waveland Press.

99. Lino, M. C. (1994). Income and spending patterns of single-mother families. Monthly Labor Review, 17, 29 - 37.

100. Livson, N., & Peskin, H. (1967). Prediction of adult psychological health in a longitudinal study. Journal of Abnormal Psychology, 72, 509 - 518.

101. Lueprtitz, D. A. (1979). Which aspects of divorce affect children? Family Coordinator, 28, 79 - 85.

102. MacCallum, F. & Golombok S. (2004). Children raised in fatherless families from infancy: a follow-up of children of lesbian and single heterosexual mothers at early adolescence. Journal of Child Psychology and Psychiatry, 1407 - 1419.

103. Martha, N. O., & Yongwoo, L. (2006). The net worth of female-headed households: A comparison to other types of households. Family Relations, 55(1), 132 - 145.

104. Mcadoo, H. P. (1995). Stress, levels, family help patterns, and religiosity in middle-and-working-class African mother. Journal of Black Psychology, 21(4), 424 - 449.

105. Mclanahan, S. S. (1988). Family Structure and dependency: early transitions to female household headship. Demography.

106. Min, Z., Steven, G. A., & Jeff, S. (2006). Financial knowledge of the low-income population: effects of a financial education program. Journal of Sociology and Social Welfare, 5(1), 53 - 74.

107. Min, Z., & Shanta, P. (2004). Economic well-being of single mothers: work first or postsecondary education? Journal of Sociology & Social Welfare, 31 (3), 87 - 112.

108. Mireault, G., Bearor, K., & Thomas, T. (2001). Adult romantic attachment among women who experienced childhood maternal loss. Journal of Death and Dying, 44(1), 97 - 104.

109. Mistry, R. S., Lowe, E. D., Benner, A. D., & Chien, N. (2008). Expanding the family economic stress model: insights from a mixed-methods approach. Journal of Marriage and Family, 70(1), 196 - 209.

110. Moller, S., Bradley, D., Huber, E., Nielsen, F., & Stephens, J. D. (2003). Determinants of relative poverty in advanced capitalist democracies. American Sociological Review, 68(1), 22 - 34.

111. Mondal, N. I., Khan, A. R., Chakma, J., & Hossain, G. (2009). Family structure, economic security and educational status of rural chakma in CHT

of bangladesh. Journal of Social Sciences, 19(3), 219 - 224.

112. Mullis, R. J., & Schnittgrund, K. P. (1982). Budget behavior: variance over the life cycle of low income families. Journal of Consumer Studies and Home Economics, 6, 113 - 120.

113. Neeraj, K., & Robert, K. (2007). Welfare reform and health of immigrant women and their children. Journal of Immigrant & Minority Health, 9(2), 61 - 74.

114. Nelson, M. (1991). Another look at masculine protest. Individual Psychology, 47(4), 490 - 497.

115. Noar, S. M. (2003). The role of structural equation Modeling in scale development. Structural Equation Modeling, 10(4), 1151 - 1159.

116. Nock, S. L. (1998). The family and hierarchy. Journal of Marriage and the Family, 50(4), 957 - 966.

117. Omar, D. B., Ahmad, P., & Sarimin, M. (2009). Urban living condition of low income single mothers in Malaysia European. Journal of Social Sciences, 9(2), 31 - 51.

118. Pamela, J., James, M. Q., & Andrew, J. C. (2009). Contemporary work and family issues affecting marriage and cohabitation among low-income single mothers. Family Relations, 58, 647 - 661.

119. Parker, J. D. A., Endler, N. S., & Bagby, R. M. (1994). If it changes, it might be unstable: examining the factor structure of the ways of coping questionnaire. Psychological Assessment, 5, 361 - 368.

120. Pearce, D. (1979). The casual causal relationship between money and income: some caveats for time series analysis. The Review of Economics and Statistics, 61(4), 521 - 530.

121. Peter, J. P. (1981). Construct validity: a review of basic issues and marketing practices. Journal of Marketing Research, 18(2), 133 - 145.

122. Phlips, L. (1983). Applied consumption analysis (rev. ed.). New York: North Holland.

123. Piaget, J. (1970). Structuralism. New York: Harper & Row.

124. Prais, S. J., & Houthakker, H. S. (1971). The analysis of family budgets (2nd ed.). Cambridge, MA: The University Press.

125. Pinelli, J. (2000). Effects of family coping and resources on family adjustment and parental stress in the acute phase of the NICU experience. Neonatal

Netw, 19 (6), 27 -37.

126. Pratt, L. (1976). Family structure and effective health behavior: the energized family. Boston: Houghton Mitllin Company.

127. Radey, M. (2008). The Influence of social supports on employment for hispanic, black, and white unmarried mothers. Journal of Family and Economic Issues, 29(3), 445 -460.

128. Rani, N. (2006). Child care by poor single mothers: study of mother-headed families in India. Journal of Comparative Family Studies, 37(1), 75 -91.

129. Rank, M. R. (1994). Living on the edge: The realities of welfare in American. New York: Columbia University Press.

130. Retting, K. D., & Leichtentritt, R. D. (1999). A general theory for perceptual indicators of family life quality. Social indicators research, 47, 307 -342.

131. Richards, L. N., & Schmiege, C. J. (1993). Problems and Strengths of Single—Parent Families, Family Relations, 42, 511 -531.

132. Romich, J. L, & Weisner, T. (2000). How families view and vise the EITC: advance payment versus lump sum delivery. The National Tax Journal, 53 (4), 1245 -1265.

133. Rosenfield, S., & Neese-Todd, S. (1993). Elements of a psycho-social clubhouse program associated with a satisfying quality of life. Hospital and Community Psychiatry, 44(1), 76 -78.

134. Rosen, D. L., & Granbois, D. H. (1983). Determinants of role structure in family financial management. The Journal of Consumer Research, 1, 253 -258.

135. Schnittgrund, K. P., & Baker, G. (1983). Financial management of low-income urban families. Journal of Consumer Studies and Home Economics, 7, 261 -270.

136. Schlesinge, B. (1978). The one-parent family: perspectives and Annotated Bibliography (4th Edition). Toronto: University of Toronto Press.

137. Sen, A. K. (1987). The standard of living. Cambridge: Cambridge University Press.

138. Sen, A. K. (1993). The quality of life. Oxford: Oxford University Press.

139. Sen, A. K. (1997). On economic inequality, expanded edition with a substantial annex. Oxford: Oxford University Press.

140. Settle, S. (1985). Effect of divorce oil children. Marriage and Divorce Today Newsletter, (18), 1 -2.

141. Smith, J. R., Broooks-Gunn, J., Klebanov, P. K., & Lee, K. (2008). Welfare and work: complementary strategies for low-income women? Journal of Marriage and the Family, 62, 808 -821.

142. Social Security Administration of USA. 2011.

143. Son S., & Bauer J. W. (2010). Employed rural, low-income, single mothers' family and work over time. Journal of Family and Economic Issues, 31 (1), 107 -120.

144. Schiller, B. R. (1989). The economic of poverty and discrimination. CA: Prentic-Hall.

145. Spencer, H. (1852). A theory of population, deduced from the general law of animal fertility. Westminster Review (April), 57, 468 -501.

146. Spencer, B. J. (1985). Export subsidies and international market share rivalry. Journal of International Economics, 2, 82 -91.

147. Steven, G. A., Min, Z., & Jeff, S. (2006). When there is a transition in one's life, people often feel Fear because of a possible loss of control of the situation. Journal of Sociology and Social Welfare, XXXIII(1).

148. Steinberg, L., Lamborn, S. D., Darling, N., Mounts, N. S., Dornbusch, S. M. (1994). Over-time changes in adjustment and competence among adolescents from authoritative, authoritarian, indulgent, and neglectful families. Child Development, 65(3), 754 -770.

149. Stober, J. D. (1983). The effects of early parental divorce on the sex role development. Family Coordingator, 5, 25 -26.

150. Synovitz, I., Herbert, E., Kelley, R., & Carlson, G. (2002) Sexual knowledge of college students in a southern state. American Journal of Health Studies, 17(4), 163 -173.

151. Townsend, P. (1979). Poverty in the United Kingdom: a survey of household resources and standards of living Berkeley and Los Angeles. California: University of California Press.

152. Turner, H. A. (2006). Stress, social resources, and depression among never-married and divorced rural mothers. Rural Sociology, 71(3), 479 -504.

153. Wagner, J., & Hanna, S. (1983). The effectiveness of family life cycle variables in consumer expenditure research. Journal of Consumer Research, 10

(3), 281 – 291.

154. Walker, E. S., Tremblay, K. R., & Parkhurst, A. M. (1984). Financial management and family life. Family strengths 5: Continuity and diversity. Newton, MA: Educational Development Center.

155. Wang, H., & Amoato, P. R. (2000). Predictors of divorce adjustment: stressors, resource, and definitions. Journal of Marriage and the Family, 62, 655 – 668.

156. Weigt, J. M., & Solomon, C. R. (2008). Work-family management among low-wage service workers and assistant professors in the USA: A comparative intersectional analysis. Gender, Work and Organization, 15(6), 621 – 649.

157. Weitzman, L. J. (1985). The Divorce Revolution. New York: Free Press.

158. Wolfinger, R. (1993). Covariance structure selection in general mixed models. Communication in Statistics Simulation, 22, 1079 – 1106.

159. Wu, S. M., Huang, G. H., & Guo, H. C. (1997). An Interactive Inexact-fuzzy approach for Multi-objective planning of water resource system. Water Science and Technology, 36(5), 38 – 51

160. Zhan, M., & Pandey, S. (2004). Economic well-being of single mothers: work first or postsecondary education? Journal of Sociology & Social Welfare, 31 (3), 87 – 112.

后记

改革开放以来，随着我国经济的不断繁荣，人们的婚姻价值观念发生了转变。受西方“女权主义”的影响，女性的教育程度得到提高，独立自主性逐渐增强，于是离婚、分居，甚至未婚生育等家庭形式随之出现，由此也引发了一系列的社会问题。随着这些单亲家庭逐渐增多，且由于女性的特殊地位，单亲女性，尤其是低收入单亲女性已成为国内外学者逐渐关注的群体。

虽然低收入单亲女性已受到不少学者越来越多的关注，并已有一些学者对此现象进行研究，但许多研究仅集中于基本现况调查，未有深入探讨其家庭资源管理、生活适应、贫穷的认知及因应策略的研究，因此如何使本研究结果令人信服是一个较大的挑战。低收入单亲女性作为处于双重弱势地位的群体，她们对于外界的评价非常敏感，一般不愿意暴露在公众面前，所以大部分低收入单亲女性不愿接受调查，如何说服她们接受调查成为本研究中的最大障碍。本书稿终于在2011年7月15日完成。回顾写作的过程颇感艰辛，所遇的挑战和障碍至今仍心存念之，历历在目。

本书的每一章内容都凝聚了所有作者的共同努力和艰辛付出，由我和我的研究生共同完成。各章的具体分工如下：陈羿君负责主编，规划、建构与编辑本书的整体内容；第一章：陈羿君、陈翠、顾艳；第二章：陈羿君、顾艳、陈翠、陈宏；第三章：陈羿君、顾艳、余捷婷、王金生、朱江容；第四章：陈羿君、陈翠、顾艳；第五章：陈羿君、顾艳、陈翠、王金生；第六章：陈羿君、陈翠、顾艳；第七章：陈羿君、顾艳、陈翠；第八章：陈羿君、陈翠、顾艳；第九章：陈羿君、陈翠、顾艳；第十章：陈羿君、陈翠、顾艳；第十一章：陈羿君、顾艳、陈翠、余捷婷；第十二章：陈羿君、陈翠、顾艳。本书最后由陈羿君统稿、定稿。

尽管本书是我们的劳动成果，但也参考了大量的著作和论文，吸收和参考了许多学者的观点和论述，以及许多实际工作者和部门的实践经验。在此我对他们深表谢意！同时还要感谢苏州市妇联及儿童少年基金会，正因为他们的热情支持，研究者才获得单亲女性的基本信息，并通过妇联和儿童少年基金会得以与这些低收入单亲女性进行联系，取得她们的信任，说服其接受调查。

在此对他们的支持和帮助深表谢意！

本书的出版得到了苏州大学“211 工程”三期重点学科建设项目“和谐社会视域中的弱者权益保护”、苏州大学重大课题“苏南地区农民工的城市融入与社会支持研究”经费的资助。在此一并致谢。

我们深知本书还有一些论题应该更深入地探讨，书稿中难免有疏漏之处及未尽如人意的地方，敬请同行不吝赐教、读者批评指正，真诚提出宝贵意见，待今后再一一完善。

陈羿君
2012 年 1 月
于苏州大学